国家出版基金项目
NATIONAL PUBLICATION FOUNDATION

"十二五"国家重点图书
出版规划项目

红色延安
口述·历史
HONGSE YAN'AN
KOUSHU·LISHI

陕甘宁边区大生产运动

米晓蓉　刘卫平　主编

陕西师范大学出版总社有限公司

图书代号　SK14NO221

图书在版编目(CIP)数据

陕甘宁边区大生产运动/米晓蓉，刘卫平主编．—西安：陕西师范大学出版总社有限公司，2014.4
（红色延安口述·历史）
ISBN 978-7-5613-5220-5

Ⅰ.①陕…　Ⅱ.①米…②刘…　Ⅲ.①大生产运动—史料　Ⅳ.①K269.506

中国版本图书馆CIP数据核字（2014）第056121号

陕甘宁边区大生产运动

米晓蓉　刘卫平　主编

责任编辑	巩亚男
责任校对	杨珂
出版发行	陕西师范大学出版总社有限公司
	（西安市长安南路199号　邮编710062）
网　　址	www.snupg.com
印　　刷	西安创维印务有限公司
开　　本	700mm×1020mm　1/16
印　　张	18.25
插　　页	2
字　　数	215千
版　　次	2014年4月第1版
印　　次	2014年4月第1次印刷
书　　号	ISBN 978-7-5613-5220-5
定　　价	38.00元

读者购书、书店添货或发现印刷装订问题，请与本公司营销部联系、调换。
电话：(029)85307864　85303629　传真：(029)85303879

"红色延安口述·历史"
编辑委员会

总策划	冯晓立	傅功振		
主　编	任　文			
编　委	薛义忠	石　杰	梁向阳	孙国林
	朱鸿召	张军锋	梁星亮	姬乃军
	刘卫平	田　刚	陈答才	王晓荣
	刘东风	冯晓立	傅功振	
参编人员	王　耀	王晓飞	王慧子	邓　微
	仝　蕾	巩亚男	庄婧卿	刘存龙
	张　双	赵虹波	雷亚妮	

编辑说明

"红色延安口述·历史"是一套以口述实录、回忆录、访谈录以及相关原始档案并配以历史图片为基本内容的史料集成。它试图以亲历者、当事人、知情者或者后代的讲述、回忆，来还原历史真相，呈现延安十三年的辉煌，从而改善当代人对"符号化"延安的僵化认识，再现一个本色、真实的延安。入选文章均来自已出版的图书、杂志、报纸，酌量选录地方党史办公室、政协文史机构等征研的资料。

丛书所选文章注重大历史背景下个人独特的经历和感受，尤重对历史细节的挖掘和梳理。丛书内容虽以回忆、口述等形式呈现，但其较强的故事性、可读性，有益于对当代读者，特别是对青少年读者进行革命传统教育，进一步弘扬延安精神，具有积极的现实作用与意义。

丛书共17种21册。内容包括口述实录、回忆录、访谈录、重要的档案材料及代表性研究文章。口述实录、访谈录与回忆录前均设置了对口述人或回忆人的简要介绍，并突出介绍口述人或回忆人在延安的工作或生活经历。

所选文章中，因个人当时的见闻条件、历时记忆在一定程度上的失真以及可能附加的主观因素等，讲述人或作者对历史事件的忆述不一定完全符合已逝的客观真实，且不同的亲历者对同一事件的细节叙述也常稍有出入，这一方面反映了历史事件的复杂性、多元性，另一方面也说明历史应该是"人的历史"，不能只有一种"写法"或"说法"，更不存在"唯一性"，这样才能更趋历史"真相"。为尊重原作，编者收入时未强求统一，多以"编者注"提醒读者注意。

入选文章写作时间跨度从上世纪30年代到本世纪初，每篇文章自有其文字风格和时代的语言习惯，收入本丛书时，除特殊情况外，皆尊重原文，不做改动；原书专名（人名、地名、术语）及译名与今不统一者，多未做改动。如确系作者笔误、排印错误、数据计算与外文拼写错误等，则予以修正。标点符号、数字用法等，依据现有出版规范做了统一处理。除特殊情况外，原文篇后注或行文注统一移作脚注，文献著录稍加统一。

由于我们工作经验不足，或翻检资料有限，或水平、认识有限，其中可能存在讹误或差错，敬请方家、读者批评指正。

作为一套大型汇编丛书，涉及文字与图片等著作权联系方面的工作难度很大，我们进行了多方努力和联系，但仍有部分作者信息不明或原工作、生活地址变动而无法联系，希望版权人或版权继承人见书后与我们联系，以奉稿酬与样书。

谨以"红色延安口述·历史"的出版，向革命先辈致敬！

"红色延安口述·历史"编委会

2014年3月

前　言

延安时期，中国共产党为了生存和发展，领导解放区军民开展了以自给为目标的大规模生产自救运动。生产运动首先在以延安为中心的陕甘宁边区展开。从1939年2月中共中央在延安召开生产动员大会，到1947年3月中共中央撤离延安，陕甘宁边区的大生产运动历时长达八年。在这八年中，边区的党政机关、部队、学校普遍参加生产运动，逐步达到粮食、经费自给、半自给或部分自给。边区的大生产运动主要开展农业生产，兼办工业、手工业、运输业、畜牧业和商业。通过实行公私兼顾、军民兼顾，组织劳动互助，发展边区经济，在党政机关、部队、学校、工农群众的共同努力下，陕甘宁边区终于克服了严重的财政经济困难，为巩固民主政治，支持敌后长期战争，争取抗日战争的胜利，奠定了物质基础，壮大了革命力量，并对革命胜利后的经济建设产生了重大而持久的影响。

一、陕甘宁边区大生产运动的历史背景

在抗日战争爆发初期，陕甘宁边区政府根据《中国共产党抗日救国十大纲领》的基本精神，确定了"休养民力"，恢复与发展人民经济的政策，提出边区经济建设的基本任务是：发展国防生产，充实抗战力量，供给战争，改善人民生活，团结广大民众，推进民主政治，参加战时生产，争取抗战的最后胜利。边区政府成立之初的1937年至1940年，边区的财政来源主要是依靠外援。外援有两部分，一部分是国民政府发给八路军的军饷，一部分是海外华侨和后方进步人士的捐款。四年间外援占边区财政收入的比例依次为77.2%、

51.69%、85.79%和70.54%。边区各部门的用粮来源于两个方面：一个是征粮，征收的对象主要是地主和富农，中农负担很轻，贫农全无负担；另一个是靠边区政府拨款采购。然而，这种状况并没有持续多久。1938年10月日军占领武汉后，日本开始改变其侵华政策，逐步将其主要的侵华军事力量转向各敌后抗日根据地进行扫荡。几乎与此同时，国民党也开始加强对陕甘宁边区的军事封锁。1939年1月，国民党五届五中全会制定"溶共、防共、限共"的方针后，国民党不断向陕甘宁边区周围增加兵力，这一年，直接包围陕甘宁边区的兵力近31万人。

包围边区的国民党军队不断制造摩擦事件，1939年至1940年，国民党顽固派在陕甘宁边区周围制造了大小几十次军事摩擦事件。国民党顽固派的军事进攻，使边区的面积由129 608平方公里减少为98 960平方公里，人口由200万减少为约150万。1940年蒋介石调集以嫡系胡宗南部为主的大批部队（最多时总兵力达50万人），分驻在边区周围各县，形成西起宁夏，南沿泾水，北接长城，东到黄河的五道包围封锁线（北边两道，南边三道）。国民党政府在进出边区的大小路口设立哨卡，严密监控，切断了边区同外界的一切联系，并采取各种办法干扰和破坏边区的财政经济。他们不准边区的农副产品向外输出；又以法令禁止国统区的物资，特别是棉花、布匹、粮食、药品、火柴、电讯器材等物资进入边区，违者以"走私"论罪，物资没收，货主法办。国民党还在边区附近组织边币与法币兑换的黑市，利用兑换差价影响边区的物价，引诱走私，扰乱金融市场，破坏边区财政。1941年10月，国民政府停发了八路军军饷（每月60万元），同时实行断邮，其他外援也无法汇兑，整个外援一下子全部断绝，边区的财政困难迅速降临。

尽管财政遇到严重困难，但边区的负担仍然猛增，支出大幅增加。国民党统治区许多人因受国民党当局迫害来到边区；各解放区的干部也陆续来到延安参加整风学习；为了保卫边区，中共中央不得不陆续从前方调回一批部队，边区的军队人数也增加了一万多人。这样，就使边区脱离生产的人员大量增加。1937年仅14 000余人，1938年16 000余人，1939年猛增到49 686人，

1940年又增到61 144人,1941年则高达73 117人。再加上8 120匹马的草料,边区的财政就更不堪重负了。当时边区实有人口为1 362 254人,脱产人员比例占边区总人口的5.37%。中共中央和边区政府不得不以增加人民的负担为代价来开辟财源。而1940年到1942年,边区又遇到了严重的自然灾害。据不完全统计,1940年受灾面积4 298 312亩,损失粮食235 850石(每石300斤),受灾人口515 145人;1941年,受灾面积603 558亩,损失粮食47 035石,受灾人口90 470人;1942年,受灾面积856 185亩,损失粮食79 720石,受灾人口352 922人。尤其以1940年的灾情最为严重,致使当年春夏之交青黄不接,群众生活艰难至极,边区的粮食供应陷入极大的紧张和恐慌。1941年,边区财政亏空567万余元。边区政府已没有足够的财力购粮。毛泽东回顾当时困难状况时曾说:"我们曾经弄到几乎没有衣穿,没有油吃,没有纸,没有菜,战士没有鞋袜,工作人员在冬天没有被盖。国民党用停发经费和经济封锁来对待我们,企图把我们困死,我们的困难真是大极了。"①

在这样一种客观形势下,革命需要生产,生产就是革命,大生产已是边区军民走出困境的唯一出路,已经成为关乎抗日战争乃至中国革命前途的重要环节。

二、陕甘宁边区大生产运动的指导方针

对这种局面的出现,毛泽东早有思想准备。抗战刚转入相持阶段时,毛泽东就意识到:"长期抗战中最困难问题之一,将是财政经济问题,这是全国抗战的困难问题,也是八路军的困难,应该提到认识的高度。"②1938年秋,由于给养不足,边区留守兵团的一部分部队在战斗和训练之余,从事农副业生产,种菜、养猪、打柴、做鞋等,从而改善了部队生活。毛泽东对这一做法予

---

① 《毛泽东选集》第三卷,人民出版社1991年版,第892页。
② 毛泽东1939年1月2日为《八路军军政杂志》创刊撰写的发刊词,载《八路军军政杂志》1939年1月创刊号。

以肯定，要求推广到留守兵团的所有部队。1938年12月8日，毛泽东在后方军事系统干部会上作报告时说："我们现在钱虽少但还有，饭不好但有小米饭，要想到有一天没有钱、没有饭吃，那该怎么办？无非三种办法，第一饿死；第二解散；第三不饿死也不解散，就得要生产。我们来一个动员，我们几万人下一个决心，自己弄饭吃，自己搞衣服穿，衣、食、住、行统统由自己解决，我看有这种可能。"①1939年，边区正式提出生产自给的任务。1939年1月17日至2月4日，陕甘宁边区第一届参议会召开，毛泽东代表中共中央在参议会上讲话时提出了"发展生产，自力更生"的口号，号召边区人民群众和部队、机关、学校全体人员开展必要的生产。边区政府主席林伯渠向大会作的《政府工作报告》中，在讲到边区政府的任务时说："为要支持长期抗战，应付与日俱增的经济困难，同时建立国防经济基础，改善人民生活，以加强抗战力量，扩大生产运动，成为目前重要战斗任务之一。"②此次参议会还通过了高克林等提议的"工作人员参加生产运动案"，交付边区政府实行。1月25日，毛泽东出席在延安举办的陕甘宁边区农产品展览会并讲话。他说：今天开边区农产品展览大会，意义是很大的。现在跟日本帝国主义打仗，是需要多方面的努力，前方要有将士的英勇抗战，而这些将士们要饭吃，要衣穿，这就要依赖后方努力生产来解决。边区在过去生产运动已有了一些成绩，这次农展会就是成绩的代表。前方努力打仗，后方努力生产，打下去，一定可以打垮日本的。在我们边区，不仅老百姓要如此做，其他如学校、党政机关及部队都要参加生产运动。1月26日中央书记处再次讨论边区生产问题，决定成立以林伯渠为主任是总生产运动委员会，负责领导边区的生产工作。2月2日，中共中央在延安召开党政军生产动员大会，中央财政经济部部长李富春代表中央作了《加紧生产，坚持抗战》的动员报告，阐明了开展生产运动的目的和意义，提出了发展生产

---

① 中共中央文献研究室编：《毛泽东年谱：一八九三——一九四九》中卷，人民出版社、中央文献出版社1993年版，第99页。

② 陕西省档案馆、陕西省社会科学院合编：《陕甘宁边区政府文件选编》第一辑，档案出版社1986年版，第149—150页。

的具体计划,号召全体军民,努力生产,克服困难。毛泽东、张闻天、王明等中央领导出席大会并演讲。毛泽东指出:今天开生产动员大会,意义是很大的。要继续抗战,就需要动员全中国的人力物力。陕甘宁边区有200万居民,还有4万脱离生产的工作人员,要解决这204万人的穿衣吃饭问题,就要进行生产运动。毛泽东在讲话中号召自己来解决生活问题,他说:去年留守兵团部分地进行了生产运动,他们日常生活改善了,冬天解决了鞋袜问题。过去有部队的战士们冻足冻手,现在这种现象消灭了,这也是进行生产之功。所以无论部队机关,这种生产运动必须开展起来,大家种菜喂猪,办合作社,进行一场伟大的经济战线上的斗争。①

1939年2月4日,陕甘宁边区党委、边区政府、边区抗敌会、保安司令部联合发出《关于发展生产运动的紧急通知》,要求各机关、部队及全边区人民坚决响应中共中央关于广泛开展生产运动的号召,本年增开荒地60万亩,以达到生产自给的目的。同时要求各县组织生产委员会,具体领导生产运动。2月10日,作为生产运动指导机关的陕甘宁边区总生产委员会成立。为奖励干部和人民努力完成生产指标,边区政府还颁发了《陕甘宁边区人民生产奖励条例》《督导民众生产勉励条例》《机关、部队、学校人员生产运动奖励条例》,同时派出巡视员下去督导帮助。6月10日,毛泽东在延安党的高级干部会议上所作的报告中再次强调指出:"吃饭是第一个问题",要"自力更生克服困难"。号召"一切可能地方一切可能时机一切可能种类,必须发展人民的与机关、部队、学校的农业、工业、合作社运动,用自己动手的方法解决吃饭、穿衣、住屋、用品问题全部或一部,克服经济困难,以利抗日战争"。② 12月,中共陕甘宁边区第二次代表大会通过了《关于继续发展边区经济改善人民生活的决议》,号召边区人民"继续发展边区经济,使边区全体人民足衣足食,使边区能在抗战建国的艰苦过程中奠定克服困难与自给自足的基础"。边区党和

---

① 转引自刘益涛编:《毛泽东在延安纪事》,陕西人民教育出版社1994年版,第95—97页。
② 中央档案馆编:《中共中央文件选集》第十二册,中共中央党校出版社1991年版,第118页。

政府响应中共中央的号召,明确提出"自给自足"的奋斗目标。

1940年2月10日,中共中央、中央军委发出《关于开展生产运动的指示》,要求各部队"一面战斗,一面生产,一面学习"。至此,大生产运动全面展开。为了节约开支,6月18日,边区政府秘书处及边区各厅处还成立了节省委员会。

1939年至1940年是边区大生产运动的初步发展阶段。这期间,边区有一定的外援,党内外普遍存在着重军事轻经济的思想,因此,边区大生产运动的成效和影响并不大。但边区的大生产运动还是取得了一定成绩。首先是农牧业生产有较大发展。1939年和1940年,全边区开荒170余万亩,粮食产量和牛、驴、羊数量都有较大增长。1940年,部队已可自己解决一个半月的口粮,并解决了部分装备补充。机关学校也投入生产运动,从中央和边区领导人到勤务员和青年学生,全体动员上山种地。与农牧业发展的同时,边区的工业建设也迈出了最初的步伐。

到1940年秋,情况发生了变化。这时,国民党停发八路军军饷,并对抗日根据地实行经济封锁,边区的外援全部断绝。与此同时,边区内遭受了严重的旱、病、水、雹、风五大灾害的侵袭,灾情几乎波及每一个县。边区的财政经济严重恶化,经济进入极端困难时期。前一阶段小规模的生产已远远不能适应形势变化的需要,只有开展大规模生产自给运动,建立自己的公营经济,才能解决军需民用的问题。肖劲光回忆:"一天,毛泽东同志把林伯渠、高岗和我找去,对我们说:我们到陕北来是干什么的呢?是干革命的。现在日本帝国主义、国民党顽固派要困死、饿死我们,怎么办?我看有三个办法:第一是革命革不下去了,那就不革命了,大家解散回家。第二是不愿解散,又无办法,大家等着饿死。第三靠我们自己的两只手,自力更生,发展生产,大家共同克服困难。他的这段话,既风趣,又易懂,像一盏明灯,一下子把我的心照亮了。我们三人不约而同地回答说:大家都会赞成第三种办法。毛泽东同志听了,笑笑,接着说:现在看来,也只有这个办法。这是我们的唯一出路,是打破封锁、

---

① 肖劲光:《肖劲光回忆录》,解放军出版社1987年版,第298—299页。

克服困难的最有效最根本的办法。"①

1940年11月，中共陕甘宁边区中央局作出了《关于开展边区经济建设的决定》，指出："广泛地开展边区经济建设，是边区当前刻不容缓的迫切任务"，"各级党委必须以开展经济建设作为当前最迫切的实际中心工作之一"。1941年12月，中共中央西北局作出《关于1942年度边区经济财政建设的决定》，再次明确指出："目前边区经济财政还处在一个达到自给自足的过渡阶段，困难还远未完全克服，战争与革命环境的持久与日益发展着的艰巨斗争，百倍地要求我们党要加强经济财政建设工作，并应确定经济财政建设为边区党最中心的任务之一。"①1942年10月，中共中央西北局高级干部会议召开，边区政府主席林伯渠在会上指出："在目前情况下，发展生产是一切工作的中心之中心。"这次会议确定："边区党今后的基本任务是建设，而建设的任务就是生产与教育两大工作，其中生产更有决定性。"

在中共中央西北局和边区政府的具体领导下，边区的军民和党政干部积极投入大生产运动，边区农业和工商业的产值迅速增长。1941年各部队和各地方政府的经费完全由自己解决，各机关经费的自给部分达70%。1942年中央各机关自给48%，边区保安处自给70%，鲁迅艺术文学院自给32%。陕甘宁边区人民经过艰苦奋斗，在经济上渡过了最困难的时期。

1943年以后，大生产运动进入了一个新的阶段，即实现丰衣足食、建设革命家务的阶段。1943年1月8日，中共中央召开了直属机关和学校经济工作人员会议，李富春在会上作了《丰衣足食，为改善物质生活而斗争》的报告，提出了1943年生产自给的目标。陕甘宁边区政府还向边区人民提出了"耕三余一"号召。

在领导大生产运动的过程中，毛泽东先后发表了《抗日时期的经济问题和财政问题》《开展根据地的减租、生产和拥政爱民运动》以及《组织起来》等著作，提出了"发展经济，保障供给"的经济工作和财政工作的总方针。毛泽

---

① 陕甘宁边区财政经济史编写组：《抗日战争时期陕甘宁边区财政经济史料摘编·第三编·工业交通》，陕西人民出版社1981年版，第27页。

东提出的这个总方针，正确地反映了发展经济与保障供给的关系，经济工作与财政工作的关系，也就是生产与分配之间的关系，纠正了那种不注重发展生产、开辟财源，而单纯在财政收支上打算盘的错误做法。这个总方针要求从实际出发，发动和组织军队、机关、学校和人民群众自力更生，开展生产运动，在着重发展民营经济的同时，大力发展公营经济，以求解决边区政府的财政困难，满足军民必不可少的物质需要。毛泽东代表党中央提出的边区经济与财政工作的总方针，既反映了大生产的目的和基本经济规律，也保证了大生产运动发展的正确方向。

为了把"发展经济，保障供给"这一总方针落实到实际工作中，中共中央和边区政府坚决实行"以农业为第一"的方针。明确要求，除集体进行开荒、种粮、种菜之外，还要组织专门人员创办农场、牧场、菜园或者和农民伙种粮食、蔬菜，养猪、养羊，以便增加粮食、蔬菜、食油和肉类，逐步实现粮、菜、油、肉的半自给或自给。为此，中共中央西北局和边区政府采取了三项措施：第一，制定优待移民、难民的政策，鼓励他们开荒生产；第二，开展减租减息，调动广大农民的生产积极性；第三，倡导劳动竞赛，表彰劳动模范。

为了提高劳动生产率，中共中央和毛泽东提出了"组织起来"开展劳动互助的方针。为了正确处理公营经济内部军队、政府、机关、学校等各部门之间的关系问题，正确处理各部门中的上级和下级、集中和分散、这一单位和那一单位之间的关系问题，充分调动各部门、各单位发展经济的积极性，保证生产运动沿着正确方向前进，中共中央提出了"统一领导，分散经营"的方针。为了大力发展公营经济和私营经济，正确处理公私之间、军民之间、集体和个人之间的关系，中共中央制定了"公私兼顾"或"军民兼顾"的政策。为了克服财政经济困难，在处理生产和消费关系问题上，中共中央提出必须实行生产和节约并重的方针。

这些方针政策，正确地解决了发展生产和抗日战争的关系，经济工作和财政工作的关系，农业和工业、商业的关系，集中领导和分散经营的关系，革命全局的利益与集团利益、个人利益的关系；调动了各方面的积极因素，保证了边区大生产运动沿着正确的方向发展。

三、陕甘宁边区大生产运动的广泛开展

"这时的边区,日夜都有动人的景象。黎明时分,东方刚刚露出一点鱼肚白,成群结队的人们,已荷锄扛镢上山了。登高一望,到处是挥汗如雨的垦荒者。山坡上,沟道里,红旗招展,镢锄飞舞;歌声、笑声、口号声、加油声此起彼伏,引得群山共鸣,飘向远方。夜晚,沸腾的群山安静了下来,一孔孔窑洞的灯火却亮了起来,万家灯火与点点繁星交相辉映。'白天生产,夜晚工作',几乎成了所有机关单位的常规;紧张、忙碌,是边区各部门的共同作风。"这是《陕甘宁边区政府史话》中的一段文字,生动反映了大生产运动紧张、忙碌、热烈的情景。

大生产运动伊始,毛泽东就号召机关、部队、学校"一面工作,一面学习,一面生产"。张闻天号召每个共产党员做"劳动的先锋"。李富春提出了机关、部队、学校生产的种类"以农业生产为主,分别进行农工商运输及畜牧业"的原则。边区的机关、部队、工厂、学校、农村各界人民热烈响应中共中央"自己动手,丰衣足食"的号召,积极投身到火热的大生产运动。机关、部队、学校的生产运动大体经历了三个阶段。1938年至1940年为休养民力、准备自给的阶段。1941年至1942年是渡过难关、争取自给的阶段。从1943年开始,是实现丰衣足食、建设革命家务的阶段。

1941年和1942年,极其严重的财政困难迫使机关、学校不得不下决心自己动手,从发展农工商中求得财政供应的自给,生产劳动的任务极其艰巨。为此,中共中央和边区政府采取了一些特殊措施和重要步骤,比如整顿领导生产业务的组织,成立中央直属财务处、后勤经济处、边区财经处等,加强对生产自给的组织领导。同时,机关、学校的生产自给种类,从前一阶段的以农业为主,转到以工商业为主。经过了艰难的探索历程,取得了相当大的成绩。1941年,后勤机关学校种菜地1801亩,收获各种蔬菜87.9万斤,做到自给

蔬菜4个月。中央直属机关种菜地2 329亩，收获各种蔬菜71.5万斤，自给5个月。中共边区中央局140人，种菜收获2.8万斤，自给9个月。1942年，中直、军直和边区各机关学校的商业收入占自给总收入的68%。边区政府秘书处与民政、财政、建设、教育四厅合办两个农场，共收入约25万元。中央各机关学校，配备种菜人员40名，在388亩川地、1 941亩山地上种菜，收获各种蔬菜74.5万斤，平均自给蔬菜5个月。全边区各机关学校的蔬菜自给在600万元以上。此外，饲养家畜解决肉食也取得相当的成绩。1941年上半年后勤各机关喂猪得肉56 814斤，照当时市价值170 440元，平均每人每月多吃了一斤肉，全年约值35万元。中央直属各机关学校，1942年1月至10月止，平均每月养猪265头，10个月共赚23 330余斤大秤的猪肉，合边钞70万元。全边区机关学校饲养牲畜一项生产，照此计算，总价值当在400万元以上。边区机关、学校的工作人员依靠自己动手、艰苦奋斗，在工商业经营上取得了显著成绩，1941年生产自给1 500万元，1942年约达5 000万元。不仅供应了日常经费的大半，解决了迫在眉睫的财政困难，还奠定了进一步发展自给经济的基础。

在"丰衣"方面，除中央管理局规定的被服及用品供给标准外，各机关、学校要在自己生产中解决一双草鞋，多发一条手巾，多补充一套衬衣；办不到的，至少要补充一件背心，一条短裤，同时靠个人劳动，每人自己要织一件毛衣以至一条毛裤。在"足食"方面，主要是改善伙食，每人每月除管理局发的1.5斤肉外，各机关、学校自己要解决1.5斤肉，保证每人每天一斤蔬菜、6钱到7钱油。还规定要增加工作人员、勤杂人员必需的学习用具，建立俱乐部。生产劳动成绩超过标准的给予表扬、奖励，达不到标准的要批评。中共中央以及地方各部门负责人都带头开荒生产，交公粮。毛泽东在杨家岭窑洞下面的山沟里，开垦了一块长方形的地，种上蔬菜，一有空就去浇水、拔草。朱德背起了粪筐，周恩来、任弼时摇起了纺车，林伯渠公布了自己的生产节约计划。他们的模范行动，给广大军民树立了榜样，极大地鼓舞了边区军民自己动手、克服困难的信心。

军队是除农民以外数量最大、最有组织的劳动集团。毛泽东指出:"我们有打仗的军队,又有劳动的军队。打仗的军队,我们有八路军新四军;这支军队也要当两支用,一方面打仗,一方面生产。我们有了这两支军队,我们的军队有了这两套本领,再加上做群众工作一项本领,那么,我们就可以克服困难,把日本帝国主义打垮。"①

军队的大生产运动以八路军第一二〇师第三五九旅最为闻名,被誉为"发展经济的前锋",是边区大生产运动的一面旗帜。1939年10月,为了增强边区的防御力量,保卫中共中央,保卫边区,中央军委把八路军第一二〇师第三五九旅从晋西北前线调回陕北。1940年5月,朱德从晋东南抗日前线回到延安后,提出在不妨碍部队作战和训练的前提下,实行屯田军垦的政策,"以减轻人民的负担,密切军民关系,同时帮助边区的建设,也改善部队本身的生活"。为此,朱德亲自到南泥湾进行实地勘察。1941年3月至1942年,第三五九旅在旅长王震率领下,先后分四批全部开进南泥湾。这片多少年来荒无人烟、杂草丛生的"烂泥湾",顿时人声鼎沸、战歌嘹亮。第三五九旅的将士们,身背钢枪,手握镢头,用生命和鲜血,把一个"只见梢林不见天"的荒山野岭变成了稻田翻绿浪、窑洞满山腰的"陕北好江南"。1941年,开荒1.12万亩,产粮1 200石,粮食自给1个月,蔬菜完全自给,经费自给78%。1942年,开荒2.68万亩,产粮3 050石,粮食自给3个月,经费自给92%。1943年,开荒10万亩,实现了"不要政府一粒米,一寸布,一文钱"的奋斗目标,做到了粮食、被服、经费、肉、菜的全部自给。1944年,全旅种地达26万多亩,收获细粮3.6万石,缴纳公粮1万石,实现了每人生产六石一斗细粮,一人一只羊,两人一头猪,十人一头牛的计划,达到了"耕一余一"。此外,第三五九旅还开展了多种经营,办起了伐木厂、造纸厂、被服厂、豆腐坊等,成立运输队和军人合作社。军人家属也不甘落后。四支队供给处处长吴成恩的女儿吴萍虽然只有7岁,却学会了纺线,而且每天能纺一两头等纱。第七一七团

---

① 毛泽东:《毛泽东选集》第三卷,人民出版社1991年版,第928页。

政委谭文邦的妻子陈敏，带着两个孩子在家纺线，鼓舞许多妇女走上生产战线。当年在南泥湾进行生产和举办农场的还有八路军总部炮兵团、中共中央西北局、中共中央党校等单位。他们用大刀和钢枪，用鲜血和生命，用擎天的巨手共同演奏了一曲开天辟地的悲壮赞歌。

陕甘宁边区是经济落后的农业区，当时边区的农民都是分散的个体生产者，有些还受着地租的剥削。在这种情况下，提高农民的生产积极性和农业劳动生产率的主要方法，就是在实行减租减息之后，把群众组织起来，实行生产劳动互助。

陕甘宁边区农民实行集体劳动互助的组织主要是变工队和扎工队，变工即换工，是农民相互间调剂劳动力的方法，有人工换人工，牛工换人工或人工换牛工，牛工换牛工，集体养牲口，生产技术上的换工等。参加变工队的农民，各以自己的劳动力或畜力，轮流地并集体地替本队各家耕种。结算时，一工抵一工，多出了人工或畜工的由少出了的补给工钱。扎工队一般是由土地不足的农民组成，参加扎工队的农民，除相互变工互助外，主要是集体出雇于需要劳动力的人家。

大生产运动以前，农民的生产互助合作社，一般还处于自发状态。大生产运动开展以后，发展到有组织的自觉状态。1942年，延安县为了完成8万亩的开荒任务，利用民间的互助形式组织了487个扎工队，另外还吸收了4 939个好劳动力，参加集体生产。这次组织起来的劳动力，占全县劳动力的1/3以上，在20天中，开荒46 442亩，完成开荒任务的58%，初次显示了互助合作、集体生产的优越性。1942年12月，中共中央和毛泽东号召农民群众组织起来，发展农民的集体劳动。于是，在陕甘宁边区以及敌后根据地掀起了一个以互助合作为中心的农业大生产热潮。据不完全统计，1943年，组织在各种互助组中的劳动力，占全边区劳动力总数的24%，比过去增加了四五倍以至20倍。他们在劳动中密切合作，生产效率大大提高。

为了提高农作物产量，边区政府还发放贷款，提倡精耕细作，采取改进农业生产的措施，实行奖励政策等。特别是为了保证粮食和棉花产量不断增长，边区党和政府提倡扩大种植面积，实行奖励开荒的办法。除粮食外，政府还作出了一些规定，如种植棉花者三年不交公粮；试种者全免公粮，如有损失，政府负责赔偿一半；奖励优秀棉农等。同时，鼓励兴修水利，颁布了"由旱地变水地的增产部分三年免交公粮"等政策。这些政策的实施，大大激发了农民的生产热情。与此同时，还树立了以吴满有为代表的农民劳动英雄，号召边区的农民向吴满有看齐，提倡吴满有式的生产运动，并在陕甘宁边区甚至整个抗日根据地掀起了一股学习劳动英雄吴满有的热潮。这极大地鼓舞和推动了其他农户发展生产。

陕甘宁边区在重点发展农业的同时，还大力发展了工业、手工业、运输业、畜牧业和商业，在工人群众中开展了学习赵占魁艰苦创业精神的"赵占魁运动"，掀起了工业生产的热潮。这项运动的开展，极大地鼓舞了边区工人群众的劳动热情，提高了他们的阶级觉悟，改变了他们的劳动态度。他们更加自觉地爱护自己的工厂，积极主动地完成和超额完成生产任务。在1941年至1942年的大生产运动中，边区的工业有了较大发展，边区所属各单位及民间个体先后建立了纺织、被服、制鞋、木工、造纸、榨油等工厂。

四、陕甘宁边区大生产运动的丰硕成果

自1939年1月陕甘宁边区第一届农业展览会起，边区党政军先后举办了农业、工业等各种形式、各种规模的展览会，展示了大生产运动所取得的丰硕成果。

农业方面：由于贯彻执行了正确的农业生产政策，边区耕地面积迅速增加，粮食产量大大提高。1940年耕地面积1 174.208 2万亩，1943年扩大到1 338.721 3万亩，总产量184万石，余量22万石。除粮食生产外，边区的棉花产量也逐年增加。边区原来不产棉花，经过大生产运动，植棉面积迅速扩大，1940年1.517 7万亩，1941年3.908 2万亩，1942年9.440 5万亩，1943年15.028 7万亩，1944年30万亩，1945年35万亩。棉花产量也逐年

提高，1941年100万斤（皮棉），1942年140万斤（皮棉），1943年173万斤（净花），1944年300万斤（净花），足够边区军民穿衣之用。这样，边区军民就实现了"丰衣足食"。

畜牧业方面：大生产运动促进了边区畜牧业的发展，呈现出六畜兴旺的景象。由于边区农业的发展为畜牧业的发展提供了充足的饲料，边区的牛从1940年的19.3283万头增加到1943年的22.0781万头；驴从1940年的12.5054万头增加到1943年的16.7691万头；羊从1940年的172.5037万只增加到1943年的203.3271万只。

工业方面：大生产运动促进了边区工业的较大发展，保证了边区军民日常生活用品的基本自给。边区原来只有清末开办的一个延长油矿，1937年也只有修械、印刷、被服等几个工厂，而到1943年，公营工厂总数达103个，有纺织厂23个，造纸厂12个，工具厂13个，印刷厂5个，石炭厂18个，化学工业厂13个，被服厂10个，其他工厂9个。私营工厂和家庭手工业也迅速发展。其中特别是盐业的较快发展，保证了外贸物资供应。据统计，边区1943年生产食盐60万驮，比1942年的27万驮增长一倍以上。盐是边区用来进行"外贸"的主要物资，对边区来说，有了盐就可以换到各种生活必需品，所以盐对于保证外贸物资供应至关重要。由于公私工业的发展，至1943年，边区做到了棉纱、布、铁、纸及其他很多日用品的基本自给。

商业方面：大生产运动促进了边区商业的繁荣与市场的活跃。边区政府曾先后成立了光华商店、盐业公司、南昌公司、土产公司、永昌公司等，主要组织土产输出，换取必需品输入，以保证军民的生产与生活。同时，公营商业、合作商业与私人商业组成了遍布城乡的商业网点，方便了军民的生产与生活。抗战前，延安只有店铺123家，1943年即发展到473家。各种性质和组织形式的运输队的成立，公路、马车路的修筑与管理，客店、骡马店的开设，大大促进了边区商业的繁荣。

五、陕甘宁边区大生产运动中的劳模群体

为鼓励开展劳动竞赛,陕甘宁边区政府还召开了各种劳动英雄和模范工作者大会,按劳模们的贡献,分别给予重奖。各条战线劳动英雄和模范工作者层出不穷。这些措施极大地促进了边区大生产运动的发展。

1939年5月,边区第一届工业展览会奖励劳动英雄50多名。1940年2月18日,边区政府会同中央机关及边区党委联合召开生产总结、给奖动员大会,大会奖励了各机关学校在生产运动中涌现出的劳动英雄,毛泽东、王明、张闻天、王稼祥、陈云、李富春等中央领导被选为特等劳动英雄。1942年12月,中共中央西北局高干会确定生产和教育是边区两大中心任务,对近年来领导经济建设成绩显著的王震、习仲勋等22位领导干部进行了奖励。这是边区产生的第一批具有广泛影响的劳动英雄。

1942年后,随着大生产运动的深入开展,各地的生产竞赛也积极开展起来,这使得劳模的产生突破了原来单一的工农业战线,除了来自农业、工业、合作社、军队、机关的生产英雄之外,还有畜牧、植棉、打盐、运盐、安置移民、办义仓、拥军优抗、防奸的英雄。在身份上,扩大到退伍伤残军人、妇女、青年、学生、抗属工属等英雄,甚至还有"二流子"转变为劳动英雄的。各行业涌现出了数以千计的劳动英雄。以吴满有为代表的农业劳动英雄,以赵占魁为代表的工业劳动英雄,以刘建章为代表的合作社劳动英雄,以黄立德为代表的机关劳动英雄,以杨朝臣为代表的退伍伤残军人劳动英雄等。还有打盐英雄高仲和、植棉英雄郭秉仁、畜牧英雄贺保元、种稻英雄马海旺、移民英雄冯云鹏、义仓英雄张清益、锄奸英雄阎开增、妇女英雄郭凤英、抗属劳动英雄陈敏、模范工程师沈鸿等。

为表彰他们对边区新民主主义建设的贡献,1943年11月26日至12月16日,陕甘宁边区在延安举行生产展览会的同时,召开了第一届劳动英雄大会,大会在奖励劳动英雄的同时,还奖励了淳耀的白原村、延安的吴家枣园、绥德的郝家桥、华池的城壕村、定边的贺家园等5个模范村。毛泽东称赞劳动英雄

是"人民的领袖"。边区政府提出的"耕三余一"的号召得到出席劳动英雄大会代表的响应,经过热烈讨论,代表们一致表示:"我们明年更要加劲生产,更要多打一些粮食。政府提出'耕三余一'的任务,我们号召边区老百姓加倍努力,做到'耕二余一'。"

为了进一步推动大生产运动,提高边区人民的农业生产热忱,完成"耕三余一"的任务,边区政府决定在更大范围内来奖励劳动英雄。从1944年1月开始,延安《解放日报》开辟了"边区生产运动"的专栏,刊登系统介绍著名劳动英雄的典型材料。接着,边区政府重申了在1939年4月1日公布的《陕甘宁边区人民生产奖励条例》,号召"调查历年来农业生产中的劳动英雄予以奖励"。随后,边区参议会常驻会第十一次会议和边区政府委员会第五次会议于1944年7月共同作出《关于今冬召开劳动英雄、模范工作者大会及生产展览大会的决定》。又于7月17日发出《对一年来生产、教育、拥军、防奸运动中之模范干部和不好干部分别奖惩》的命令。有11名模范县长、20名区长、7名乡长、11名民政工作者、41名财政经济建设及生产战线上的工作者、23名自卫防奸干部、19名文化教育者、5名贸易金融干部、5名司法行政干部以及在医药卫生技术等其他工作中的5名模范工作者获得奖励,3名违法乱纪干部受到惩处。

为了总结劳模运动和边区生产运动的经验,1944年12月22日至1945年1月14日,陕甘宁边区又召开了"劳动英雄与模范工作者大会暨边区群英会"。毛泽东高度赞扬了劳模们的创造精神,指出他们有"三种长处",起了"三个作用",即"带头、骨干和桥梁"作用。这次大会还评出模范村、模范连队及模范单位14个。

除此之外,还先后召开了"陕甘宁边区工厂厂长暨职工代表大会",陕甘宁边区合作社联席会议,延安市各界卫生动员大会,陕甘宁边区仓库主任、二科长联席会议,陕甘宁边区文教代表大会,对各自行业的劳动英雄给予奖励。

边区先后奖励乙等以上劳动英雄931人。边区的生产发展及其他各项工作的进步,是同这些劳动英雄分不开的。他们的示范作用,给边区军民投入大生产运动提供了强大的动力，在促进经济快速增长的同时，也给后人留下了极其宝贵的精神财富。

  陕甘宁边区的大生产运动是史无前例的伟大创举。它的成功开展，对保证抗日战争的胜利和促进中国革命的发展具有极其重大的意义。如今，我们早已过上了富足安康的生活，琳琅满目的商品使我们应接不暇，现代科技带给我们精彩纷呈的生活。但是，半个多世纪前的那场轰轰烈烈的大生产运动却没有远离我们的记忆。当我们翻开当年的报纸，当我们默读亲历者的回忆文章时，大生产运动的热烈景象便会跃然眼前。那是一个燃烧着无限激情的岁月，那是一个我们靠自己的双手创造新生活的年代。陕甘宁边区的大生产运动留给我们的除了令人震撼的回忆外，更多的是启发和思考。

编　者

2013 年 10 月 28 日

CONTENTS 陕甘宁边区大生产运动 目录

第一部分

大生产运动纪实

延安《新中华报》关于大生产运动的报道文章精选

1939 年

004 开展生产运动　本市召开生产动员会

006 中共中央组织部创立三大劳动纪律　日来开地已达百余亩

007 边府各机关开荒总结

010 中央教导大队获细粮九十二石

1940 年

013 劳动英雄济济一堂　本市举行生产总结给奖动员大会

017 女大创立手工业工厂

019 边区第一道长渠　排庄渠修筑成功

延安《解放日报》关于大生产运动的报道文章精选

1941 年

023 延安南区合作社一年来业务猛进

024 各县运盐热潮

025 后勤年建十三工厂

027 延安党政军民代表举行生产动员大会

1942 年

030 军事系统各机关去年种地八万余亩

031 边府号召边区农民 向吴满有看齐

033 清涧夏收大部完成

035 人们在谈说着赵占魁

039 开展赵占魁运动

1943 年

042 南泥湾部队女同志全体参加生产

044 中直、军直与留直进行生产比赛

047 西北局机关农场修仓打窖准备秋收

049 毛主席参观生产展览会 与劳动英雄亲密交谈

1944 年

051 抬粪目击记

052 延县麻塔村变工队竞赛 开荒效率提高两倍

054 边区工业迅速发展

056 文协流动生产队 收获粗粮百八十余石

056 边区群英大会开幕

1945 年

059 养猪同志的功劳 中直肉食大部自给

061 杨家岭抢锄大队赴甘泉

1946年

064 绥德刘家沟等村筹开小型农业展览会

1947年

065 杨家岭机关已开始积肥

065 边区政府机关生产节约会议

第二部分

追忆激情岁月

068 为了不被困死、饿死　肖劲光

079 难忘的教诲　程悦长

085 南泥湾屯垦　左 齐

096 大生产在槐树庄　王绍先

100 南泥湾大生产　黎 原

107 毛主席视察南泥湾　董廷恒

114 纺线英雄　蒋秦峰

120 在延安大门口　刘占江

126 我参加延安大生产运动的一些回忆　迟金江

129 在与张思德最后相处的日子里　口述：宫辑书　整理：齐荣晋

137 三件宝　马国昌

142 陕北好江南——史家岔屯垦记　口述：颜德明　整理：汪照林　黄 伊

154 白手成家——记三五九旅大光纺织厂　刘韵秋

165 延安生活散记　赖春风

171 在"自己动手，丰衣足食"的日子里　于光远

176 整风、生产"两个环子"一起抓——回忆延安中央党校的生产运动　张行言

190 经济封锁与大生产运动　胡绩伟

第三部分
劳模风采

198 中共中央西北局表彰的领导经济建设受奖同志名单

199 陕甘宁边区第一届劳动英雄大会奖励的劳动英雄名单

201 陕甘宁边区工厂职工代表大会奖励的劳动英雄名单

203 陕甘宁边区群英会奖励的劳动英雄名单

207 部分劳模简介

第四部分
重要文献

232 加紧生产，坚持抗战——二月二日在延安生产动员大会上的报告

245 陕甘宁边区党委、边区政府、边区抗敌会、保安司令部关于发展生产运动的紧急通知

247 陕甘宁边区劳动互助社暂行组织规程

250 陕甘宁边区政府命令——公布《陕甘宁边区人民生产奖励条例》及《督导民众生产奖励条例》

254 陕甘宁边区政府命令——公布《机关、部队、学校人员生产运动奖励条例》

257 关于继续发展边区经济改善人民生活的决议

258 中央、军委关于开展生产运动的指示

260 军委关于陕甘宁边区部队生产工作的指示

262 中央书记处关于开展春耕运动的指示

第一部分 大生产运动纪实

延安《新中华报》关于大生产运动的报道文章精选

1939 年

开展生产运动
本市召开生产动员会
到会七百余人　生产计划详细规定

【本报讯】中国共产党中央于二日下午召开生产动员大会，计到会有党政军学校群众团体干部以及全体参议员同志约七百人，首先由李富春同志报告生产运动的意义、目的、计划及其实施的办法，接着由毛泽东同志、洛甫同志、王明同志等讲演。六时半散会。

兹将生产动员的计划摘录如下：

第一，农业方面：全边区今年比去年增加粮食百分之二△①。其办法：（一）开辟荒地六十万亩；（二）改良耕种（如施肥春耕夏耘秋收等）。

边区政府及其领导各级政府和保安部队拟完成一万六千五百石粮食，军事机关及所属的学校和留守兵团等拟完成二万五千石粮食。党中央机关及领导下的学校等拟完成一千石粮食。大批动员种菜，且从七月份起每天菜钱战斗部队减少一分，边区各级政府减少二分，党机关减少三分，学校减少四分。

第二，工业方面：（一）帮助人民发展手工业（如纺织等）；（二）政府创办国防工业工厂（如造纸等）。

第三，商业方面：（一）整理和发展群众合作事业；（二）统一筹划发展生产合作事业。

中共中央这一计划在干部会上得到热烈的拥护。现在各机关正在成立生产

---

① "△"代表原文缺字。全书同此。

1939年2月，中共中央在延安召开生产总动员大会

委员会，积极准备在一个月内完成各项准备工作，以期不失农时，赶紧播种，在实际工作中执行生产计划。

（本文选自1939年3月7日〔星期二〕《新中华报》第4版）

中共中央组织部创立三大劳动纪律

日来开地已达百余亩

陈云李富春两部长亲身领导

1939年，陈云（左）和李富春在延安

【本报讯】中共中央组织部的生产运动，正在积极进行中。已划定耕地千亩，分布于延水之东的几个山头，其中种植菜蔬者百廿亩。耕牛农具已派人往安塞等地购买，不日即可返来。肥料约需八百担，现已有四五百担。日前拾集马粪时，陈、李两部长以身作则，亲手掘抬，不顾粪秽。此外，科长以下，莫不踊跃参加，积极工作，争取做劳动英雄。为了提高劳动热忱，该部已创立三大劳动纪律：（一）不无故不到；（二）不迟到早退；（三）有事不到须有人代替。各队之间，并发起劳动竞赛，连日开出荒地百余亩，成绩可观。工作迅速之队，于完成一定面积后，辄自动帮助较为落后者，互助互□①之精神，颇值表扬与效法。至于其他生产，则将造暖圃，养菜苗，俾可早日达到菜蔬自给，并将家养大批猪鸡等家畜，除肉类自给外，尚可销售一部分，以所得代价，作为劳动者之慰劳。

（本文选自1939年3月6日〔星期一〕《新中华报》第2版）

---

① "□"表示原文此处字迹辨认不清。全书同此。

边府各机关开荒总结

边区政府各部门和边区高等法院之生产运动从三月上旬开始，截至四月九号，已经获得了下列的成绩：

机　关	担负种地垧数[①]	已开荒垧数	完成任务百分比	已下种之垧数	经常参加生产之人数	全部下种完毕日期
法　院	九百	三百二十	三十五	二十	七十五	七月
保卫营	一千一百	四百	三十六	一百四十	一百五十二	六月中
保安处	一千零五十	三百四十	三十四	十	八十	七月
公安局	五百	一百六十	三十二	四十	五十	六月中
秘书处	四百八十	一百一十三	二十三	五十	四十三	七月
民政厅	一百二十	六十	五十	二十	十二	六月
财政厅	一百八十	八十	四十四		二十三	六月底
教育厅	九十	三十	三十三			
建设厅	三百五十	一百四十四	四十一	八	二十五	六月底
市府委	一百二十	六十	五十	二十一	二十	六月中

根据上表看来，其已经获得的成绩超过了三分之一，并且一致认为有充分把握完成既定的任务。

第一，一致下了决心，要完成中共中央生产自给的号召，同时全体工作人员，都愿意超过任务。例如法院人数连犯人在内，只有一百五十人左右，经常能生产的只有半数，但担负的任务为九百垧，即一个人要生产两个人吃一年的粮食。虽说现在只完成百分之卅五，但以每人三垧计，则已完成了百分之七十。又如建设厅连公路局的人员，共总为九十名，而能整天实际参加整个

[①] 计算土地面积的单位。各地算法有不同，在陕北，一垧合三亩。

边区军民在开荒生产

生产的人只有二十人,半天生产的只有十个,但每人担负的任务为四垧,其所耕的地又离机关三十余里,但现在亦完成了任务的百分之四十一,如果以每人三垧计,则已完成了百分之五十三以上。边府秘书处虽然只达到百分之二十三,但因为农场距机关四十里,而又每人担负了四垧半,因农具住房未完全准备好,故上月之突击运动推迟到四月清明才举行。根据现在已完成的百分比,完成任务是完全有把握的。

第二,劳动强度高于普通农民。例如边区政府秘书处,原来计算每十二人一天只能开荒一垧,但结果十四人做四点钟工,就开了两垧地,且质量很好。又如秘书处有四个女同志,过去工作并不怎样积极,但这次她们四人都在农场担负做四十三人的饭食。

第三,农场工作与机关工作有了配合,使生产和行政工作双方兼顾。因为政府机关不能停止一时期工作而全部去生产,反之,在生产运动中,有些机关工作却更加多了,并且不能拖延下去的。因此在有些机关参加生产的人员,便不能超出三分之一,即使为了突击一星期，也只能去三分之二的力量，其余要顾及机关的日常紧要工作的，这点我们是已经做到了。

正因为有了上述三个原因，所以不仅生产任务已达到了三分之一的任务，并且行政工作亦顾到了。但是不能否认的，还有某些弱点存在，如还有个别的不愿参加生产，或参加了而是敷衍塞责，以及在农场上的政治文化工作欠缺，致不能更高度地加快劳动速度，卫生工作还注意不够，以致发生不少病员等。因而也就未能达到更可能多的成绩。

现在正是下种时期，不仅还有三分之二的荒地要开成熟地，并且同时又要下种，这样一来，开荒的人数便要减少，而劳动强度就更要增加，然后才有完成任务的把握。因此，今后必须：

（一）加强田野间的政治文化工作，发动普遍的竞赛，以提高劳动强度。同时要发扬每个劳动英雄的经验，以便在每分钟内能多挖几锄，多犁几步，要用政治工作使落后的不积极的人员赶上先进的。

（二）要选择有经验的人员去负责下种，保证全部下种能很好地完成。

（三）加强卫生工作，保证在农场耕作的人员不生病。

（四）要好好地管理与使用耕牛。现在正是耕牛出力的时候，要发挥耕牛的效能，做到一个牛每日能耕一垧地。

时候到了！要以极高的热忱和极快的劳动速度，来完成我们既定的任务。我们的任务不仅是自给，而且担负了帮助不能自给的。完成了我们的任务，是我们的光荣，就是我们执行党的号召的忠诚。是我们坚持持久抗战到争取最后胜利的决心。（高自立）

（本文选自1939年4月19日〔星期三〕《新中华报》第3版）

中央教导大队获细粮九十二石

超过生产计划一倍以上　中央书记处特复函慰劳

中央教导大队同志,竟以九十二石一斗五升细粮,打破了中央直属机关学校生产记录,超过原计划一倍以上。最近该队同志,特致函中央书记处,表示对各领导同志之敬谢。中央书记处特去函慰劳。兹照录两函如下:

毛泽东,王明,洛甫,康生,王稼祥,陈云,李富春各领导同志:

我们教导大队已经将全年生产于十月二十六日完成,细粮九十二石一斗五升,按中央规定每人二斗五升,共需细粮四十二石,我们加倍完成了八十四石。

我们代耕中央书记处领导同志的土地,应需二石四斗五升亦加倍完成为四石九斗,计收稻谷糜按照中央规定超过一倍外,还余三石二斗五升。

今将我们教导大队为各领导同志代耕土地尽获之细粮共五石四升,特敬献于书记处各领导同志,以感谢各领导同志领导我们完成并且超过了中央给我们的任务。最后向各领导同志致崇高的热烈的布尔塞维克①的敬礼!

中央教导大队

吴烈　肖前等上

十月廿九日

中央书记处复教导大队的信:

吴队长、肖政委并转教导大队全体同志:

接到你们的来信,知道你们于十月二十六日完成并超过了中央给你们的生产任务,收获粗粮一百七十九石,超过中央直属机关原定生产计划一倍以上。同时你们为中央书记处诸同志代耕之食粮数目,亦超过原定计划两倍以上。

曾经记得你们在开荒与春耕运动时,你们有最高的劳动热忱,是生产战线上的先锋队。当时中央告诉你们"要把劳动热忱与坚持性结合起来,

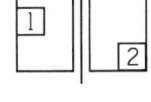

1. 身穿将军服的吴烈
2. 战士忙碾场

---

① 布尔塞维克,又译布尔什维克,俄文Болъшевик的音译,意为多数派。1903年俄国社会民主工党第二次代表大会制定党纲、党章时,以列宁为首的马克思主义者同马尔托夫等机会主义者展开激烈的争论。在选举中央领导机关时,拥护列宁的获得多数票,称为布尔维什克。此后,马克思列宁主义者曾自称布尔什维克。

才能争取最后胜利",果然,你们在生产战线上也完全和一切战斗任务一样,表现了你们布尔塞维克无比的英勇和高度的积极性与坚持性。因此你们取得了中央直属机关生产战线上最后的优胜和最光荣的模范!

中央除通知管理生产的组织,照规定奖励你们外,特别号召各机关学校学习你们的经验,来准备明年的生产运动。

你们为中央书记处代耕之食粮,请交边区政府粮食局作为公粮。并赠送你们奖旗一面,肥猪两只,以示谢意。愿你们保持已得的光荣胜利并继续努力争取战斗中、工作中、学习中的模范!

中央书记处

(本文选自1939年12月2日〔星期六〕《新中华报》第3版)

1940 年

劳动英雄济济一堂
本市举行生产总结给奖动员大会
去年胜利了今年应加倍努力

"劳动神圣",在中国只有边区真正发挥了它的实际意义。劳动者真正受到了广大人民的崇敬。

随着抗战走入了更困难的阶段,陕甘宁边区首先响应了毛泽东同志生产运动的号召。各机关、学校、部队的工作人员和学员,大家一起英勇地拿起了锄头,走上了荒山,一锄锄、一锹锹地开荒,播种,锄草,收割。一把血,一把汗,荒山在血汗灌溉下变成了肥田,长出了油绿的禾苗。经过了一年的劳动,丰富地收获了细粮数百万石。于是生产运动在广大人群的心目中更奠定了胜利的信心,劳心与劳力间的鸿沟开始被边区的人民慢慢地改变着,和统一起来。

完成了第一年,继续有第二年。为了总结过去策励将来,二月中在中央大礼堂举行了生产总结给奖动员大会。

生产战线上的英雄们,冒着狂暴的风沙,走进了人头攒动着的会

陕甘宁边区主席林伯渠

场。会场上洋溢着欢乐的歌声。几个月的休息，扫除了每个人在生产中感到的艰辛与疲劳，大家紧握着胼胝早已消失净尽的手，胜利地在彼此谈笑：

"你们去年完成了多少？"

"百分之九十五。"

"今年我们大家就有把握了。"

主席台上高悬着一面鲜艳的劳动的旗帜，从这面胜利的旗帜上，人民真正领略到劳动神圣的意义。"劳动创造一切"，在工人的斧头下，在农民的镰刀下，自由平等幸福的社会将被创造出来了。

曾经亲自拿起锄头参加过生产的毛泽东同志、王明同志、洛甫同志、李富春同志等，现在他们都微笑地出现在主席台下面的座位上。生产运动的胜利，同他们的领导是不可分离的。这次生产任务胜利地完成，就说明了中共中央的政治领导的正确，及中国人民蕴有着不可战胜的强大力量。

高自立、曹菊如、叶季壮、王首道、邓洁、刘景范、霍维德等七位生产单位的负责同志被选为了大会主席团，大会由高自立同志宣布开幕了。

李富春同志代表党中央报告着去年生产总结与今年生产任务，从这个报告里使所有生产岗位上的人们，更深地认识了抗战生产的伟大意义。

之后毛泽东同志、王明同志、洛甫同志，均先后登台进行了精彩的讲话。

边区政府林主席精神矍铄地被请登台演讲。他首先申述了去年生产运动能有很大的成绩，是由于：（一）党中央毛泽东同志的号召；（二）全体革命干部的努力领导与推行；（三）全边区广大劳动群众的拥护。次则讲到去年生产运动的胜利完成不但保证了食粮的供给，并大大改善了全边区人民的生活，这是在经济方面的成绩。更大的收获是在政治方面，是教育与锻炼了全党及所有的革命同志。

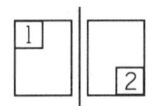

1. 陕甘宁边区政府副主席高自立
2. 陕甘宁边区建设厅长刘景范

年逾六旬的吴玉章同志在大会上兴奋地指出，中国几千年来劳心与劳力的鸿沟，已开始在边区被统一起来了，今日边区的生产运动就是今后改革社会的基础。

最后边区建设厅长刘景范同志详尽地报告了关于一九四〇年边区机关学校部队人员生产的具体计划，在生产计划中规定着除去一万石细粮外并有畜牧、植树造林等。其中刘景范同志特别提到预防旱灾的许多办法。由于去年生产中获得的丰富经验，由于广大人员高涨的生产热忱，对一九四〇年的生产计划的完成，每个人是都拥有着一颗胜利的信心。

讲话结束，大会主席团宣布了中共中央机关学校与军事机关部队及边

区一级各机关学校在生产过程中劳动英雄的名单。毛泽东同志、王明同志、洛甫同志、康生同志、王稼祥同志、陈云同志、李富春同志等党中央的领导同志均被选为特等劳动英雄，台下同时激起了轰动的掌声。此外，团体获特等奖者为教导大队、敌区工作委员会、高等法院、兵站部、警卫营。个人获特等奖者有陈强、黄立德、王正阳、徐秉文、杨正奇、李子原六位同志。除特等劳动英雄外各机关并选出甲等劳动英雄共一百零四名，乙等劳动英雄二百五十二名，丙等劳动英雄二百六十二名。各级奖品，团体特等奖为奖旗一面；个人特等奖为奖金十元，奖章一枚，奖状一张，纪念巾一条；甲等奖为奖金六元，奖状一张；乙等奖为奖金四元，奖状一张；丙等奖为奖金二元，奖状一张。辉煌的灯光下，奖旗上面"生产模范"四个耀目的大字兴奋着每个人的心。得奖机关代表以谦逊欢欣的态度，在全场热烈的掌声中，走近主席台，伸出了双手，恭敬地接过了奖品，掌声又猛然作响起来。个人特等奖中特别引人珍贵与羡慕的是那条上面印有毛泽东同志绘像的小小纪念巾。人们将它轻轻托在手上，像是怕有丝毫弄脏或折皱似的热烈地传观着。这条小小纪念巾，在每个人内心中引起有莫大的激动，"今年我一定要争取作劳动英雄啊！"同时在每个人内心骤然地竖起了一个不可动摇的锐志。

窗外月光映耀着山野，延水急促地流着，大地解冻了，已至开荒时节，努力吧！愿今年生产运动中有更广大劳动英雄出现。夜十时，人们怀着满腔兴奋与胜利的心情，坚毅地走出会场。（文①）

（本文选自 1940 年 3 月 26 日〔星期二〕《新中华报》第 3 版）

---

① 当为本文作者署名。

女大创立手工业工厂

制衣部已有缝衣机八架　制鞋部每月制鞋三百双

【专访】今年的生产运动,为顾及生理上之特殊性,除五十岁以上的老年人、十五岁以下的儿童及身体病弱者皆不参加外,女同志亦不上山挖地。女大的生产运动便向着下面几个方向发展:一、农业方面,种菜植树,养猪畜羊等;二、商业方面,扩大原有合作社之用品部和食品部,并自制豆腐豆浆等;三、工业方面,设立手工业工厂,及编织羊毛物品,制造简单丸药等。下面要报道给读者的,是该校缝纫厂与制鞋厂的情形。

穿衣易　做衣难

缝纫厂现已有缝衣机八架,并请有十几位工人同志负责指导同学们使用机器和裁剪。全校同学以班为单位,轮流参加生产,一星期换一次(一天工作八小时),工作人员分附在各班一同参加。生产期内除选科课外,一律暂时停课,每班两个多月可轮到一次,每班全年总计生产一个半月,并不妨碍学习。

工厂以前设在东山上,只有三个窑洞,现已搬到新落成的厂址去了。只要一踏进工厂,就可以看到工友和同学们在忙碌地工作着。衣服穿起来很容易,制起来却是相当麻烦。个体的作坊缝衣由一个人包办,但须千针万针手指头感到疼痛了,才缝成一件衣服。女大缝衣工厂实行着科学的分工,却也要经过一个很繁□的过程,才能制好一件衣服。记者一走进工厂,最初映入眼帘的便是灰色的布疋[①],像碉堡似的堆在那儿,几个同学在工友的指挥下,正拿着大剪刀在裁衣服。据说裁剪最不容易了,一不小心不是大了就是小了,初学的人更会剪着指头呢!虽然在女大还未发生这样的事。布料裁好了,便送到另外一个

---

① 即布匹。

地方。这里不停地激荡着机器的响声。工友们和已经熟练了的同学,脚下不断地踏着机器。手按着布,眼光也注视在机器上,看着那打好了的线纹。每个机器旁边,围绕着好几个女同志,学习打机器和做些零碎的缝工。再过去也有好些同志在缝着,多系席地而坐,肩膀上挂着布条,腿上横放着线,正在把那些□由机器打好了的衣服的零件连接起来,一件衣服便成功了。

每天制鞋十双

女大制鞋厂,现在还只做布鞋。制鞋比缝衣较容易,但因为没有机器,故不能像缝衣那样快,特别是扎鞋底,很厚一层布要用麻线扎紧,扎起来是很费力的。现在她们每天已能做鞋十双。制作过程也是采用分工合作,有的人专门捻麻绳,有的专做鞋面,有的专扎鞋底,最后是把鞋面同鞋底用麻绳缝拢来,便制成一双鞋。

对于请来的工友,女大当局特别优待她们,每人每月给工资二十五元,每天吃一顿面食或大米,并有专人帮助她们学习,提高文化政治水平。因此工友们都很加油,都认识到自己的工作是帮助抗战增加战时生产的革命工作。(波生)

(本文选自1940年4月23日〔星期二〕《新中华报》第3版)

边区第一道长渠

排庄①渠修筑成功

用事实教育了人民　了解修水利的重要

去年秋天，当排庄枣园一带枣子正是红滴滴成熟的时候，这时忽然来了一位穿着不大整齐的人物，他每日出入于这密丛的枣林间，像是有什么事似的，盘旋在这个地方。当地的老百姓就猜疑着：这是那[哪]②里的一位掉队的战士？难道他每天都到这里来偷枣子吃吗？

却不晓得，这位人物就是边区政府为了兴修水利，而派来排庄勘查测量计划开渠的一位水利工程师呢！……他就是丁仲文同志。

关于在陕北这个地方兴修水利，已有过三次的历史，这三次历史所告诉给人们的是失败了，因此群众马上追溯着他们往事的记忆，用了怀疑不相信的眼睛来望着这位工程师的活动，"过去没有种过水地不是也吃上穿上的吗？""修水地太难了，不成功白花费银钱。"还有的说："整理一垧水地，倒不如开三四垧荒地打的颗子多哩！"

深入的宣传解释工作是顺利完成任务的一个先决条件，而只有在实际工作中来教育群众，以具体事实的表现，也才能获得群众真正的信任与拥护。

排庄渠的兴修，首先，政府就解释着久为那些群众固执着的过去的成见，告诉了他们，为什么要兴修水利，这些水利的好处，都是人民的切身利益。同时向他们灌输着科学理论技术知识，这样排庄渠，这个水利工程，就在政府领导与群众拥护协助下获得了基本上的完成。

该渠工程的开始是在一九三九年八月间，做到十月间，三个月的时间完成

---

① 本村村名为"裴庄"，但因村人善编制竹器，人们又将该村称为"排庄"。当时的报纸报道文章中常把"裴庄"与"排庄"混用。

② 原文此处为错字。本书选摘文献中错字均在"[ ]"中改正。

枣园排庄渠

了坝、闸、渡槽等主要工程,其他附属工程如跌水、斗门等则因那时天已入冻,不能继续,直至今年三月间方进行开工,而于四月底完成。这条渠,自排庄起,经过了庙嘴、磨家湾、枣园、侯家沟,直达杨家崖,全长共六公里,灌溉面积达一千四百亩。全部工程有碎石坝一座(长约七十米达①)、退水闸一座、跌水五座、斗门九座、渡槽、暗洞等,并利用水力设置了水磨三座,以供给将来纺织及磨粉等用。

该渠平时水深为二公寸到四公寸,全部开放,则可达六公寸深,渠宽亦为六公寸,流水量每秒零点六五立方米达。

为了修筑这条渠,建设厅曾直接拨款四千元,此外发动群众参加水利合作社,每亩地收洋二元,共计全部工程用去六千四百余元,平均每亩水地费洋四元多一点,这样,使老百姓们看到修水地并不是多花钱的,而且将来的利益要比这四元钱大得多。

水利合作社,是管理排庄渠的一个群众组织。这条渠政府修筑好了就交给当地群众。现在的情形

---

① ……米达:依照当时的行文习惯,为"达……米"之意。

是不同了，他们爱护着这条渠，用着兴奋的眼睛在这一条蜿蜒的渠身上望来望去，看着渠水潺潺地流去，青年人荷着镐在渠堤上梭巡着，他们现在使用而且管理着，因之他们就根据全渠的灌溉区域共计六个村庄六十多家人家，按人数及地区的方便，共划分作六个小组，以这些小组为基础，建立了水利合作社来管理与推动全面工作。

水利合作社在边区还是一个新的东西。这个排庄渠水利合作社的组织是由社员大会民主推选出五个委员来，他们分工担任主任、会计、宣传、组织、工程等工作，并设有指导员一人，此外还设有监事会。

四月廿九日，这一天，是排庄渠开闸放水的第一天，当地群众为着庆祝这次水利兴修的成功，特隆重地举行了典礼大会，动员了附近的群众都来参加，并且他们异常喜悦地准备了丰盛的酒席来招待各机关学校团体的代表，晚上他们更请烽火剧团演戏。

这次修水利是告成功了，群众从他们自己中间推选出了对修渠有功的人，同时和在领导工程进行上有功的干部，在大会上一齐被宣布了名字，前者由水利合作社拨款奖励，后者则由边区政府奖励。

本来关于提倡兴修边区水利一事，早已是边区经济建设计划中发展农业生产的一个重要部分，边府建设厅执行着这个任务，不遗余力。除了开始在延安附近修了这样一条渠道外，现在在安塞也正进行着一条更大的渠的修筑就将快要完成，而且更派员到绥德一带去了，要在那里也兴修起水利来，这样，使边区的水利在各县都逐渐大量开展起来，以更进一步地改善人民生活，而使边区经济建设日益走向繁荣之路。（叶澜）

（本文选自1940年5月28日〔星期二〕《新中华报》第3版）

延安《解放日报》关于大生产运动的报道文章精选

1941 年

延安南区合作社一年来业务猛进

【本市讯】南区合作社于十五日至十七日举行第三次代表大会。据该社刘主任在这次大会报告,该社总社资金已扩大至五万四千一百八十二元。(廿七年①成立时只有一百九十五元,去年七月时亦只一万一千元),社员现有一千零十八名(廿七年只一百六十人,去年八百余人)。各种消费、生产合作分社,扩大到十四个(去年只八个)。各分社资金共达二十八万五千六百二十二元。一年来(去年七月至今年七月)经营业务总额达一百一十六万一千八百元,获纯利十四万二千四百元。一年来该社减低物品售价,为社员节省了三万二千四百元。特别值得提到的是今年推销救国公债。该社号召社员群众踊跃购买,即可以公债作股金入股,公债款先由该社垫付,将来从红利中扣还。这样南区民众皆争相购买,共达二万五千余元,而该社也增大了资金二万余元。

延安县南区合作总社营业楼

(本文选自1941年8月17日〔星期日〕《解放日报》第2版)

---

① 廿七年:此处为民国纪年,即1938年。

各县运盐热潮

民众满载而归　获利数倍

【鄜县讯】城关区第一次运盐队于七月十八日出发，经过二十五天，于八月十一日归来。由鄜县到定边有八百余里路程，并没有发生过什么危险。这次运盐，群众强调路上的困难，对定边恐怖很大，以为不是人死就是驴死，因为反动分子曾造谣，说"要经过沙漠"等，所以出发时只动员了卅八头驴子（有三头不能驮），回来时只驮了廿五驮盐。但现在盐价上涨七八角（每斤盐价约二元二角），每驮盐平均照一百三十斤计算，扣除来往费用，还能赚三十五至七十五元，若照一百五十斤计算，每驮盐能赚一百元，于是打破了群众对运盐怕赔本的观点。反动捣乱分子的造谣，也不攻自破了！现在第

陕甘宁边区运输队

二次运盐队又将出发，参加者已达数十匹牲口。

【安塞讯】安塞第一批运盐于八月中旬胜利归来，驮回来的盐在二十万斤以上，多运往延安销售。又讯，第二批运盐为公盐，全县动员牲口达数千头，牛多驴少，于八月十五日至二十日全部动身往盐池。

【靖边讯】边府规定靖边运盐二万二千驮，于明春完成任务，现已运回四千余驮，私盐已运了五千驮，驮运公盐的牲口又出发了数千，还有一批正在出发中，计划运盐五次可达三万五千驮，即将超过任务。

【盐池讯】盐价从前不论斤量，每驮都是二十元，现当局新决定下列价格：凡一百二十斤以下者在莲花池每驮十六元，一百二十斤以上者仍照原价，以利民众。

【定边讯】盐务管理委员会议讨论防止走私漏税办法，将公布缉私奖惩条例。

【华池讯】元城区运盐工作已造成很大热潮，上月份县府所分配的五百九十四驮任务，已经完成了，并超过一百余驮。

（选自1941年9月10日〔星期三〕《解放日报》第2版）

后勤年建十三工厂

炭厂月产四十万斤　二十五天制军衣三千余套

【本报讯】八路军后勤经建部自去年十月经朱总司令号召：利用边区土产，开设工厂，以完成军委机关自给自足的任务。该部即制订计划努力进行。为时不过一年，仅该部企业处已共开办工厂十三个，内煤炭厂三，纸厂二，铁厂、硝厂（现已与纸厂合并）、瓷厂、油厂、木工厂、纺织厂、被服厂、石灰厂各一。交通纺织厂资金较大，流动资金约十五万元，主要生产土布，销路甚佳。

各厂中成绩卓著者首推第一、第二煤炭厂,第一厂十一月份可出煤二十九万斤,第二厂可出十二万斤,主要解决了军委机关的燃料。其次为裴庄纸厂,生产量增长情形:九月份出纸一万八千五百五十四张,十月份出二万六千七百二十九张,十一月份上半月即达一万八千张;质量亦不断提高,九月份每刀纸重四斤半至五斤,十月份开始每刀重一斤十二两至二斤四两,纤维更加细密均匀。所有成品主要供给八路军印刷厂印刷书报。再次为被服厂,本年军事机关冬衣原料运到过迟(十月份才运到),而规定该厂于十月内须完成三千五百套棉衣,该厂遂紧急动员,采取突击方式,结果二十五天即完成任务。该厂仅有工人二十四人,在突击期间,厂长葛接贡老同志亲自领导参加,漏夜赶工,起了很大的推动作用。军事机关工作人员能够及时有冬衣穿,该厂有相当功劳。除原有各厂外,现又筹备再开办一瓷厂,建设费在外,以二万元作流动资金,并聘请技术优良工人,烧制各种质地与色泽较佳之瓷器,预计明年春初正式开工。据刘副处长谈:一年来企业处领导下的各工厂,有的虽已获得很大的发展和成绩,但同时也有缺点存在,如厂多开支消耗多,资金不足而又分散,生产缺乏缓急需要的计划性,检查督促不够,个别干部

陕甘宁边区被服厂生产车间

固步自封，并发生贪污腐化，影响业务……今后必须健全组织，调整集中，适当地分配资金，有计划地进行生产，管理科学化，以免浪费时间、人力、物力。现正商讨改进计划与办法。

（本文选自 1941 年 11 月 30 日〔星期日〕《解放日报》第 4 版）

延安党政军民代表举行生产动员大会

明年开荒六十万亩运盐三十万驮　实行统筹统支保证军事供给

【本报讯】延安党政军及各群众团体，于十五日下午假边区参议厅，开三十一年①生产动员大会。到朱总司令、林主席、李富春同志暨各级干部七百余人。任作民同志主席②，宣布开会意义后，林主席即报告今年的生产经验和明年度的计划，略谓今年在党的正确领导和各级干部的努力下，渡过了难关。今后应更加照顾到各阶层的利益，并相当地改善人民生活，使一切生产事业面向群众。因此就必须：（一）提高边区人民的生产热忱，发展农工事业。明年扩大植棉十万亩至十五万亩，以五百五十万元投资农贷，积极提倡农村副业，手工业方面则尤注意纺织事业的改进。商业则以私营为主，公营为辅，公营商店须分散经营，集中领导。（二）财政方面则以统筹统支为主，自给自足为辅，在精兵简政的原则下，厉行节流。为了完成上列任务起见，第一，尽速完成各级编整工作；第二，开荒六十万亩；第三，运盐三十万驮；第四，发展交通运输；第五，平衡财政收支；第六，发展贸易稳定金融；第七，纠正公营商店过去"衙门化"的不良倾向；第八，切实执行三十一年度统筹统支办法内所规定的生产范围及节约规则。

---

① 本文中"三十一年""三十一年度"均指 1942 年。
② 即任作民同志任会议主席。

林主席报告完毕后，朱总司令登台讲话。总司令说：三十一年度的抗战将更趋激烈，一切应以军事为第一，在后方的工作同志，要努力解决军事上的给养问题。财政问题今年可算拖过去了，长此以往总不是办法，故统筹统支乃是唯一的财政政策。军队一定要实报实销，有一人报一人，缺一马报一马，拥护政府法令。对于一切犯罪行为，定维持绝对的军事纪律。在做财政工作的人要设法维持部队的生活，尤其要按时发给粮饷，同时部队方面仍须生产自给，以作必要时之预备。最后说到部队的精兵简政问题，谓正在筹划进行，老弱伤残的"老八路"因外间无法存在，所以只得安插在各乡村里面，使老有所归，此项老弱伤残总数约一千人，每人每年要花费两三千元，回乡后总还可参加一部分的生产。

李富春同志指出，三十一年在军事政治文化各方面都将是有长足进步的一年，但在经济财政方面则是最困难的一年。摆在我们面前的只有两条路，一是拖，一是有计划地干！三十一年边区的经济财政政策已经边区参议会通过，但要保证其实现，只有党的干部积极地起模范作用，发挥刻苦的革命传统，进一步去整理并改进旧的经验，才能不犯今年的错误，也才能完成一九四二年经济财政政策的任务。最后，李富春同志并提出四条节省

朱德在延安

公约：（一）不建筑；（二）不宴会（宴请外客除外）；（三）服用土布，提倡边产；（四）爱护公物，厉行移交制度。

（本文选自1941年12月17日〔星期三〕《解放日报》第4版）

1942 年

军事系统各机关去年种地八万余亩
边保农场生产成绩优良

【本市讯】军事系统各机关，去年农业生产共种地八万三千三百二十亩，收粮食二千四百四十余石，菜蔬七十六万七千六百余斤。

【本市讯】嘉陵部一九四一年生产粮食共达一千零八石，菜蔬廿一万斤。织毛衣一千零廿五套，手套八百双，袜子一千六百双。营业获利及打盐工资收入共达七万九千余元。半月内烧木灰廿万斤。

【又讯】保安司令部于某处设第一集体农场，去年收成颇丰。农场工作同志百余人，分开荒队、木工班和狩猎组。开荒队去年开秋荒八百五十亩，割存干马兰草千四百斤，修水沟一条，准备开设纸厂。木工班造了几十个新窑洞的门窗、桌椅等用具，并制好十六间房子的木料。这个地方过去曾经被土匪据作巢穴，后来被边区军民剿

八路总部机关生产突击队出工之前

灭了，但至今还是人烟稀少，到处荒芜，野兽出没，故狩猎组的同志，也有了他们的"用武之地"。两个月来，他们一共猎获五个豹子、十四只野猪、十只野羊、三十余只野鸡。

【关中讯】驻军某团一营，三十年度①共生产了法币五万八千余元，解决了下半年的伙食、津贴、办公、杂支、马干等用费及汗衣。

（本文选自1942年12月24日〔星期六〕《解放日报》第4版）

边府号召边区农民
向吴满有看齐
政府予以奖励　各机关纷纷送礼

【本报特讯】本报发现的模范农村英雄吴满有，当即经边区政府会同延安县政府等有关机关，切实调查，认为吴满有确为全边区的模范农村劳动英雄。边区政府林、李主席，建设厅高、霍厅长，延安县政府，均已纷纷颁给奖状，奖赠物品，并于"五一"在延安县柳林区二乡南庄召开给奖大会。参与大会的男女农民，约三百余人，均为英雄吴满有称贺不止，吴满有全庄的农民，尤引为无上光荣。"向吴满有看齐"的口号，已传遍了农村。边区政府顷已指示各分专署及各县县长，以吴满有的例子，向每一个农民，展开广泛深入的宣传，号召边区民众，向吴满有看齐！

【本报讯】中共中央西北局高岗同志，延安县参议会、延安县中共县委、延安县抗敌会、柳林区区政府、第二乡乡政府、南区合作社，均纷纷给吴满有送礼。同村民众，亦纷纷至吴满有家中道贺。

---

① 三十年度：即1941年。

朱德（左一）在吴家枣园同边区劳模吴满有（中）谈话

【本报讯】边区政府林、李主席，以模范农村劳动英雄吴满有，其热爱边区、努力春耕的精神，值得全边区民众的学习，顷特通令各分区专员、各县县长，号召农民向吴满有看齐，原文如下：

各分区专员，各县县长：

延安县柳林区农户吴满有，以高度的生产热忱，早起迟睡，连年努力开荒，增加生产，本年在政府号召下，积极春耕，雨前已经开荒十五亩，今年开荒卅五亩的计划，可以超过。对于改良农作方法更加认真。他冬天勤于捡粪，每垧地上粪七驮，𰻨地比别人深二寸，锄草比别人多两次，并能按时播种，达到每垧增加六分之一的产量。同时并积极发展畜牧，增加副业收入。在他的影响下，提高了附近农民的生产热忱。他是抗属，但自己不愿受各种优待，并且担任优抗主任，认真优待其他抗属。对于救国公粮、公盐等负担，总是打冲锋，为群众的模范。这种以行动来爱护边区、巩固边区、建设边区的精神，实堪称为全边区的模范劳动英雄、模范抗属、模范公民。除本府予以奖励外，特此通令各县，广为宣传，号召每一个农民，向吴满有学习，向吴满有看齐，抓紧雨后开荒播种的好机会，利用最近一个月的春耕时间，以全力推动春耕运动，组织开荒突击、生产竞赛，更进一步提高人民生产热忱，创造更多的吴满有！

主　席　林伯渠

副主席　李鼎铭

（本文选自1942年5月6日〔星期二〕《解放日报》第1版）

清涧夏收大部完成

新麦上市　粮价下跌

【本报清涧讯】自旧历端午节以后，清涧的夏收就开始了。冬麦及豌豆是夏田的主要播种物。小麦全部收割即可完竣，老麦月尾收割完毕。今年本县夏收约在二万石以上。夏田占本县全部耕地的十分之一。

【本报清涧讯】新麦上市，粮价下跌。此间七月六日集上，小米每斗由一百零五元减为一百元，小麦由百余元减至八十～九十元之间，黑豆每斗为四十五元。衡量已统一使用卅斤小斗。近来市上金融亦趋稳定。

【本报清涧讯】农民经济生活较城市居民有了改善。今日（七月七日）在集上买老麻油三斤，共价五十七元，卖主即买进棉花一斤，尚余边币七元。民国廿二年时，三斤老麻油卖四角五，一斤棉花亦是四角五，当时三斤老麻油与一斤棉花仅是等价，并无盈余。又如民国廿二年，小米九角钱卖一大斗，换两斤花，今日集上一大斗小米卖两百元，即可换花四斤。

【本报清涧讯】在紧张的夏收期间，农民丝毫未放松夏耘，现清涧租地，高粱已锄过二次，谷子已锄过一次。夏耘在旧历六月底，全部可以结束。五月底老麦全数收割后，农民当集中全力进行锄耘工作。

【本报清涧讯】这里粮食主要依靠秋田的收获。谷子、黑豆、高粱、大小麻子、玉米、荞麦、糜子种植是占了全部耕地的十分之六。农民将其温饱的希望寄托在秋田上。

【本报清涧讯】妇女在夏收夏耘正忙时，也参加地里劳动。如拉豌豆、埋南瓜窝，以及在场里收拾新麦等轻工作，都由她们负担。

【本报清涧讯】清涧农村的特点是地少人多，土地分散，以及劳动力的缺乏。全县八万二千三百二十六人，共有土地二万六千二百七十九垧，在明年春耕期，将消灭最后千余垧荒地（事实上今年已有掏□沟地者）。清涧县出产之粮食，去年夏秋估计共收七万石以上，农村自给尚可对付，市镇则须依靠外来补给。农民为增加产量，都自觉地积极生产，过去锄地，一般地为三次，时间允许有锄四次者。俗谚说："锄口里出水。"这是有道理的。

（本文选自 1942 年 7 月 14 日〔星期二〕《解放日报》第 1 版）

人们在谈说着赵占魁

"……有些善于自我吹嘘的人,虽然他自己是那样的空虚,他能把自己装饰得很圆满,甚至他能说得使人家把他的很瘦的身体当成一个大胖子。"一个曾经在同济大学毕业的,戴着近视眼镜的厂长,在讲到赵占魁的时候,用这一段话作了他的开始。"可是你也能找到一种完全相反的人,那就不能不提到赵占魁了,对于自己的好处,自己从来没有讲过。但是,只要你和他在一块待上三天,你就不会不佩服他的。对于他,一个只看表面的人,是不能很正确地了解他的。"

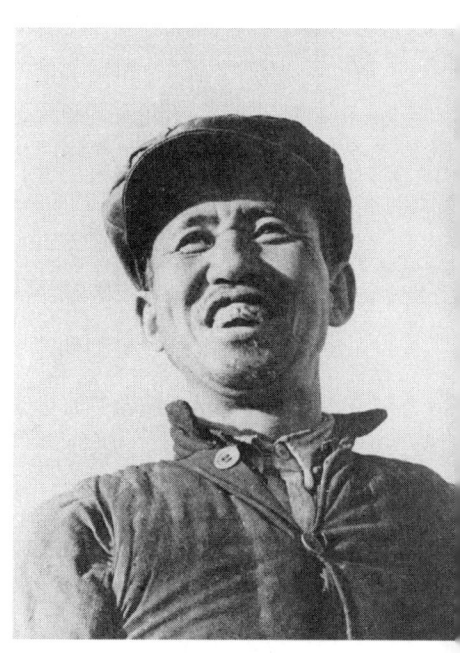

赵占魁

厂长渐渐地提高了声音,并且不时地用眼睛凝视着我们。从他的眼睛里和呈着微笑的脸上,可以看出他的兴奋。

"你去打听吧,凭你问遍全厂的人,没有一个能说出他的一句坏话的。曾经有一个姓王的工人,个性非常强,平时又爱发脾气,脾气一发,谁也劝不下来,可是老赵一说,他就马上不哼气了。……我们工厂是离不了他的,他领导着翻砂股,使工作有了很大的进步,比如才一开始时,每次只能倒成八分之四,由于他的努力,现在每次可倒成八分之七了。……"

厂长越说声音越高，从他那凝视我们的眼光里，仿佛在向我们骄傲："我们有这样好的人，我们的工作才有了这样大的进步啊！"

"而且最重要的，"厂长又继续讲下去，"他在全厂中有威信，因此能帮助行政上处理许多问题。他时常来找我谈话，提出很多对工厂的意见。的确，他能知道很多别人的意见，因为有许多人把最不愿意对别人讲的话，都能告诉他。我们行政上很尊重他，许多工作都是通过他去做，就像这次发布吧，因为布多，每一匹好坏就不同，要是叫总务科去发，工人一定又嚷好道歹，可是他能想出用抽签的办法发下去，没有一个人说一句话。"

到这里，他又稍稍停了一下，挪动了一下自己的凳子，又接着说：

"要叫我把他的好处讲完，是很困难的，最好你们到他工作中去看吧，特别是到他所站的熔铁炉旁边。"

中午的时候，阳光洒满了翻砂股的工场，一阵灼人的酷热，从熔炉边，从烫人的黑砂地上发散出来，可是二十多个工人们并没有停止或者松懈自己的工作，相反的，他们工作得更加紧张起来。

"你们看出哪个是赵占魁了吗？"领着我们参观的年轻的生产科长这样问。

"那个站在炉子跟前的就是他吧？"

"是的，那个就是他。来到工场里不用问，你光看吧，那个唯一的穿着棉衣的，那个站在离炉子顶近的，那个工作最忙而出汗最多的，就是赵占魁。"

生产科长很兴奋地对我们说。而且当老赵站到凳子上，用铁棍子捅炉子，冒上来的火头，照红了他的脸的时候，他又对我们这样说：

"做这样的工作，三年多一贯的不懈怠是不容易的。如果你能更多地了解他一些，你一定毫不怀疑地相信他是中国艰苦奋斗的产业工人的典型。"

吃过晚饭，是工厂休息的时候，工会青年委员领着青年工人到球场里去打球，有些人换了衣服到河里去洗澡，这时候，在木工股的住室里几个工人坐在

农具厂的工人在炼铁

那里聊天。当我们问到他们对于赵占魁的〈看法〉①的时候,一个留着平分头的,二十四五岁的生产管理员说:"……他为人很正派,办事不从自己出发,虽说他技术很好,却不骄傲,能虚心进步就很快。才来时还好发脾气,有一次口里加工,他叫一个学徒到总务科去领油,没领够,他就生了气,不做工了,现在就不同了,头些时和他一起管伙食的老张,弄错了一条账差一百元,他说条子给老赵了,而且还乱骂,但是老赵没说一句话,后来还是老张弄错了。……老赵这人,忠厚、老实,我和他在一块一年多,就像有几十年的交情一样。"

另外一个和赵占魁一块从同蒲路跑过来的老崔

---

① "< >"中为填补原文中的漏字。全书同此。

说:"有很多人,一不高兴时就将工作半途丢掉,或者大发牢骚,可是老赵不,他遇到不高兴的事,就先找几个人讨论讨论,然后再提意见,如果有人帮他说几句牢骚话,他还说:'这是我的事,你别管!……'我给[跟]他在一块四五年,两个人花钱从没分过你我,他这人不头尖,遇事宁肯自己吃亏,不叫别人说闲话。"

老崔还没有说完,另外一个年轻的穿黑工裤的小李插入说:"别看老赵脸黑,心可不黑!"

这句话把全屋子的人都引笑了。

为着得到对老赵更多的了解,我们曾经在晚上找了一个以前和老赵吵过架的人。我们问他:"你觉得老赵这个人怎么样?""好人。""可是你为啥和他吵架呢?""那只能怨自己,他管伙食,我想多打一份饭菜,他不给打,人家当然应该了。"

一个翻砂股的十八岁的学徒,对于老赵,这样说:"第一,他不打骂人。第二,他有本领全都教给你,不像外边的师傅你伺候他他还不教给你。"

在工厂的前面隔一条小河,一个六十多岁的老汉在锄地。当我们走过去的时候,他马上放下了锄,和我们一起坐到地上。我们从今年的庄稼、收成,谈到了工厂。

"你认识我们厂里的老赵吧?"我们问他。

"是那个倒铧老汉吗?唉。好你呢,他,谁不认识,这条川那[哪]个老百姓和他不熟呢?就是三岁小娃也认识他。"

他抽着了一袋烟,然后又继续地谈下去,像在讲说他的一件最得意的事情一样。

"好人,天下数第一的好人,去哪里也难找下,人家手艺也有,工作真是没话讲,就光说那个看炉子,就是毛主席来看看,也不能不夸奖几句口再说。人家对百姓好,借钱给百姓,不要利,不限日期还。我村上乔二,他老婆和他脱离啦,小女娃没人照营[应],老赵就把她领到工厂里,还给她下挂面吃呢!"

说到这里,他磕了烟袋,用手摸了一下胡子!

"人家对咱有好处,咱一辈子也忘不了人家,年时(去年)老赵病了,周遭老百姓都给他送东西,鸡蛋、油糕、梨子……可多啦!"

就这样,从厂长直到每个工人、学徒,到附近的老百姓,我们问过了很多的人,没有一个人说他一句坏话的。提到他的缺点,人们都搔一阵头皮,然后好像很为难的样子,说:"我还没有看出他有什么缺点,要看,就是文化不高。可是那不能怨他呀,在外边,工人就根本捞不着学习,况且现在他已经自己学会了算算术啦,每天生产品的数目,他都能用洋码在地上算一下。"

最后,让我们看一下党对他的了解吧,因为党对一个党员的了解,会更深刻的和科学的。

支部在他的一九四一年的鉴定表上,关于他本人的特点,这样写着:

一、有艰苦耐劳的优良作风,与勤于劳动的习惯。

二、对工作有责任心和耐性。

三、能团结人,与人相处共事。

——这就是工人赵占魁正确的面影,他的一切工作和行动,在这里,就如同人们所说,是可以当作测量一个好的共产党员的标准。(张铁夫 穆青)

(本文选自1942年9月7日〔星期一〕《解放日报》第2版)

开展赵占魁运动

新华厂工友加紧生产 机器一厂定奖励办法

【本市讯】边区总工会号召开展赵占魁运动后,新华化学工厂工会教育委员会即召开教育会议,商讨响应办法,当即决议:(一)举行赵占魁运动月;(二)以赵占魁模范工作的例子做教材给工人上课,并以《学习报导》上所载雇佣劳动态度七条及该厂实际生活为补充教材;(三)上项讲课每周两次,小组

化工厂的工人在生产

讨论一次,以讲课内容为标准,联系工人实际行动——工作、学习、生活等方面的表现;(四)根据讨论会所检举出的好与坏的表现,临时在生活小报上刊出,并由赵占魁运动委员会给以鼓励或警告。该运动已展开一周,工人的生产、学习、生活均极紧张。闻该运动将在该厂工会三周年纪念会(十一月廿一日)上总结。

【本市讯】十月革命节将届,机器一厂特定于该日奖励模范劳动者,以响应总工会开展赵占魁运动之号召,厂方已于本月十三日颁布奖励办法。该办法考绩范围自一九四二年一月一日起,至本年十月底至[止]。其主要的内容为:(一)安心工作,服从分配;(二)负责职守,互相帮助;(三)努力学习,有显著之成绩者(尤其是业务学习);(四)坚苦耐劳,自行设法改进工作机能;(五)对工作有意见,都能经过组织作出切实之建议者。其奖励条例内分工人学徒、行政工作人员、事务工作人员三方面。至于奖励等级则分甲、乙、丙、丁四种,其奖金甲等为一百六十元,乙等为八十元,丙等为四十元，丁等为二十元。

至于奖励评定办法则由行政、工会、支部分厂各派一人组成评定委员会，并由该委员会负责领导进行各项考绩事宜。考绩之办法，先由生产班或党的小组开会讨论，分别提出各人的优缺点后，将此种讨论之结果提交评定委员会评定等级，然后再将评定之结果呈交厂务会议通过，即可在十月革命节扩大纪念会上，当众发奖。

现在各项考绩工作正在进行中。又根据行政负责人说："此种奖励将于今后每年照例举行两次，一为'五一'劳动纪念节，一为'十月革命'纪念节。"

（本文选自1942年10月30日〔星期五〕《解放日报》第2版）

1943 年

南泥湾部队女同志全体参加生产
到工厂到合作社到群众中去

【本报南泥湾讯】垦区驻军全体抗日军人家属及妇女工作同志，特以"立即到生产中去"的实际行动来纪念今年的"三八"节。所有妇女同志，情绪至为高涨，有远自五十里外冒雪赶来与会者。惟[唯]因道路泥泞难行，会议乃延至十日上午于旅部举行，计到会妇女同志七十余人，有因事未能到会者，亦由丈夫代表出席。据悉，此次将动员全旅百余名女同志到工厂中、合作社中、公营商店中和群众中去。由于妇女本身在思想上认识到生产的重要性，认识到只有从自身努力中求得经济上的自立，才能完全摆脱男女间不平等的依赖关系。同时苏联妇女参加战争、参加生产的伟大事迹直接鼓舞了她们从事生产的勇气。而所有妇女同志的丈夫，在此次动员中，都起了积极的推动作用。因此在会议上曾展开思想检讨及自我批评，对生产认识已趋一致。现已决定于短期间内即将全旅女同志集中旅部供给处，以纺纱做鞋为主要工作，并加紧文化学习。她们都愉快地说：这比学校还好，从此生产和学习结合起来了。当她们提到妇女劳动英雄马杏儿的光荣成就时，无不景仰备至，并愿向她学习，向她看齐。而纺纱能手狐凤莲同志并准备向马杏儿提出竞赛，她每天可纺纱十两，一月可纺十八斤。

【本报南泥湾讯】本月十日某旅所举行之全体妇女同志会议，实为部队中具有创造性之新鲜事件，充满贯彻中央关于妇女工作新决定的精神。王旅长在会议席上首先着重说明：八路军是劳动人民的军队，所以劳动是光荣的。当今年纪念"三八"节的时候，我们本旅的妇女同志，要得到彻底解放，就要积极参加生产,与男同志合作努力,建立革命的家务。妇女同志可能做些什么?他说:纺纱、做鞋、做衣服;读过几年书的,就到铺子里当店员,当掌柜,当记账员;还有就是秘书,做文化教员。有了孩子的,就安心带孩子,成立托儿所,要很好地爱护八路军的后代;除在产前产后两个月的休息外,其余的时间还可尽力从事生产工作。关于妇女同志的生活,将予以优待。并且希望她们参加附近地方妇女工作。临镇、金盆两个区,应发动群众妇女纺织。今后要脱下军衣,一律穿便服;在工作中要遵守纪律,每年将给她们一定的假期。对孩子的优待,依照规定切实执行。最后王旅长勉励女同志说:本旅生产是模范,希望妇女生产也要做模范。

7岁的吴萍也学会了纺线

【本报南泥湾讯】驻军"刘堡"部工作人员曲军同志,为一模范妇女工作者,曾受到王旅长的奖励。她能安心于部队工作,当做〔作〕教导队文化教员时,肯负责任,耐心进行教育,对学员和蔼而关心,耐烦而不疲倦。因之学员都尊重她,认为她是一个好先生。她有一个孩子,她善于抚育他,并且帮助其他女同志带孩子,解决她们的困难,提高她们的认识,她没有因为有孩子而放松了工作。

(本文选自1943年3月14日〔星期日〕《解放日报》第2版)

中直、军直与留直①进行生产比赛

双方商讨规定统一标准

【本报特讯】中直、军直与留直进行生产友谊比赛，双方均慎重往返讨论与订立比赛的统一标准，前后修改达三次，费时近月，现竞赛标准已共同订出，即日起即照条件督促与检查。当双方制定比赛标准前，均先后召集有生产经验的同志，相互讨论、研究，比如水地每亩收获菜蔬量，最初本规定为大秤三千斤，以后经过几次实际考察，认为产量定得太高，不可能实现，乃经双方负责人同意，改为水地每亩收菜大秤两千五百斤。又豆腐初规定为：每一大斗豆子出产七十斤，但因用水等关系，重改为每大斗出豆腐六十斤。闻此次比赛条件中所规定的收获量，比一般产额的标准要高，双方任何一方，超过此项产额即算获胜。又双方比赛进行情形，均由双方所派的联络员，经常汇报，并规定每三个月检查一次。

【本报讯】中直、军直与留直的生产比赛条件，兹探录如下：（甲）竞赛条件：一、完成双方今年所规定的生产任务，留直全年生产共完成七千五百万元，中直、军直共完成六千两百万元。（留直因在全年生产中备拨出三千万元交财厅，故今年生活标准，每人每月暂规定吃肉两大斤，每日菜蔬平秤一斤，油盐各五钱；中直、军直规定每人每月吃肉大秤三斤，菜蔬平秤一斤、油七钱、盐五钱、每月吃馍四次，但因肉和麦子供给的不足，只能逐渐达到。）二、农业、手工业、畜牧、商业的统一收获标准。农业——水地每亩平均收获菜蔬大秤两千五百斤，粮食每亩五斗（市斗）；川地每亩平均收菜

---

① 中直：中共中央直属机关；军直：中央军委直属机关；留直：八路军留守兵团直属机关。

大秤一千五百斤,粮食三斗(市斗);山地每亩收菜大秤七百五十斤,粮食一斗五升(市斗)。植树规定三人种活树一株。手工业——豆腐坊,一斗豆子出豆腐六十斤;磨房一斗麦子出面廿四斤;粉坊每斗(四成绿豆六成高粱)出粉条九斤。(上项斤数大斗按大秤算,小斗按小秤算。至于其他手工业,将来再按资金、人员、运输力与收获比例重行规定。)畜牧〈业〉——首先保证猪、羊不遭病死及意外的损失。猪娃保证活百分之六十;绵羊规定每只年产毛廿四两,生的羊羔保证养活百分之七十五。商业——保证一元资本得利一元(以投资时的米价或土布价格计算),并保证不得违法和投机。三、大家动手。生产人员要精简,劳动要有适当的运用与调剂;编制内的专门生产人员与总人数之比,不得超过百分之十(供给工厂的工人不计在内)。农业上用的牲口(不论牛、马),连驾驭人

纺线竞赛

在内，每匹牲口做到相当于四个人的全劳动力。除病号、休养人员、被招待人员及部分的工作特殊者外，做到全部参加生产（不参加生产的工作特殊人员，不得占全体人数的百分之四十）。年终按专门从事生产人员的收获总数，来比较每个生产人员获利平均数的大小（自给支出除外）。四、节省。按节省全额与总人数的比例，来比较节约的高低，特别是首先要保证粮食、炭不得超过。五、学习、卫生、娱乐与工作的配合，将来再按双方具体设施及效果，再定评判的标准。（乙）竞赛前后的几项工作：一、聘请评判委员组成委员会，除双方生产委员会正副主席列席参加外，并挑选精通生产的人员参与。其详细的办法，由评委会具体订立。二、双方生产委员会，应各选派联络员一人，借以交换彼此生产组织与技术上的经验；又联络员，并能允其参加双方生产情形的考察，或准其列席生产会议，以便相互了解情况。三、交换双方有关生产之经验，以资彼此互相参考和学习。四、分期总结双方的生产成绩，以鼓励生产情绪。

【本报讯】留直系统生产进行情形，如卫生部、军事学院等皆因几家关系以致对生产工作有所影响。留直政①派往各单位之生产考察团，现已归来，正在整理材料中。顷据留直后勤部长张令彬同志谈，农业生产进行情形为：直属××团，已将大部分土地挖完，去年该团每人每日挖地八分，即定为劳动英雄，今年每人每日挖地一亩四分者在在皆是，可见他们对生产热忱的增高和领导组织的进步。司令部菜园亦已挖完，并已播种卅亩。留直五十余亩菜地已挖完，下种的有廿亩。其他如后勤本部、兵站、门诊部、医院，第一期的春菜，均已播种将毕。详细情形，俟材料整理就绪后，再行发表。

（本文选自1943年4月14日〔星期二〕《解放日报》第1版）

---

① 即八路军留守兵团政治部的简写。

西北局机关农场修仓打窖准备秋收

肉油豆腐等明年可大部自给

【本报讯】西北局所属五个农场，现已分头准备秋收。农具已备制妥当，并开始在某地修建仓库，在枣园打菜窖。枣园农场的菜蔬，如茄子已切片晒干贮藏起来，南瓜也大量收藏。西红柿因收获甚多，曾送给旁的机关六千多个，剩下的就制成酱。苤子白也已成熟，决定先卖一千棵。在秋收中，要做到菜蔬、粮食都不浪费一点。割谷子割糜子时，要把根留得很短，以免浪费谷草。为了真正做到"创造一套自给办法"，今年决定麻子[籽]自己榨油，麻秆泡了制绳，备各农场秋收时用。谷子自己碾，黑豆交本机关豆腐坊，玉米交饲养班。油渣、谷糠、豆渣，全部喂猪，猪再交本机关屠宰坊。这样本机关明年的油、肉、豆腐，大部分就可自给了。

【本报讯】西北局今年机关生产获得很大成绩，所属农场均完成上级所给的任务，兹探得各农场情形如下：（一）大砭沟农场——是今年五月间新增辟的。生产人员由三人增加到十人。由于领导认真深入，创造了新的生产方法。把生产人员分成三组，烧炭组砍树，木工组锯木（成材的运回机关供建筑之用，不成材的留烧木炭），农业组开荒，这样具体地分工，又密切联系，大家均完成了今年生产的任务。此外还帮助部队群众锄草六十个工。自七月二十二日起，生产人员全部去烧炭，现在已烧出炭万余斤，估计十一月底，可完成烧炭七万五千斤的任务；并存柴十余窑。除烧木炭外，并拟给枣园机关农场义务砍椽三百五十根，檩子五十根。另外为扩大农场，决定再建房十间，自己动手，不开支公费。西北局为奠定明年扩大农场生产的基础，最近又增派三人至该农场，并指示应以六个人四具牛再完成三百亩秋开荒（上月廿八日起已开始）的任务。该农场模范劳动者柴良英、贺国祥、程振华、董凤章、孙光洲等于日前得到该机关的奖励。（二）邓家沟农场生产人员朱文成同志，今年生产表现特别努力，能及时帮助别人揭地，揭得深而且细，揭地归来还帮助砍草；同时

瓜菜堆如山

他关心明年的生产问题,他常常问机关负责同志:"明年是不是还准备扩大?如果扩大,就应当早为准备些荒地。"当他获得机关答复后,即自动集合其他生产人员,选择荒地一块,约一百八十亩,于八月七日开始开荒,拟秋开荒九十亩。该农场又为明年农忙时贮存柴火,足供两个月之用。(三)枣园农场,主要是种菜,收获颇多。西红柿除自己吃和制酱外,还送给各机关六千个。另外送给各部队苤子白、茄子、南瓜、白菜等亦约有五千五百斤。目前茄子长得每个重三斤,苤子白、豆角正大量供给机关吃用。其他廿里铺农场和机关农场情形都大致相同。

【本报讯】因生产成绩优越,西北局衣食各方面一天比一天丰足。工作人员的衬衣、单鞋、肥皂等都已按时发给。因天气渐冷,机关决定每人发给驼毛两斤(现还未发)。伙食方面,自七月十五日以后,每日吃一次肉(羊肉、猪肉换着吃),每月吃九次馒头。厨房的设备增添后,进行了一次卫生检查,此外饭堂已落成,不日即开始集体吃饭。

(本文选自1943年9月10日〔星期五〕《解放日报》第2版)

毛主席参观生产展览会　与劳动英雄亲密交谈

孙万福拥抱着自己的领袖说："没有你，我们这些穷汉爬在地下一辈子也站不起来！"

【本报讯】九日毛主席于参观生产展览会后，特在西北局办公厅，邀请十七位劳动英雄，座谈生产经验，高岗同志、贾拓夫同志亦参加。十七位英雄为：吴满有、申长林、阎开增、白德、张清益、刘生海、孙万福、冯云鹏、高仲和、张振财、石明德、梁显荣、李位、田荣贵、李长清、刘玉厚、安兆甲等。众英雄在杨家岭亲聆毛主席讲话后，数日以来一切谈话讨论的主题，均环绕在"组织起来"这个洪亮的有巨大历史意义的口号的周围，这个口号在目前的具体表现就是展开创造模范村模范乡的运动。各位英雄也以能再次亲睹毛主席的风采，引为离延前最大的愿望，这个愿望也实现了，毛主席和十七位英雄代表，又作了一次亲密的交谈。是日下午四时半，毛主席偕高岗同志、贾拓夫同志进入西北局办公厅宽大明敞的会议室，众英雄正在室中自由漫谈，当看见他们自己最尊敬的领袖进来时，均纷纷起立趋前，毛主席则逐一与各位英雄紧紧握手，欢愉之状，莫可言喻。拓夫同志把各位英雄的名字介绍给毛主席后，毛主席即与英雄们亲切交谈，与冯云鹏、安兆甲谈移民问题，与张振财、李长清、梁显荣、刘玉厚谈变扎工问题，与田荣贵谈合作问题，与李位谈部队生产问题，与张清益谈义仓问题，与高仲和谈打盐问题。每当劳动英雄诉述他们自己的生产经验时，毛主席均仔细静听，并不断鼓励他们要将这些经验在群众中广泛宣传，以求得这些经验能成为指导全边区人民合作生产的方针。劳动英雄除谈自己的生产经验外，并兴奋地叙说他们怎样从贫困黑暗的深渊里走向今天足食丰衣的光明大道，他们都高声地用同一的语调说："今天，我们在你和共产党的领导下，是大翻身了！"陇东老英雄孙万福在谈到这段光辉的历史时，他从椅子上站起

（右起）毛泽东、陈云、林伯渠，在边区农业展览会休息室

来走近毛主席，用两只手紧紧地抱住毛主席的肩膀，他沾着口沫的胡须，因兴奋而有些颤动，他说："大翻身哪！有了吃有了穿，账也还了，地也赎了，牛羊也有了，这都是你给的，没有你我们这些穷汉爬在地下一辈子也站不起来！"他的话语里含着对旧的剥削黑暗势力的憎恨，也含着劳动人民的骄傲和热情。十七位劳动英雄都向毛主席倾吐了心底的话语，中国人民的领袖毛主席关心人民，和人民一起呼吸一齐斗争真实的景象，在这个简朴的谈话中被显示出来。谈话一直继续到月高人静时始圆满结束，毛主席与英雄们又一一握手告别。

（本文选自1943年12月13日〔星期一〕《解放日报》第1版）

1944 年

抬粪目击记

尽管延安各单位、学校、部队、生产队或私人，以中央诸负责同志工作繁忙，纷纷写信，要求替他们代耕，完成生产任务，但是李富春同志等仍于百忙中抽空亲自参加农业生产，为党为革命多创造一分财富，减轻人民负担，不愿置身于目前毛主席所号召的伟大的全党生产运动以外。他们发起的"植棉小组"，已有任弼时同志、邓发同志、洛甫同志、杨尚昆同志及王首道、乔木、邓洁、王鹤寿、王若飞、赵毅敏、石磊、赖祖烈、王仲珊等同志参加，全组共计十八人。为召集便利起见，分为两组进行生产，由李富春、赖祖烈、王首道、王仲珊四同志分任两组之正副组长。现已在杨家岭大门外分得五亩半地，并于本月二十六日开始抬运马粪。记者亲见他们都脱了棉衣，卷起袖子，满头汗粒地在工作。三人装粪，十人抬运。富春同志和鹤寿同志一组，两人始终不懈地起劲地抬，起初一回抬一筐，后来增到两筐。洛甫同志和尚昆同志一组，两人抬的筐子比别人大一半，压的杠子吱吱发响；尚昆同志还一边用他那四川的容易惹人笑的特别腔调不断地说着笑话，使人感到劳动的轻快。毅敏同志起初一人单独挑两筐，因筐子不够，被人抢去了一个。正好若飞同志喘着气赶来，一个最胖，一个顶瘦，两人同抬，都很起劲。邓洁同志抢着一人要挑两筐，到处找扁担。石磊同志本来与人抬运的，但对手被人抢去了，便担任了装粪，王仲珊同志也担任了装粪。记者情不自禁，亦卷入热潮，拿起镢头帮助挖粪。"大家抬柴火焰高"，不到一个钟头，一鼓气就把一大堆粪抬得一干二净了。共计抬粪一百六十四筐。因为时间还早，大家又散在田里抬碎石，并把田里去年被冻死的十株柳树和一些拴马桩拔了出来。

二十七日该组组长又发出书面通知，规定在本周星期二、四、六晚饭后继

续抬粪，如在规定时间内因工作不能到者，须另找时间补抬，每人要送满三十筐。（任）[①]

（本文选自1943年3月30日〔星期四〕《解放日报》第2版）

延县麻塔村变工队竞赛　开荒效率提高两倍

【本报延安县讯】 吴满有乡麻塔村变工队自发动竞赛后，同等的时间内，刨梢速度超过两倍以上。该乡荒地都是深山梢林，故开荒的主要任务即为刨梢。在未竞赛前，三三一工共刨梢卅三垧，往后三四八工，在热烈的竞赛中，共刨梢一百零七垧，另并开荒七垧半。先是在三月廿五日晚，模范区长尹登高同志至该村检查工作后，认为该村群众生产热忱极高，可惜变工太迟，故在全村男子会上，号召大家发动竞赛。变工队第二队队长马采俊提出向一、三两队竞赛，一、三两队均又互提竞赛。在变工队的领导骨干的积极情绪发动后，继又展开个人之间的竞赛。各队积极分子第三队陈长生、王丕礼，第二队马采俊、张文生，一队王升庭、王志高首先以模范行动影响群众，纷纷互相展开革命的竞赛。竞赛的内容，是以变工公约为标准：一、服从队长村长的领导；二、开荒、种地、锄草、秋收变工到底；三、早上山，迟回家，少休息；四、顺利完成生产任务。该村变工队最大的特点，是互助精神的及时发扬。第二队的马生福才廿一岁，无开荒经验，在开始刨梢时，别人刨三根，他只能刨两根，怕别人说话，心上非常着急，几乎要哭出来了。队长马采俊就关心地问他道："你为什么不高兴？"他说："我赶不上别人，心上非常发急。"队长就叫他不要苦急，只要不偷懒，尽力做去，咱边区是互助的，谁也不会说闲话的。最后并告诉他一工顶一工，差一点没关系，马生福高兴起来了："只要你们不嫌，我是更要尽力做的，请

[①] 应为作者署名。

你们多给我教一些刨梢的办法吧。"果然在十天之后，刨梢大有进步，别人刨四根，他已能刨三根半了。各队长从汇报中接受了这个经验，就马上帮助那些没有刨梢经验的移民和难民。山西移民口光清对记者说："咱队长真行，他说根深根浅，一满没错的。现在我已学会刨山桃、刨柠条、刨狼牙刺了。"该村十四副牛具，已变为五个牛工小组，各以三具或四具为单位（都是双牛）。清明前下午耕地，是个别牛具互变，清明后上午耕地，已全部组成变工，现已翻地五十五垧，下种谷子廿垧，麻子卅垧。九驴一马一骡亦分为三个变工小组，已送粪七十八袋。（陈士甫）

变工队在开荒

（本文选自 1944 年 4 月 13 日〔星期四〕《解放日报》第 2 版）

边区工业迅速发展

六年前毫无基础　现有大工厂七十七个
工业品已能半自给　正向全部自给前进

【本报特讯】边区的工业建设,在困难条件下,六年来艰苦经营,已有了很大发展。这些工业包括:公营工厂、生产合作社、私营手工厂、家庭手工业加上手工作坊,它们的产品供给了边区人民和部队机关学校的需要。其中以公营工厂为边区工业的骨干。截至去年,边区共有纺织、被服、造纸、化学等工厂七十七个,煤炭业、盐业及其他小作坊尚未计算在内。在布疋上:机关部队学校已大部自给,全边区需要亦已自给三分之一。在纸张上:印刷用纸已基本自给,全边区需要亦已自给一半。石油、肥皂不但已全部自给,而且能供给一些给邻区和前方的需要。各种工具亦能大部制造,火柴、冶铁、玻璃、瓷器的试制都有了成功。在边区工业中,以纺织、造纸的发展最为迅速。如纺织业:一九三九年只有公营纺织厂一家,工徒二百一十人,织机廿三架,年产大布一千四百二十六疋。纺织合作社二家,工徒廿五人,织机八架,年产大布四百疋;私营工厂六家,工徒一百五十四人,织机五十二架,年产大布三千六百九十疋;那时家庭纺织仅部分开始恢复,但产量很少。到了一九四三年就有了惊人的发展:公营纺织厂达二十三家,工徒一千三百五十七人,织机四百四十九架,年产大布三万二千九百六十八疋;织布合作社三十七个,织机一百七十九架,工徒三百七十四人,年产大布六千疋;家庭及私营工厂织机一万八千四百六十七架,能织的男女共四万二千二百四十二人,年产大布六万五千三百三十四疋。家庭妇纺,从抗战前几乎无人纺织的情况,发展到一九四三年的十三万三千四百五十七人,纺车十二万零二百五十五架,年纺纱八十余万斤。机关纺纱的发展,成绩亦属惊人,仅延安一地在供销处领花,从一月到四月据不完全的统计,参加纺纱的有一万六千人,已发出棉花约一万四千斤,毛约二万五千斤,已收回毛线二万二千斤,棉线一万斤。

振华造纸厂工人在生产

又如造纸业:在一九三八年只有公营造纸厂一个,工徒十四名,纸池四个,年产纸五十令;一九四〇年私营纸业,有纸池三十八个,工徒九十八人,年产纸一千一百四十八令。到一九四三年就发展到:公营造纸厂十一家,纸池七十七个,工徒二百九十四人,年产纸五千六百七十一令(对开纸)。私营纸业,有纸池六十五个,工徒一百九十人,年产纸二千四百六十八令。从过去毫无工业基础的陕甘宁边区,发展到现在半自给的情况,这是个巨大的创造,而今后的边区工业,则是向着全部自给的道路迈进。

(本文选自1944年4月28日〔星期五〕《解放日报》第1版)

文协流动生产队　收获粗粮百八十余石

【本报讯】文协流动生产队一年辛勤的结果，收获粗粮一百八十七石二斗三升。该生产队大小队员七十七人，山中物资设备甚坏，有时山雨淋漓下降，大家就在破漏的棚屋里，局促藏身，衣服尽湿；有时还得星夜回城演戏。他们的收获还不仅在物质方面，过去爱看古典小说的马伟说："这次生产，把我从古书堆里解放出来了。"（钟纪明）

【本报讯】文协中庄农场今年开荒地五百四十亩，收细粮九十四石。该农场共十七人，上山时，除携带简单行李外，一无所有，山中积雪盈寸，连安身的地方也难找寻。经过他们一年的劳作，现在已有粮食满囤、杂草成山、肥猪在圈、鸡群越野觅食的景况了。（钟纪明）

（本文选自1944年12月7日〔星期四〕《解放日报》第2版）

边区群英大会开幕
林伯渠主席致开幕词　号召抑制自满力求进步

【本报特讯】继边区参议会之后，劳动英雄与模范工作者大会于昨日上午在参议会大礼堂隆重揭幕。会议布置朴素严肃，主席台正中大书"开展劳模运动，全面建设边区"，两旁挂着毛主席在去年招待劳动英雄大会上讲话中关于抑制自满的名言，与日前在参议会讲话中关于开展劳动英雄模范工作者运动的指示。两壁则横悬醒目的标语："劳动英雄们：劳动好、学习好，又能公私兼顾，不自高、夸大、永不脱离群众""模范工作者们：忠于革命、精于家务、勤于学习、善于创造、团结干部、联系群众"。开幕时，四百七十六位劳动英雄与模范工作者面带笑容整队入场。其中有一部分老英雄去年曾在这里集会，今年他们和更多的新英雄们会晤，显得格外兴奋。五六百来宾及列席旁听者用敬慕的掌声欢迎他们入场。会议在乐声中开始。首先推举吴满有、赵占魁、刘建章、张治国、沈鸿、刘桂英、张子良、李富春、甘泗淇、贾拓夫、刘景范、霍子乐等二十八人为主席团及柳湜、高长久等十七人为评判委员会委员。在通过议事日程后，全场静默三分钟，追悼已故英雄马海旺、孙万福、贺福来。

　　林主席在掌声中登台致开幕词。他首先指出一年来劳动英雄与模范工作者运动有了新的发展，获得了很大成绩，在这个运动中，涌现了大批各种行业的新英雄。劳动英雄们不仅发挥了积极性，而且发展了组织性，领导群众创造各种模范单位。这说明了劳动英雄和模范工作者在新民主主义建设中的积极作用。至此林主席即强调指出：我们不能以此自满，因为我们在进步中还有缺点。首先某些地方，政府对劳动英雄的具体帮助和教育不够。有些劳动英雄骄傲自满，脱离群众。林主席号召大家互相交换经验，发扬优点，克服缺点，勇敢展开批评与自我批评，力求进步，以期完成目前边区民主建设的新任务。

　　林主席致词毕，朱总司令、李副主席、安副议长相继被邀讲话，他们对劳动英雄、模范工作者的艰苦工作，备致慰勉之意。总司令说：几年来，我们靠着"血和汗"，坚持抗战，建设边区，获得举世的称道。对于这一奇迹，劳动英雄、战斗英雄和模范工作者，是起了决定作用的。总司令继称：边区各种生产建设应更提高一步，同时要提倡节约，建立长远的革命家务，积蓄力量，完成抗战建国大业。李副主席在检讨政府对劳动英雄帮助不够的缺点后，用具体事实说明改良农作法之必要与可能，他号召大家明年要更加注意深耕细作。安副议长称："在旧社会里，只有上层分子受褒奖，受苦人从来没有份，现在边区不同了，劳动者受到无上光荣，劳动英雄与模范工作者运动是一件破天荒的事。"

最后，劳动英雄代表吴满有、张治国、刘建章、赵占魁讲话，表示衷心地接受各负责同志抑制自满的号召。吴满有在报告了他乡今年做到耕一余一后，说："我还有许多缺点，要照着毛主席的话来办事，要把脸洗得光溜溜的，我们才能更进步。"刘建章同志讲到南区合作社一年来的发展成绩后，也说："合作社还有本位主义的毛病，我自己也还有事务主义的缺点。"各位英雄讲话毕，时已黄昏，会议在鼓乐声中闭幕。

（本文选自1944年12月23日〔星期六〕《解放日报》第1版）

1945 年

养猪同志的功劳
中直肉食大部自给

【本报讯】中直养猪业,在"保证猪的繁殖,实行统一领导、分散经营、就地就食"的方针下,已得到进一步的发展,按照供给标准已达到自给百分之九十。在饲养方法上,已普遍提高。尤其在猪娃的饲养上,出现了杰出的人物——中管局的郭生才、党校的仇子义和阎店子机关的刘永祥等同志。他们的猪娃成活在百分之九十以上,平均一窝活十只,并创造了"找奶妈""人工喂养"等新方法。在数量上,现存数则较四二年增加百分之五十。在

喂猪

去春大家还争论着一个人能不能照顾三十条猪,去年一年的实践,党校、中印厂、中管局一个人经常喂养大小猪五十~七十只。前年宰杀的猪,一般不及五十斤,去年则平均为六十三斤。猪食虽未彻底解决,但在夏秋两季则普遍采喂野菜。党校一、三部,王家坪等单位还保存等吃到今年三、四月间的干菜叶、谷秕等饲料。但猪瘟依然严重,据猪瘟防治所去年的试验报告,防疫针的效果为百分之七十。养猪英雄们采用了各种土办法,也解决了不少问题。去年猪瘟的死亡率,大猪为百分之三(发现病即杀者不在内),猪娃死亡率达百分之四十七。因此加强猪瘟的防治研究,目前仍很重要。

郭生才的经验

母猪不宜吃得太好,不然猪娃受热不易活,每天喂食先洗槽。

到去年八月郭生才共喂十窝猪娃,喂活九十九只。他喂的猪娃不仅活得多,而且长得好,九十九个猪娃六十天出圈,都平均长到大秤十斤重。他喂猪的方法是:母猪的食料,不要喂得太好,只要它吃饱就够了;母猪吃得太肥,肚子里长油也多,小猪在母猪肚子里就容易受热,生下来不容易长。母猪生猪娃后,他每天总要把猪食端到猪圈里喂三次,小猪娃过了二十天,也同样端着喂三四次,以后才准它们出来吃食。关于猪窝的卫生,每隔两三天就打扫一次,或者垫些干土。夏天,每次喂之前要先洗猪槽,因为槽里有剩食发酸时,倒入新食猪就不肯吃,而且吃上也容易生病;冬天每次喂猪之前,要用开水烫猪槽,因为猪槽里不凉有热气,猪就肯吃。老郭从来没打过猪,尤其是怀猪娃的母猪和猪娃,更要爱护。

仇子义今年计划
大批养猪娃 是自给肉食好办法

仇子义同志今年计划喂猪生产四百八十万元:(一)目前的六十个中猪,

在三个月内,每个长肉十斤,值一万元,合计收入六十万元;(二)目前的五十五个小猪喂到十一月,每个卖四万元,合计收入二百二十万元;(三)去年年底生的五十个猪娃,喂到今年十一月,每只卖两万元,合计收入一百万元;(四)今年秋季生一百只猪娃,到十一月,一只卖一万元,合计收入一百万元。仇子义同志的计划内,仅猪娃就占四百二十万元,这也是我们肉食自给可靠的方法之一。

刘永祥喂猪

不让吃油和辣椒　注意预防猪瘟

阎店子机关养猪英雄、六十五岁的刘永祥同志,到去年十月喂出了五十八条大猪,平均每天长肉小秤七两三钱。他一个人经常喂着两圈猪,计四十只左右。在饲料上有新发现,他不让猪吃任何油类和辣椒,他说:吃了油拉稀,吃了辣椒上火。猪不肯吃时,他就赶它们到河边□□,让它们洗洗澡,吃吃青草,回来就肯吃了。刘老英雄对猪病治疗也有一套办法。去年裴庄猪瘟死了二百多条,他喂的两圈猪连病也没有发生,因为一当他发现别处猪瘟时,他就找柏叶、苍术、草木灰遍撒在猪圈内外,防止猪瘟传染。刘老英雄去年还抽空拾猪食一千二百斤,并养鸡生蛋三百多个,连捆扫把、割马草等,共节省达二十万元。

(本文选自1945年2月2日〔星期五〕《解放日报》第2版)

杨家岭抢锄大队赴甘泉

李富春同志勉大家发扬互助精神

【本报讯】杨家岭机关自从接受中管局划分给急待抢锄的三千亩禾苗之后,行政处即连日召开了各部委行政秘书参加的扩大处务会议。大家一致决定

中共中央办公厅主任
李富春

要抓紧时间,去完成这个对备荒运动极度有利的政治任务,并建议取消勤务员,只留几个公务员,把所有的勤务员都调上山去生产,工作人员与勤务员变工,工作人员自己打水扫地,将来的收获归各小单位分配。作为个人生产,合作社也应抓紧时机,停止或缩小手工工厂的生产,抽调大部分劳力上山。至于大公家,则提高工作效能,减少事务人员,利用编余人员,并抽调一部分小作坊、生产队、洗衣房、洗澡塘人员去生产,生产所得归公,对个人采分红奖励制度。此建议经中央办公厅李富春同志批准后,各部委都加紧动员,经过数度商讨的结果,抽出了一百十二个人(第一次出发一百人)于本月五日晚饭后编成了队,首由邓洁同志宣布了抢锄远征队的组织和纪律,抢锄远征队采取自卫军的编制,成立了一个大队,分为三个中队,各中队下设三个至五个生产班,大队长与中队长由行政处委派,班长由生产班民主选举,另设生活管理班,直接由大队长领导。把大队长、各正副中队长、管理员组织起来成立各队部,成为整个大队的领导核心。继请富春同志讲话,指示了以下四点:一、加强组织:是保证完成任务的重要问题,对于劳动力的配备,分配生产时间,中午休息,早晚劳动,工具要很好调剂,更加发挥劳动力,以免浪费。二、掌握技术:每个同志都要细心耐心地学习锄草技术,有技术的同志宁可少锄一点草,教大家学会技术。大家锄得又好又多,完成任务就会更大。三、团结队伍:同志们虽然都是一个杨家岭大家庭的成员，但来自各部委，大家应该互相合作，互相帮助；决不可吵嘴打架，或闹本位主义。这一条在将来选举劳动英雄时要作为重要条件之一。四、讲求卫生：同志们对饮食起居都要随时注意，以免得了病把身体搞垮。年纪大些同志要照顾青年同志，帮助和爱护他们。这两个月大家在山上，应该是同志们锻炼身体的好机会，每个同志都要锻炼得很健强，继续为革命做更多更大的工作。次日晨，在行政处各负责同志各部委同志热烈欢送，锄草远征队出发了。

（本文选自1945年7月22日〔星期日〕《解放日报》第2版）

1946 年

绥德刘家沟等村筹开小型农业展览会
表现新经验新方法　力免奇特物品的罗列

【本报绥德讯】刘家沟、董家庄等村今年在建厅工作组帮助之下，建立了领导核心，改进了农作法（如防虫、务棉、推广良种、保持水土、改良土质、沤粪，等等），为推广上述经验，准备于秋收后举行小型展览会。但以表现重要切实的问题为主，力免奇特物品的罗列。内容分下述四类：（一）组织领导：着重表现一年来怎样建立领导核心，如何提高变工队以及各种运动的过程。展览方法以活的人物为主，由他们说明工作的过程，以教育大家。（二）病虫害：各种病庄稼如黑疸等标本，说明其病源及防治法。次为各种主要害虫（蛤谷虫、路虎、油汗等）制成标本，说明其生活史、危害情形、防治办法等。（三）优良品种着重新旧品种之实物比较及产量种植收藏等方法的说明。糖萝卜计划展览从种到熬成糖的全部过程。（四）新作务法如王常家山的种谷法、掏钵、高粱、修梯田、打坝堰、挑水害、沤粪等（这些办法过去在刘家沟等村很少或者没有）。着重表现新方法的全过程及作物产量的对比。尽可能组织实地参观。

闻展览期间可能闹一班秧歌。群众对展览会热烈支持，刻正[①]分别收集展览品中。（也力）

（本文选自1946年9月27日〔星期五〕《解放日报》第2版）

---

① 原文如此。

1947 年

杨家岭机关已开始积肥

【本报讯】杨家岭机关现已开始进行生产，生产队、基干自卫军除留有少数守卫者外，全部暂移驻新市场集肥，各部门亦均分担有任务，每天轮流派人参加。自上月二十一日开始，三十人五天内已运肥约十八万斤。（正林）

（本文选自 1947 年 1 月 3 日〔星期五〕《解放日报》第 2 版）

边府机关生产节约会议

决定努力生产厉行节约　供给降低实行经济民主

【本报讯】边府直属各机关的生产节约会议已于昨日结束。该会由边府李、刘副主席所召集，前后历时四日。会中一致认识了今年为了支援自卫战争，财政上不得不紧缩开支，厉行生产节约，并订出办法，克服各机关所存在的困难。刘副主席景范号召各机关戒绝浪费，公布账单，讨论开支，实行经济民主。边府王秘书长子宜号召各机关除加紧节约生产的物质供给外，并供给军火原料、发动熬硝，每个机关工作人员至少熬硝半斤，政府给以每斤二升至三升米的代价。财厅范厅长子文宣布了今年初步决定的供给标准，他说：这个标准比去年的低，各机关应主要靠自己的节约生产来订定生活标准，但各机关的生活标准不应悬殊太大，不浪费，但要保证人员的健康与工作不受妨碍。

最后决议：各机关除事务人员及护士外，一般干部和学员的单鞋、棉鞋及衬衣节约百分之四十到五十，个人及本机关生产解决百分之五十到六十；牙刷、精盐、手巾一律由个人生产解决；菜蔬各机关全部自给；肉食，生产基础好的

陕甘宁边区政府旧址

机关财厅完全不发,较差机关每月每人发半斤,最差的发一斤(肉食的生活标准为一斤至斤半,财厅供给标准为半斤至一斤);杂支方面,扫把自己生产,节省招待费,不吸外来纸烟,严格执行客饭粮票制度,除外宾外不送年关节礼,婚丧事严禁铺张,首长开支应有规定。

农业生产,使地权归农民,各机关所需菜地统计出来向市府□□如何在解决农民土地问题原则下照顾机关生产,并尽量利用机关附近一切空地,利用业余时间种菜、种马料、苜蓿、蓧子等,割马草,还可开设各种作坊、养猪,做不违犯政府法令的流动商业生产。要根据各机关具体情况,看各机关应以何种生产为主,应提倡各式手工业,或与本身业务结合,或参加本机关劳动、揽工、熬硝,给老百姓锄地、割麦,等等。

在制度方面,应实行预决算制度,财政公开,建立会计制度,检查公营商店。各机关应成立节约生产的领导与检查机构,订出本机关的具体计划,在群众中动员讨论。

(本文选自1947年2月26日〔星期三〕《解放日报》第1版)

第二部分 追忆激情岁月

为了不被困死、饿死
肖劲光

> 肖劲光,生于1903年,湖南长沙人。1922年加入中国共产党。文中身份为八路军留守兵团司令员。1949年12月受命组建中国人民解放军海军,次年任海军司令员,后任国防部副部长、中顾委常委等职。1955年被授予大将军衔。

毛泽东书写"自己动手"

留守兵团组建以后,干部战士的生活一直非常艰苦。根据国共两党就红军改编时达成的协议,国民党只拨给很少的一点薪饷,每人每天只有五分钱菜金,有时连饭也吃不饱。大家的穿着都很破烂。到了夏天,有的还穿着棉衣;天气已经很冷了,有的还穿着单裤,甚至短裤。战士每个月的津贴费,只有一元钱,连一双布鞋都买不到。部队的物质生活如此菲薄,而担负的剿匪、河防等任务却又非常繁重。为了克服物质上的困难,从1938年开始,在毛泽东同志的领导下,留守兵团第一次党代表会议,就把生产作为三大任务之一,在留守兵团各部队都局部地开展了生产运动。

从1939年开始,国民党为了适应他们制造摩擦、掀起第一次反共高潮的需要,采取种种方式对陕甘宁边区实行经济封锁,一度给边区的经济生活造成极大的困难。他们的第一手,是在给八路军的薪饷问题上用克扣、拖欠来做文章,在军粮供应等问题上也制造困难。例如,第三五九旅驻防绥德地区以后,粮食供应非常困难,国民党西安行营却指定该旅按月到洛川一所粮库去领军粮。绥德到洛川,相距千里,我军既无运输车辆,又无运输经费,这显然是有意出难题。到了1940年11月,国民党便完全撕毁两党达成的协议,全部停发了八路军、新四军的经费。他们以为,凭这一着就可以把八路军、新四军逼上绝路。他们的第二手,是采用掠夺土地、牲口和其他财物的办法,破坏春耕秋收,破坏边区经济建设。这类事件,各地都有,而且经常发生。1940年6、7月间,仅关中一地,顽军窜进边区就抢走耕牛18头,烧毁小麦17堆,抢走和糟蹋粮食150石,勒索银洋数百元。鄜县牛武区的两个村仅53户居民,在不到半年时间,就被附近的顽军抢走粮食9 000多斤,蔬菜10 000多斤,以及一大批农具、食盐、黄麻和其他日用品。他们的第三手,也是他们感到最得意的一手,便是利用耗费大量人力、物力,历时八个多月构筑起来的碉堡封锁线,对边区实行严密的经济封锁。边区周围的顽军在各村镇到处设立了检查处和侦察网,并且彻底破坏了通往边区的大小道路。他们对棉花、布匹、药品、火柴以及边区需要的所有日用品,一律严禁输入;对边区输出的食盐和其他土产也实行严格检查。边区军队和党政机关是他们严密封锁的对象,对于一般商人、脚户,他们也不放过,发现有所谓"走私"的,常被他们就地枪杀。

对于那时的困难,毛泽东同志曾经这样写道:"我们曾经弄到几乎没有衣穿,没有油吃,没有纸,没有菜,战士没有鞋袜,工作人员在冬天没有被盖的地步。"这些话一点也不夸张。大的方面不说,仅举我自己的一件小事为例:我刮胡须使用的几片刀片,是我1930年以前在苏联学习时买的。回国后已用了八九年了,每次刮脸前,我都要在石头上磨一磨。刀片又薄又小,磨起来挺费劲。后来我到陇东时,钳工出身的耿飚,用铁皮给我做了一个夹子,把刀片固定住,磨起来就好多了。但由于用的时间实在太长了,怎么磨也还是不锋利，刮起胡须来，还是疼痛难忍。其实，小小刀片，在西安等大城市都能买到，但由于顽军封锁，许多急需物资都进不来，这类小商品就更谈不上了。

用什么办法打破国民党的经济封锁、克服这重重困难呢？向地方政府和人民群众伸手吗？陕北地瘠民穷。群众吃不饱，穿不暖，他们宁可自己吃野菜、树叶，仍然缴纳了不少公粮，尽了最大的努力。地方党政机关的工作人员，生活同样非常艰苦，日子过得很困难。尤其是1940年，旱、病、水、雹、风五大灾害，先后袭来，边区生产遭到严重损失，60万灾民嗷嗷待哺。记得这年初春，边区各县就普遍遭受旱灾；延安等县，又发生脑脊髓膜炎、猩红热等瘟疫，仅盘龙一区就死了500多人。6、7月间，各地又连降暴雨，山洪暴发，水势之大，为近百年来所未有，沿河庄稼、农田全被冲毁。在这前后，保安等地还遭受雹灾，落在地上的冰雹一尺多厚。盐池、靖边等地，飓风蔽日，数月未停，毁坏了许

八路军留守兵团司令员肖劲光（右）、政委莫文骅（中）和第三八五旅政委耿飚在一起

多庄稼以及房屋、牲畜。林伯渠同志和我当时曾联名致电重庆赈济委员会，请求拨款救灾。这个赈委会竟然不加理睬。事后想想也不奇怪。国民党的既定政策是把边区几百万军民困死，哪里还会帮助你救灾呢！

正当我们在为战胜困难寻求对策的时候，一天，毛泽东同志把林伯渠、高岗和我找去，对我们说：我们到陕北来是干什么的呢？是干革命的。现在日本帝国主义、国民党顽固派要困死、饿死我们，怎么办？我看有三个办法：第一是革命革不下去了，那就不革命了，大家解散回家。第二是不愿解散，又无办法，大家等着饿死。第三靠我们自己的两只手，自力更生，发展生产，大家共同克服困难。他的这段话，既风趣，又易懂，像一盏明灯，一下子把我的心照亮了。我们三人不约而同地回答说：大家都会赞成第三种办法。毛泽东同志听了，笑笑，接着说：现在看来，也只有这个办法。这是我们的唯一出路，是打破封锁、克服困难的最有效最根本的办法。至于顽固派对进出边区的物资实行封锁，我们也可以想些办法，来它个反封锁嘛！在谈到军队的任务时，他又笑着对我说：战士们不也都有两只手么？你们就一手拿枪，一手拿锄头好了！

紧接着，党中央、毛泽东同志向全边区党政军民学发出了"自己动手，丰衣足食"的伟大号召。边区军民，人不分男女老少，地不分东南西北，都迅速行动起来，掀起了轰轰烈烈的大生产运动。从山峁到山沟，从河滩到原野，到处是开荒种地的人群，到处响起赞美劳动的歌声。那热气腾腾的劳动景象，那战天斗地的生动场面，实在令人感动，催人振奋。

开展大生产运动，我们当时确定的方针是，以农业为主体，或叫"农业第一"。这是因为解决吃饭、穿衣问题至关重要。各部队都紧紧抓住了这个重点，在完成战斗任务的同时，普遍开荒，种粮食、种菜。干部战士生产热情非常高涨。许多同志在黑夜里烧着野火开荒，至于天不亮就上山，顶着星星才收工，就更是很平常的事。陕北地处黄土高原，水土流失十分严重。一场暴风骤雨，黄土塌陷，辛辛苦苦开垦出来的农田、栽种起来的庄稼，往往毁于一旦。重新整修和栽培，需要付出成倍的劳动。但由于心中有个大目标，困难反而进一步激发

八路军第三五九旅旅长王震主持召开生产动员会

了大家的劳动热情。各个部队的生产竞赛都搞得非常红火。他们经常利用一些纪念日,开展竞赛活动,来完成突击任务,如举行"纪念五卅生产大竞赛""纪念刘志丹生产周",等等。部队的劳动热情,一浪高过一浪,而且经久不衰。

1940年冬天,王震同志领导的第三五九旅,奉命开赴南泥湾屯田开荒以后,很快成为生产战线上的一面旗帜。指战员们披荆斩棘,艰苦奋斗。有的部队没有房屋住,没有粮食吃,他们就露宿荒山,吃野菜、草根充饥,连续苦干了几个月,硬是用自己的双手,把一个荒无人烟的南泥湾,变成了"陕北的好江南"。大生产运动一开始,第三五九旅就提出"不要公家一粒粮、一寸布、一分钱"。几年以后,他们的粮食生产,竟达到了"耕二余一"①,即积余一年的粮食,还达到了平均两人一头猪,一人两只羊,鸡鸭成群,牛羊满山。

在鄜县一带,警四团奉命除留少数警戒部队外,开到了一个叫槐树庄的地方开荒生产。部队在露宿石崖边、饭菜见风凉的艰苦条件下,打窑洞建营房,经过两个多月奋战,解决了住房问题后,立即动手,

---

① 应为"耕一余一"。

开荒生产，并大搞多种经营，积极发展养殖业、畜牧业、作坊、手工业等。两年就开荒 23 000 余亩，收获粮食六七十万斤。副业生产也搞得很有成效。

驻防陇东，由王维舟、甘渭汉、耿飚同志领导的第三八五旅，在大生产运动中也搞得热火朝天。庆阳、合水一带有水，他们就开荒种水稻，生产出陕北稀有的稻米。大凤川、小凤川一带，草深林密，他们把部队开进去，烧荒造地。树林里常有虎豹豺狼，他们就组织战士三人一组，把打猎同练习打靶结合起来，锻炼了射击本领，还猎获了不少野味。战士们打豹子的办法很有意思：把一颗手榴弹同一只野兔子拴在一起，挂在树枝上，豹子一口咬去，手榴弹爆炸，一只豹子便被猎获了。有一回，他们挑选了一只大豹子，运到延安，送给了朱德总司令。

在大抓农业生产的同时，我们也抓紧了工业生产。为解决部队的被服供应，首先抓了纺织工业，先后开办了纺织厂 11 处。其中以团结部直接筹办的大光纺织厂发展最迅速。开始只有一个战士会织布。在领导的支持下，他买了一架水机，一捆棉纱，作为试验，一天就织了十几丈布，计算起来，成本较市价便宜三分之一。于是，他们便抽调了二十几个战士，买了十多架织机，办起了纺织厂，不到半年工夫就部分地解决了部队的需要。到 1943 年，这个厂就已发展到拥有织机一百多架、职工二百多人，蛮像个样子的工厂了。

除纺织厂以外，还开办了被服厂、鞋袜厂、木工厂、大车厂、煤炭窑、木炭窑、砖瓦窑、瓷器窑、毡房、粉房、糖房、豆腐坊……共计 52 处。此外，畜牧业、运输业、商业，也都相应有了发展。

大生产运动开展那样普遍，那样热烈，一个重要原因是各级领导都以身作则，带头参加。毛泽东、朱德、周恩来、任弼时等中央领导同志也亲自动手种菜纺纱，参加助民劳动。在杨家岭，毛泽东同志在他住的窑洞对面山沟里，开垦了一块长条形的耕地，种上了蔬菜，一有空，他就去浇水、拔草。周恩来、任弼时等同志都有一架手摇纺车，经常像女同志那样盘腿而坐，练习纺纱。有一次纺纱比赛，我和周恩来同志一起参加了。他看到我纺的纱质量还可以，就夸奖说：真看不出你这粗手大脚的人，还能纺出这般好的纱来！我笑着说：我这是祖传的手艺。他问我怎么回事，我说：我父亲就是一个手工业工人嘛！恩来同志哈哈大笑说：怪不得你会纺纱呢！其实，我不过是说说笑话。我祖父和父亲的确都是农村的手工业者，一年到头带着纺纱织布工具，走村串户，去替人家纺纱、织布。但我真正练习纺纱，也是在大生产运动中才开始的。起初纺出的纱不是太粗就是太细，后来纺得多了，才比较均匀。倒是恩来同志、弼时同志进步更快。在延安的纺纱比赛大会上，他俩双双获奖。听说，他俩当年用过的纺车，至今还陈列在各自住过的窑洞里呢！透过这类小事，可以看出那时候领导干部的带头作用和平易近人，看出上下级之间、同志之间的融洽关系。回想起来，是多么令人难忘啊！

几年的艰苦奋斗，终于换来了丰硕的劳动成果。国民党顽固派做梦也没有想到，边区军民凭着自己的一双手，不但摆脱了困境，而且创造了世界上少有的奇迹。美国友好人士斯诺和爱国华侨陈嘉庚等到延安时，看到边区欣欣向荣、五谷丰登、六畜兴旺的景象，无不赞叹万分。国民党爱国将领邓宝珊将军有次路过延安，正逢边区军民举办生产成果展览会，展品中有各地生产的稻、麦、小米、玉蜀黍等一二十种粮食产品，有各种各样的蔬菜瓜果，有花样不少的布匹、鞋袜、文具和其他日用品，有膘肥体壮的马、牛、羊和鸡、鹅等家畜家禽，还有驻陇东一带战士猎获的各种野兽毛皮，有驻三边战士挖掘的长达二十多米的"甘草王"。真是丰富多彩，琳琅满目。当我陪他去参观时，他边看边啧啧称赞。走到一堆大得出奇的南瓜旁边时，他兴奋极了，用手摸着南瓜，又感慨又风趣地说：还是毛主席领导得好啊！边区种出来的南瓜也比别的地方大嘛！

同边区各条战线一样，留守兵团的生产成绩也是一年比一年显著。到1943年就完全克服了当时遇到的严重经济困难，大大改善了部队生活，减轻了人民负担。这一年，留守兵团开荒近20万亩，收细粮465万公斤，蔬菜1 650万公斤，织布13 000余匹，养猪10 000余头，商业获利7亿3 000余万元。这年11月底，毛泽东同志在招待陕甘宁边区劳动英雄大会上讲话时，曾很兴

肖劲光(戴眼镜者)、甘泗淇(立者左三)、向仲华视察机关干部纺线

奋地谈道:"边区的军队,今年凡有地的,做到每个战士平均种地18亩,吃的菜、肉、油,穿的棉衣、毛衣、鞋袜,住的窑洞、房屋,开会的大小礼堂,日用的桌椅板凳、纸张笔墨,烧的柴火、木炭、石炭,差不多一切都可以自己造,自己办。我们用自己动手的方法达到了丰衣足食的目的。"不仅如此,通过生产劳动,还造就出一大批不怕艰难困苦、能劳动、会理财的先进人物。留守兵团所属部队被评选为全边区的特等劳动英雄,就有赵占魁、赵占奎[①]、武生华、胡青山、张治国、冯国玉六位同志。

在开展大生产运动的同时,边区军民还运用各种方式,向顽固派展开了反掠夺破坏、反物资封锁

---

① 赵占奎是第三五九旅第七一八团模范班长,原名赵占魁,因在第七一八团组织的开荒竞赛中创造日开荒三亩七分的纪录而被评为特级劳动英雄。由于同时获奖的一位工业劳动英雄也叫"赵占魁",边区政府征求其同意,改名为"赵占奎"。

的尖锐斗争。留守兵团的指战员们积极参加了这一斗争。

国民党在我中部县①黄龙山一带，曾占用了一片土地，名为"黄龙山垦区"，作为沦陷区逃陕难民的栖身之地。这本来不是件坏事。但国民党派驻这个垦区的头目，却打着安置难民的旗号，把附近大片民间熟田随意划进垦区范围；并擅自设立警察局、所，非法盘查来往商民，掠夺村民牲口、财物。随后，又把当地的游民、流氓、土匪，多达一百多户，统统搜罗起来，冒称是垦区管辖的难民。这些游民、歹徒，一经报名加入垦区，便连同他们所租种的边区土地，一律成为垦区"公有"，免纳一切捐税。对于这种强夺农田、抢劫财物、破坏边区生产建设的行为，我留守兵团驻当地的警备部队，当然不能袖手旁观。在当地政府的密切配合下，坚决撤销了垦区私设的警察局、所，拘捕了一批抢劫财物的匪徒，收回了部分农田，打击了垦区头目的嚣张气焰。后来，垦区头目向国民党当局告状，通过重庆的赈济委员会，致电毛泽东主席，指责我方以武力压迫垦区"灾民"。毛主席把这份电报批转给我。我在致重庆赈委会的复电中，历数了这个垦区头目的种种倒行逆施，坚决驳斥了对方的指责。

定边西北的苟池盐区，早在1935年红军占领该地时，为尊重蒙古族人民利益，就已主动交给蒙古人管理。蒙古人非常感激，允许我军无价采盐，历时数年，一直没闹任何意见。我军从这个盐区采的食盐，不但要保证供应边区军民食用，而且是边区的一宗最重要的出口物资。1939年以后，反共顽固派为了切断边区的经济来源，驻当地的国民党官吏竟然鼓动少数蒙古人，阻止我军采盐；并且散布谣言，胡说共产党、八路军"主张蒙人独立建国"，"要打倒王公"，企图制造民族纠纷，破坏蒙汉团结。得知这一情况以后，我留守兵团一面增派了一部分部队驻防该地，以保护盐区；一面派人向蒙古族官吏和人民耐心解释，宣传我党我军主张，揭露顽固派的造谣、挑拨。国民党天水行营政治部一个姓谷的部长，竟来电指责我方。根据毛泽东同志的指示，我在给程潜

---

① 今黄陵县。

和这位谷部长的复电中，陈述了事实真相，并且严正指出，责难我方的种种传言，"全系奸人造谣捏报，绝无一字属实"，并要求对方"彻查严究"。经过这一番工作和斗争，顽固派的阴谋破产了，蒙古族人民消除了疑虑，与我军和睦相处，一如既往。边区境内的这一重要经济区又恢复了往日的繁荣景象，盐业生产继续蓬勃发展。

为了打破顽固派对边区进出口物资的封锁，边区政府在中央经济委员会的领导下，在陇东、关中、绥德等地设立了不少土产公司、盐业公司等商业机构，广泛发动当地群众，开展对外贸易。留守兵团驻各地的部队，也普遍派出干部，参加到这些公司里去做生意。有的还在地方政府领导下，自己开设公司。兵团领导机关，就抽调了两名科长，派到关中土产公司和盐业公司去工作了许多年。这两人一个是队列科长隐剑，一个是交际科长刘琦。他们离开延安时，我同他们谈话，向他们交代说："你们去做生意，不是为个人捞钱，而是为了补充军需民用物资，增加财政收入，繁荣边区经济，打破顽固派的封锁。这不是一般的经商，而是一种特殊形式的斗争，很辛苦，还要冒风险。你们到那里后，一是要依靠地方政府，二是依靠当地群众。掌握了这两条，就能把工作做好。"这两个同志到职后，与当地干部、群众打成一片，很快打开了贸易局面。

边区可以用来输出的物资，主要是食盐和一些土产，需要输入的主要是棉花、布匹、药品和当时自己还不能制造的日用品。运输工具只有陕北的毛驴和骡子。一支运输队往往有几十甚至几百匹毛驴。人们把这种贸易戏称为"驴狗子经济"。封锁线上，碉堡密布，岗哨林立。一批物资要运出去或运进来，都很不容易。但是，顽军封锁得再厉害，当地群众总还是有办法对付的。许多人在边区境外，甚至在顽军内部都有亲戚、朋友。他们常常通过各种内线关系，运送各种物资。有不少商人同情抗日，对边区有好感，愿意帮助我们。有些商人即使没有这种觉悟，但他们想赚钱，也愿意同边区做买卖。另外，封锁线上的岗哨再多，但各个岗哨之间总有一些空当，当地群众对地形又熟。这样，运输队就可以在黑夜赶着驮货的毛驴，从这些空当中，快速通过封锁线。有时，我们也掏点钱，通过关系塞给哨卡头目和哨兵，让他们睁只眼闭只眼，甚至同我方事先约好通过封锁线的时间。边区的食盐、土产，运出封锁线以外，远销到河南、湖北等地；运进的货物，由各个系统的同志迅速运回本单位。当时留守兵团的直属机关、部队，就通过关中的这条渠道补充了不少急需的生活用品。

随着大生产运动的蓬勃开展，边区可以用于出口的物资不断增多，买卖越做越大。尽管许多生活用品边区可以自己生产了，但群众生活在不断提高，需要进口的物资仍然不断增多。隐剑同志担任经理的盐业公司，几年后竟发展到拥有几十座仓库，一次就能出口几十万斤食盐，换回大批需要的货物。当然，干这项工作的同志非常紧张劳累，还要担风险。道路崎岖不平，有的地段还有虎豹豺狼，遇上塌方或泥石流，道路堵塞，运送货物就更为困难。运输队驮运的物资，有时被顽军盘查扣留，有的干部和群众还为此献出了宝贵生命。但为了打破顽固派的经济封锁，大家始终不辞劳累，不避艰险，前仆后继，战斗在自己的光荣岗位上。反共顽固派机关算尽，妄图困死、饿死我们的阴谋，终于彻底破产了。

（本文选自《肖劲光回忆录》，解放军出版社 1987 年版）

难忘的教诲

程悦长

> 程悦长，生于 1911 年，湖北黄安（今红安）人。1929 年参加中国工农红军。1932 年加入中国共产党。文中身份为中共中央党校学员。此前为晋冀鲁豫第十六团团长，即将担任陕甘宁晋绥联防军新编第四旅十六团团长。1954 年历任新疆生产建设兵团副司令员、新疆军区副参谋长等职。1955 年被授予少将军衔。

两年的党校学习生活就要结束了。

革命部队是一座洪炉，党校，是洪炉中的洪炉。两年来，我们在这里受到的锤炼，将是终生难忘的。然而，更使我难忘的，是临离开党校前，毛主席和我们那次亲切的谈话。

这天上午，我们正准备行装，忽然接到校部的通知：毛主席在下午 3 点钟接见新四旅的干部。通知上写着王近山、徐立清、黄振棠和我四个人的名字。

我原在晋冀鲁豫边区第十六团工作，1940 年年底调来延安学习。学习结束后，组织上原打算还让我返回原地区去。后来因十六团调到延安来了，军委决定再建一个新四旅，十六团归新四旅建制，于是，组织上便决定留我在新四旅工作。

在党校学习两年多的时间里，我

毛泽东在枣园

们一直受着党中央和毛主席直接的关怀和教导。在这里,我们荣幸地听了主席《改造我们的学习》《整顿党的作风》《反对党八股》等著名的报告;参加了主席所倡导的伟大的整风运动。通过这个马克思列宁主义的教育运动,进一步提高了阶级觉悟,改造了思想。

两年,这是不平凡的两年,是永生难以忘却的两年啊!

午后两点半钟,主席接见的时刻就要到了。我们四个人一起乘上校部预备的马,迎着拂面的春风,下午3点整,便来到了主席住的枣园。

在窑洞前下了马,一位同志迎上来,热情地把我们引进主席住的院里。毛主席从窑洞里迎出来,一一和我们握手。

主席住的窑洞很简朴:一个办公桌,几把木椅和凳子,一把用土布制作的躺椅;另外有两个书架,上面层层叠叠摆着许多书。

主席招呼我们坐下后,指着桌上摆的几盒纸烟说:"两种烟,你们随便抽吧!"一种是我们边区烟厂出品的,一种是外来货。主席还很有风趣地说:"你们不要看不起边

毛泽东在枣园住过的窑洞

区的土货，洋人想吃都吃不到。"主席的话，把我们都说笑了。

主席说，你们就要到新四旅去工作了，今天特地找你们谈谈，看你们对工作有什么意见。我们回答说：拥护中央军委的决定，一定努力把工作做好。主席问了十六团的一些情况，谈到这支部队调来延安的路上，在韩略狠狠打了一仗，歼灭了日寇华北战地参观团一百多人。主席表扬了十六团的战斗作风，说这是一次硬仗，但打得很好，很灵活；要我们把这种好的作风保持、发扬下去，不要失传。今后还要特别注意加强部队的政治教育，搞好部队与群众的关系。当讲到成立新四旅的问题，主席说：我们就是要有准备，这叫"有备无患"嘛，边区不能老唱《空城计》。我们有些同志，该磨刀的时候不磨，磨了刀又不会用。这种人总是要吃亏的。

主席还列举党的历史，谆谆教导我们怎样把马克思列宁主义的普遍真理和中国革命具体实践相结合，怎么"有的放矢"……

主席的谈话，是最朴素、最生动的。许多话，使人一辈子都忘不了。主席打的比喻，讲的历史故事，当时听起来新鲜，尔后细细一回味，越想道理越深，越想给自己的启发、教育越大。在主席面前，我们完全忘记了时间，直到警卫员来说饭好了，我们看看表，才发现已是下午 6 点半了。

我们走进饭厅后，见桌上已经摆好了菜，还有一瓶葡萄酒。我们都知道，主席一向是极简朴的，每餐饭不过两个菜，而且多是素菜，今天为了招待我们，特地增加了好几个菜，使我们都深感不安。在主席去接电话的一刹那，我又回想起三年前主席接见我们的情形：1940 年底，我们一批干部刚从前线回到延安，一天，在杨家岭，主席和中央的其他首长，亲自陪同我们吃过一次晚饭。当时主席讲的话，还清清楚楚地留在我的记忆里。主席说："你们大都是红军改编后到前线去的，你们走的地方很多，有的还进过大都市，可以算是'洋包子'了。'洋包子'我们需要，只是不允许'洋包子'看不起'土包子'。"

当时，我们一些从前线回来的同志，因为东跑西走惯了，刚回到延安，还有点不习惯学校生活。主席教导说：不习惯蹲窑洞，这是要不得的。延安的窑洞是最革命的，延安的窑洞有马列主义，延安的窑洞能指挥全国的抗日斗争。蒋介石现在比我们住得阔气，有高楼，有洋房，有电灯，可是全国人民都不听他的。我们不要看不起自己，不要看不起土窑洞，全国人民的希望都寄托在我们身上，寄托在延安的土窑洞里。主席指示我们要安下心来，好好学习，认真总结抗战几年来各方面的工作经验。革命的路程将是很长的，无产阶级革命事业不是一下就可以成功的。党如果能领导得好，和人民紧密团结，不犯错误或少犯错误，革命胜利的路程可能缩短；相反的，如果犯了错误又不能立即去纠正错误，革命胜利的时间就要拖长。

主席在那一次谈话中，特别强调了干部精通马克思列宁主义的重要性。主席说："没有大量的真正精通马克思列宁主义革命理论的干部，要完成无产阶级革命是不可能的。"

……

三年很快过去了。三年来，我们一直遵循着主席的教导，经过一年的军事训练和两年的党校学习，自己在各方面都得到了提高。到现在，正当我们满怀信心走出学校，走向前线，走向新的工作岗位的时候，我们敬爱的领袖，又在百忙中接见了我们，又陪同我们一起吃饭……

主席接完电话，回到了饭厅。见我们都站着，便说："都坐下嘛！这是地地道道的家常便饭，这些菜，都是中央机关自己种的。"说着夹起一块炒西红柿，问我们知道不知道它的营养价值，接着又问我们学校种的西红柿多不多，还问到十六团部队生产自给的情况。我们都一一地回答了。

主席问王近山同志："部队对自力更生、生产自给有什么反应？"

王近山同志说："战士们对丰衣足食的口号兴趣很大！"主席说：有兴趣就好。不过不要片面讲丰衣足食。讲丰衣足食，还得讲艰苦奋斗，没有艰苦奋斗，哪有丰衣足食？丰衣足食是不能从天上掉下来的！

边吃边谈，主席幽默风趣的插话，使小饭厅充满了欢乐和温暖。

饭后，我们又回到主席的办公室里。主席的谈话，转到部队生产问题上。

主席说：蒋介石尽做坏事，但他不给我们八路军、新四军发饷，倒算是做了件好事。我们经济上受到了封锁，我们少了几十万块饷钱，使原来对蒋介石还有点幻想的人，不再幻想了。应该谢谢这位"委员长"，他使我们找到了"自己动手"的道路，这比任何饷钱、任何援助都可靠。

事实正像主席说的，我们由于有了"自己动手""生产自给"的法宝，不但没被"封死""困死""饿死"，反而生活得更好了。就拿我们党校来说吧，两年以前，粮食不足，油盐不足，蔬菜每人每天只有半斤。冬天来了，每人发给三斤羊毛代替棉絮。就在这极端困难的情况下，校首长向我们传达了党中央、毛主席"自己动手""生产自给"的指示。还记得那时听到过毛主席说的话："饿死呢？解散呢？还是自己动手呢？饿死是没有一个人赞成的，解散也是没有一个人赞成的，还是自己动手吧——这就是我们的回答。"

"自己动手"，是党中央、毛主席针对国民党反动派对我实行经济封锁，向部队、机关、学校提出的。这个口号，极其生动地体现了毛主席伟大的革命气概，体现了他那种不怕困难、蔑视困难的伟大风格。从而，伟大的生产自给运动轰轰烈烈地开展起来。主席在繁忙的工作中，也抽出时间亲自参加开荒生产。我们党校的学员，在党中央和毛主席的伟大号召与主席亲自带头生产的鼓舞下，投入了大生产运动，自己打窑洞，自己开荒，自己种菜，自己纺羊毛。这样一来，不仅解决了蔬菜自给，增加了油盐肉类等副食品，而且连粮食也自给了一部分。同时，在劳动生产中又改造了思想、锻炼了身体。想到这些，我特地向主席说："我们党校就是因为开展了大生产，生活才一天天好起来的。"

主席说：是嘛！只要放手叫大家去搞，办法就来了。你们今后一定要把部队的生产领导好，把生活改善好，保证部队有坚强的体质。

我们回答说："一定照主席指示的做。"

主席说：搞生产不要单去突击一项，要多样些。主要是种粮食，也要搞副业，猪、羊、鸡、鸭都养一些，还可以搞个酒坊，烧点白酒。酒可以供应市场，糟可以喂猪，逢年过节的时候，还可以让大家吃顿酒。说到这里，主席诙谐地加了一句：不过可不能叫大家吃醉哟！

整风和生产，是当时全党、全军的两大中心任务，主席比作"两个环子"。这一晚，主席和我们长时间的谈话，都是围绕着整风、生产的问题。这两项任务，也正是我们回到部队后要全力贯彻的。因此，主席反复地讲，耐心地谈，教导我们学会怎么去抓这"两个环子"。整风中如何掌握"惩前毖后""治病救人"，既要弄清是非，又要团结同志的方针；如何运用批评与自我批评的武器，如何发扬民主。主席说："你们当旅长、团长的同志，在整风中不要怕丢脸。下级对你们有意见，让他们统统讲出来，他们窝在心里的怨气吐完了，心情就舒畅了。你们把架子放下来，从实地向群众检讨反省一番，上下级之间的关系就改善了，内部就会更加团结了。"

主席问："边区一家老乡给我们一个分区司令员提了意见，你们听说过没有？"

我们回答："听说过。"

主席高兴地说，这是天大的好事！那个老乡很有觉悟。中国几千年的历史，都是老百姓受官府的气，受当兵的欺负，他们敢怒而不敢言。现在他敢向我们一个分区司令员提意见，敢批评这位"长官"，你们看这有多么好！这是多么了不起的变化！

凡是受主席亲自接见过的干部，都有这样的体验：当你一走到主席的身边，一在他面前坐下来，就怪表上的时针跑得太快了。谈话一直继续到深夜，我们觉得再不能打扰主席了，想到主席繁忙的工作、主席的健康，这才恋恋不舍地向主席告辞。

我们出了窑洞，跨上马走出了很远，回头望去，主席的窑洞里的灯还亮着，像一颗永不熄灭的星星，照耀着深夜的枣园。

（本文选自《星火燎原》第 16 集，解放军出版社 1997 年版）

南泥湾屯垦

左 齐

> 左齐,生于 1911 年,江西永新人。1932 年参加中国工农红军,同年加入中国共产党。文中身份为八路军第一二〇师第三五九旅七一八团政治委员。新中国成立后,曾任新疆军区副政治委员兼政治部主任,济南军区副政治委员、顾问。独臂将军,1955 年被授予少将军衔。左齐书法造诣深厚,是我国当代著名的书法家。

安营扎寨

1941 年 3 月,我们肩负着保卫党中央和陕甘宁边区的第三五九旅部队的任务,从绥德向延安的南泥湾出发了。

陕北的春天总是来得较迟。延河刚刚解冻不久,从塞外吹来的风还带着几分寒意;可是,每一个指战员的心却是暖烘烘的,而且仿佛从来也没有像今天这样兴奋而又激动,歌声和欢笑一直伴随着进军的行列。

部队自从驻守陕甘宁边区以来,在党中央和毛主席的领导下,为了争取持久抗战的胜利,反投降,反妥协,粉碎了国民党顽固派的军事挑衅;现在又要以开垦南泥湾的实际行动,响应毛主席"自己动手,丰衣足食"的伟大号召,粉碎国民党顽固派的经济封锁。

毛主席的号召和指示,是鼓舞我们前进的力量。当我们经过延河和雄伟壮丽的宝塔山附近时,不由得时而回转头来,以崇敬的心情望着毛主席居住的地方——杨家岭。回忆在党校学习时,我们伟大领袖那种无微不至的关怀和亲切的教导,那种深入浅出的,智慧、乐观的讲话,真使我终生难忘。毛主席在一次延安干部会议上提出:"……饿死是没有一个人赞成的,解散也是没有一个人赞成的,还是自己动手吧——这就是我们的回答。"这些话,一字一句地在我的脑子里跳跃。

1941年春,八路军第三五九旅开进南泥湾

"毛主席啊!请你放心吧!我们决不辜负你的教导,一定用我们的双手,创造出史无前例的奇迹!"我一面走,一面望着杨家岭,心里暗暗地说道。

就这样,我们告别了延安,踏上通往南泥湾的大路。

南泥湾在延安东南百余里,是延安县金盆湾区的一个乡。浩浩荡荡的开荒大军,通过七里铺,转入山沟,渐渐地看到了茂密的山林和宽旷无边的荒草地。早晨的阳光,透过山沟里升起的薄雾,照射着这座寂静的山林,照射着刚刚解冻的清水河,为山林溪流披上彩色的外衣。山沟里,古木丛林遮蔽着天空,从正在发绿的枝芽上,筛下了点点阳光,洒在松软的土地上。部队在丛林中行进,但见高大的白桦挺立在丛林之中,一簇簇的海棠、栗树、红枫和正在发芽的野葡萄、山楂、杜梨,构成了花团锦簇的百果林。

多么美好的境地啊!每个指战员走过这景色如画的地方,都兴奋得欢笑起来。

越过五六十里的山沟,登上山冈,纵眼一望,到处是大片肥沃的土地,漫山遍野蒙着白蒿、野花和荆棘。抓起一把泥土放在手心里,在阳光下黑油油的直打闪。南泥湾啊!你原是边区的宝地,我们一定要用自己的双手，把你开垦成为富饶美丽的田园。

这条山沟，从前有通往临镇、宜川的商道，后来在兵荒马乱的年代，成了"绿林豪杰"的出没之地，有名的曹老九、王二登都曾经纠集一伙人马，在这里干过"劫路买卖"。直到陕北红军到了这里，他们才逐渐销声匿迹了。因为多年的荒乱，老百姓早已逃光，道上野兽出没无常，几十年来很少有人再走这条路了。这样美好的土地，这样富饶的山林，竟因此沉睡了许多年。

近几年来，虽然已有人来过这里，砍伐林木，烧木炭，锯木板，但都是时来时去，所以这里还是很不容易看到人的踪迹。

陈宗尧团长领着部队，刀劈斧砍，开辟了一条进入南泥湾的道路，把队伍带进了金盆湾。

金盆湾这地方，有三五户人家，他们春耕时来，秋收后就又走了。留下几孔古老的窑洞，零散地、静静地排在这里，据说这还是清朝同治年间修建的。窑门已经塌了，里面熏得乌黑，有经验的人说：熏黑的窑洞结实。于是，这儿便成了我们第七一八团的生产指挥所。也和战时一样，全团指战员立刻围绕着这个指挥所安营扎寨，用树枝架起草棚，尽量舒适地安排自己的生活。

第一个劳动日

3月12日，我们正式进入了消灭梢林荒山的激烈战斗。这天，东方的启明星还在眨眼，陈团长就带着参谋长、营长和其他的干部，从指挥所出发了。他们就像战时观察地形和部署战斗一样，从这个山沟到那个山冈，细心地观察着一片片的梢林荒地，分配着任务。与此同时，战士们也像战时一样，紧张地进行各种准备。所不同的是，他们已不是擦洗武器和检查弹药，而是给镢头安上新的木把。可是镢头太少了，每个连队只有三十来把。没有分到镢头的，就整理斧头、绳索，准备去砍伐修盖住所的木材。

新的战斗开始了。陈宗尧团长背着镢头，走在队伍的最前列，就像每次冲锋陷阵时一样。山沟里，山顶上，霎时荡起一片欢腾的歌声。

处女地上燃烧着狼牙刺的烟火，一团团烟云冲上天空。欢乐的笑声刚刚平复，又荡起歌声：一把镢头一支枪，生产自给保卫党中央……

炊事员、勤务员们干完了自己的工作，也都悄悄地爬上了山梁，抢镢头替换挖地的同志，于是，歌声中又掺杂了阵阵欢笑和友谊的争吵。

在夜色笼罩大地的时候，指战员们才背着枪和镢头回到新的营房。新的营房就是各连队用砍伐的树枝才搭起的新木棚，有宿舍、厨房，有俱乐部兼食堂。新房整整齐齐的，新鲜而又凉爽。经过一天的劳动，人们都有些疲乏了，尽管月牙儿已挂在深蓝的天空，可是，谁又愿意立即入睡呢？干部们都在交换情况，总结经验；战士们在新居的周围，三三两两地谈论着生产自给、保卫边区这具有历史意义的新生活。

忽然，随着一股风声，从远处传来一阵阵"呜——呜——"的吼声，忽高忽低，忽远忽近，原来是一群野狼从山梁上跑过，逃进森林深处。

野兽，这昔日荒山的主人，不得不给我们这些高擎火炬、放声歌唱的不速之客让位了。

陈宗尧开荒小组

陈宗尧团长是战斗中的英雄，又是生产中的模范。他亲自领导的团部生产小组，是由参谋长、警卫员、司号员等八人组成的。这个小组在开荒战斗中，一直走在最前面。

部队中很多老战士都熟悉陈团长。他从小给地主放牛，17岁参加土地革命。20岁担任湖南茶陵县的军事部长。从1932年起，先后在红军里担任独立营政委、模范团政委、师参谋长。抗战开始后，曾率领著名的"平山团"在晋察冀的滹沱河畔、井陉煤矿附近打击日寇。和王震旅长会合后，又转战同蒲路侧的雁门关内外，打过不少胜仗。1940年，部队被调到陕北，又协同兄弟部队，击退了国民党反动派发动的反共高潮。长期的战斗生活锻炼，使他养成刻苦耐劳的作风。开始到南泥湾生产时，部队没粮吃，他领着战士们用来回4天

八路军第三五九旅第七一八团团长陈宗尧(中)和政委左齐(右)、副团长贺胜贵(左)在南泥湾

的时间去延长背米。他第一个渡过流着冰凌的延河。脚被冰块碰破了,战士们要帮他背,他怎么也不肯,要他少背些,他还是要背百儿八十斤,一歪一瘸地走了回来。

和他在一起劳动的战士,像一群和睦的弟兄,边唱边说,兴致勃勃,各人谈论着自己家乡的风俗和耕作方法,边谈边研究生产技术,学习生产知识。陈团长举起亮晶晶的镢头,弯着腰,挥着汗,领着大家不停地挖。挖倒的梢林,大的当木材、做柴火;碎小的树枝和草根,烧在地里,做了肥料;把整块整块的梢林土地,一镢一镢地翻得平平整整,土块打得碎碎的,然后播上了谷子。

尹参谋长和身体健壮的苏虎明比赛,他们都已经挖了一亩五分了。陈参谋量了参谋长挖的那块地以后,又去量小司号员王鸣章的。他一边量一边问:"小劳动英雄,你挖了几行啦?"王鸣章抿着嘴,微笑着，抬头看看团长，团长正举着镢头，猛往前赶。他没有作声，又埋下头挖起来，恐怕团长走在他前面去了。谁也不肯落后一步。

天色已晚，大家收工回营，坐在破窑前面，边吃饭，边聊天。陈团长笑着说："我今天挖得太少，还不够一亩呢。"通信员李吉子说："你今天跑了几个山头，还帮各连去挖，这难道都不算吗？"

梢林月夜，阵阵凉风吹起，尹参谋长说："天凉了，我们回窑吧！"陈团长兴致勃勃地说："找几个人打几把扑克吧！看哪个输了，明天罚他多挖三分地！"小伙子们笑着，在那眼裂了半边的破窑洞前，围着团长玩了起来。

玩完扑克已是深夜了，可是精力充沛的陈团长仍然不肯休息，又请来团党委委员们，研究明天的工作，决定对各连的工作进行一次普遍的检查。

第二天，陈团长背着镢头，从南山走到北山，查看各连的开荒情况。一个老战士远远地看到团长的身影，兴奋地说："同志们！团长看我们来啦！"一个刚从伪军中解放过来的新战士望望那个背镢头的人，有点不相信。因为在反动军队里，他见到的团长，一出门后面至少跟三个护兵。瞧那人背着镢头，怎么会是团长呢？直到他确实知道是团长，才感慨地说："我今天才真正知道，八路军的官兵完全一样。在反动军队里，一个班长、排长，都摆起臭架子，随便打人，谁还敢见团长啊！"

陈团长经常这样地走遍各连工地，一面检查研究，一面了解下面有什么问题，和大家说说笑笑。战士们开荒的劲头更大了。他们又听说，陈团长的开荒小组只有8个人，17天里就开荒130多亩，都受到很大的鼓舞。十连战士就自动发起"十镢头运动"，在收工前后，战士们喊着："这是给团长代耕的十镢头，使劲挖啊！"三营的战士们向团长保证："每人每天，都要超过一亩。"

热气腾腾　干劲冲天

战士们干起活来，真像打冲锋一样，你追我赶，互不相让。山上山下，到处听见刀劈斧砍的响声，但见镢头挥舞，泥土纷飞，什么狼牙刺、老蒿子、蝎

群山沸腾

子草、羊胡子草……都在战士们面前纷纷倒下，一块一块新开的土地，在战士们脚下展现出来。有的被狼牙刺、梢子划破了脸，戳伤了手，他们包扎一下，又投入战斗。手磨破了不喊苦，腿痛腰酸也不停脚。炊事员送饭来了，生产小组长向前又指出一个目标："同志们，再加一把油，挖到那儿再吃饭。"战士们一声呐喊，镢头像雨点一样，噼里啪啦涌向前去，一块新地片刻之间又开了出来。有些同志饭碗一放就跑去挖地了，领导同志劝也劝不住。到收工的时候，战士们总要再发起几个"冲锋"，非要开到一个山洼或一个山峁才肯停止。

　　劳动竞赛的热潮，像春风野火一样，迅速遍及整个工地。班与班提出挑战，排与排、连与连展开竞赛。新的捷报不断传来：李位同志一天开荒三亩三，赵占魁同志开荒三亩二，五连平均每人开荒二亩五……山上那个班里，唱起了快板：

> 镢头低，要用力。
> 慢慢挖，莫着急。
> 挖得深，挖得细。
> 要求并不高，每天一亩一。

山下的战士马上应和：

> 分开地，见高低。
> 每个人，要尽力。
> 谁先完，谁胜利。

接着，另一个山头上又响起了歌声：

> 铁打的胳膊铜打的肩，
> 一镢下去尺二三，
> 草根儿嘎巴声响，
> 土块儿似浪向上翻。

歌声一起一落，又有人回答：

> 你一镢啊！我一镢啊！
> 比比谁的气力壮！
> 你一镢啊！我一镢啊！
> 开荒好比上战场！
> …………

快板和歌声，就这样此起彼落，震荡着整个山野，即使你闭上眼睛，也能感到战士们那种火一样的劳动热情。一个个不但干劲冲天，还个个献计献策，动脑筋，找窍门。有的用"火攻"战术，先烧野草，再来挖掘；有的用"打包围"战术，四面包围，向中进展；有的用"突破"战术，中央突破，四面开花，先行分割，各个"歼灭"……因此开荒纪录日日上升，英雄人物层出不穷。三营模范班长李位，不但自己干得好，而且领导全班经常保持平均每人每日开荒一亩五以上的纪录。他自己使的那把镢头，足有五斤重、六七寸宽，高高举起，狠狠落下，一镢一大片。在一次比赛中，他一天开荒三亩六分七，激励了全团同志的斗志。九连连长白银雪，奋起直追，在连续15小时的劳动中，挖了五亩四分六,获得了全旅第一名。战士杜林森决心要突破这个纪录。他身高力大,干劲足,技术高,善于使劲,又善于用气,他抡着大镢,一分钟里,能连续挖五十多下,在一天里开了六亩三分五,达到了更高的纪录。

巨大的鼓舞

5月里,天气渐渐炎热起来,树木下已出现黑乌乌的浓荫,海棠开出白花花的花朵。第一次播下的谷子,已长出茁壮的嫩苗。

一个晴朗的日子,王震旅长陪着朱总司令,骑着马来到了。他们从孙家砭开始,沿途视察新开的土地,一阵儿策马前进,一阵儿下马步行,边走边看地来到了金盆湾。

为了招待总司令,陈团长派通信班的同志到窑门前的小渠里去捉小鱼,另几个人到附近的山沟里

朱德视察南泥湾。左二起:左齐、邱创成、贺龙、朱德、王震、谭文邦

去采野芹菜。总司令在窑门口坐下后，一边听汇报，一边慈祥地笑着，并不时地点头，就像和老朋友们在一起谈天似的。

总司令总是笑着，谈着南泥湾的美好远景。他离开指挥所，又找了好几个干部和战士谈话，征求他们对建设南泥湾的意见。他又向我们讲解了"屯田政策"的伟大意义，说：党中央和毛主席发出的"自己动手""发展生产"的伟大号召，不是暂时的权宜之计，有其更深远的意义。边区地广人稀，只有150万人口，我们这么多机关部队，都要靠人民负担，怎么行呢？我们一定要把生产运动搞起来。我们全体指战员，要坚决响应党中央和毛主席的号召。敌人来了，就去打仗；敌人不来，就生产。毛主席说：敌人要封锁我们，我们对敌人的回答，就是自己动手，用我们的双手，做到生产自给，丰衣足食。人民的军队一定要做群众的模范。

我们正在思索体会党中央、毛主席的指示和总司令亲切的教导，通信员端来一盆辣子炒的香喷喷的小鱼。大家立刻围着一个小桌子陪总司令吃饭。总司令一边吃着，一边称赞烹调技术和南泥湾的生产。王旅长对我们团的几个干部说："今年你们要达到自给，明年要向边区政府交公粮，做到'耕二余一'，你们有没有这个信心？"陈团长当即表示：有党中央的正确领导，有这样好的土地，有我们这些如龙似虎的战士，相信可以做到的。这一餐饭大家吃得特别有味，心情也特别爽快。

夜里，皎洁的月光照在我们新开垦的土地上。总司令和王旅长同干部们谈话后，站在窑洞门口瞭望着新营房的万家灯火。5月的夜，在新开垦的稻田、水渠里，到处是一片呱呱呱的青蛙的叫声。这种高高低低、远远近近的蛙鸣，使人们仿佛回到了江南的农村中。南泥湾的景色很快变了。总司令欣赏了这工地夜景之后，就在这个塌了前沿的窑洞里，和战士们一起度过了这舒适的一夜。

丰盛的收获

从旅首长、团首长到战士、饲养员、炊事员、干部家属，积年累月的辛勤劳动，在南泥湾开垦了大量的荒地。到1944年，我们已经做到两人一头猪，一人两只羊，鸡鸭成群，牛羊满川，不仅做到全部自给，而且粮食可以积余一年，做到了"耕二余一"。我们不只用自己的双手粉碎了敌人的经济封锁，使战士们吃得好，穿得好，丰衣足食，人人红光满面，身强体壮，而且在生产斗争中，还大大加强了军事政治训练，加强了官兵之间、军民之间的团结，使我们的军队，锻炼成为一支不可战胜的钢铁部队。

此时的南泥湾正如一首歌里所唱的：

> 如今的南泥湾，
> 与往年不一般；
> 到处是庄稼，
> 遍地是牛羊。
> ……
> 再不是旧模样，
> 是陕北的好江南。

（本文选自《星火燎原》第16集，解放军出版社1997年版）

大生产在槐树庄

王绍先

> 王绍先,生于1916年,山西晋城人。1938年参加中国共产党领导的八路军,后进入八路军第一二九师,1941年加入中国共产党。文中身份为八路军留守兵团警备二团某连干部。新中国成立后,历任中国人民银行郑州分行发行科主任、中国人民银行中南区行交通邮电主任、第一轻工业部搪瓷研究所所长等职。

1941年1月皖南事变以后,国民党政府不顾国际舆论的谴责和全国抗日军民的坚决反对,悍然宣布停止发放八路军和新四军的抗日经费,同时调集了二三十万军队对陕甘宁边区实行军事包围和经济封锁。为了坚决粉碎敌人的阴谋,坚持抗日战争,毛主席、党中央向陕甘宁边区党政军民发出了"自己动手,丰衣足食"的伟大号召。一个波澜壮阔的大生产运动在陕甘宁边区开展了起来。

我们驻守在富县张村驿边防地区的警备第二团,奉命向槐树庄进军,执行生产任务。

部队到达槐树庄后,首先遇到的困难就是住宿问题。那里原有的房子全部倒塌了,唯一可以利用的就是几孔破窑洞,但距实际需要又差得很多。为此,我们动员一部分指战员用树枝搭起马架子露营。在马架子里露营,遇到许多困难。下雨了,战士们就用草皮覆盖在架壁上,使雨水不能流入架篷内。夜晚为了防止野兽闯入,战士们根据野兽害怕烟火的特点,在入睡前烧一堆火,然后用一层薄薄的草皮覆盖在火堆上,这样能较长一点时间保持火光和烟雾,野兽就不敢靠近架篷了。黄土高原的春天,入夜后寒风袭人,对于衣单被薄的指战员,着实是够煎熬的。为了战胜这个困难,战士们找来许多干草铺在地上,这样睡上去,暖和多了。

荒芜了的土地,长满了齐腰的野草。荆棘也密密麻麻,盘根错节,没有工具根本没法开荒。上级发给的劳动工具，每三四个劳动力才能摊上一把。在这种条件下，要完成每人七亩地垦荒任务，确实是困难重重。为了解决工具不足的问题，战士们人人出主意想办法，最后找来一个破钟自建铁匠炉，化铁水，铸镢头。没几天，就制造了几十把，克服了全连工具不足的困难。战士们看着自己铸造的一把把镢头，高兴极了。

部队开始开荒没有经验，所以上级只要求每人一天平均开垦二分地。但由于指战员的努力，第一天就突破了三分。随着经验的积累，最多时竟达到每人平均一天开荒一亩三分。战士丁英昌一天开垦荒地二亩六分，成了全营知名的劳动模范。当时，老贫农魏大爷用牛开荒，有一天最高开到二亩五分，但第二天牛就病倒了，三天后牛就死了。正是魏大爷死牛的第一天，丁英昌突破一天垦荒二亩六分的最高标准。因此，战士们给丁英昌起了个绰号叫"气死牛"。经过三十多天的艰苦劳动，全连共垦荒七百余亩。

当时，我们开荒的活很累，但口粮标准很低，每人每天基本在七两左右。吃不饱就动员大家上山挖野菜，实行野菜代粮。就是这样，也还得计量分食。一天，全连不少人出现了严重的食物中毒。有的眼睛肿得睁不开，五指肿得握不拢；有的周身浮肿，甚至动弹不得。用绿豆汤治好了以后，大家仍旧拼命干起来，没有一个人叫苦叫累。

5月的一天清早，我们接到团部一个通知，贺龙师长代表党中央、毛主席和留守兵团首长，率领慰问团慰问我们来了。消息传开，指战员们群情振奋，奔走相告。顿时，营区里呈现出一片繁忙景象，打扫卫生，加修道路，洗换衣服，就像迎接亲人一样做各项准备工作。

一股尘土由远而来，不一会儿，慰问团在贺师长的率领下骑着马来了。慰问团的同志来到我们连，贺师长首先说："我们慰问团是代表毛主席、党中央和留守兵团首长，向你们垦荒部队的指战员表示慰问的，最近听说你们食物中毒，这又增加了一项慰问内容。"接着，连长、指导员向贺师长和慰问团的同志们汇报了执行生产任务的详细情况。贺师长听了以后，高兴地说："槐树庄

朱德、贺龙等领导到部队察看伙食

是个好地方,中国革命就是在这样的地方发展起来的,这一点我们都有感受。现在前后方形势都很好,日本鬼子已经没有力量再向我们进攻了,国民党闹摩擦也失败了。边区今年生产规模这样大,只要认真搞,毛主席提出的'自己动手,丰衣足食'的号召一定能够实现。"贺龙同志的一席话,更激起了我们搞好生产的热情,大家的生产劲头更足了,农作物管理得井然有序。

正在生产紧张的季节,连队非生产减员却越来越多,最多时病号占全连总劳动力的五分之一。减员现象是由于长期繁重的体力劳动和严重营养不良引起的。这是战士们体质下降的直接原因。为了加强营养,提高指战员的体质,我们靠自己的双手就地取材,广开财源改善生活。

槐树庄的荒山、草坡、深沟里到处生长着野生菜果和经济作物,如金针、木耳、猴头、野果,仅草药一项就有数十种。另外还有茶叶、漆树和野蜂蜜。这些野生植物和经济作物,给我们改善生活和发展副业生产,开辟了一条良好的途径。经过动员工作,我们从轻病员中组织了一个十几人的采集组,带着简单的工具,每天上山采集。才几天时间,采到的野生植物和经济作物就堆放得到处都是。茶叶中的白花茶和狼牙刺茶，在槐树庄一带是产量最多、茶味最浓的经济作物。在司务长的建议和领导下，我们采用土法加工，用精细的木匣做包装，匣上贴上油印红纸的商标，商标中间写着"丰收花茶"四个字，成驮地运往富县、延安、绥德、庆阳等地。同时，还通过客商运往国民党统治区，换取了我们需要的各类物资。

槐树庄地区，不仅生长野生植物和经济作物，而且还有大量的野生动物，如野鸡、野兔、野羊、野猪等。我们组织了狩猎组，获得了不少动物肉和油脂，改善了同志们的生活。

辛勤的汗水换来了胜利的果实，改变了槐树庄秋天的面貌，红艳艳的高粱，黄澄澄的谷子，绿油油的蔬菜……这喜人的景色，显示了我们初步度过了艰苦的阶段。同时，它也告诉人们，在中国共产党领导下的八路军面前，任何困难都是可以战胜的。

（本文选自《星火燎原》未刊稿第7集，解放军出版社2007年版）

南泥湾大生产

黎 原

> 黎原，生于1917年，河南息县人。1938年参加革命，同年加入中国共产党。文中身份为八路军第一二〇师第三五九旅教导营副营长。1975年7月调任兰州军区副司令员。1978年12月任基建工程兵副主任、党委副书记。1955年被授予大校军衔，1964年晋升为少将军衔。

1941、1942两年正是抗日战争最艰苦的时期，我党领导下的抗日根据地遇到了严重的经济困难。由于日本侵略者向抗日根据地发动了大规模的"扫荡"，实行惨绝人寰的"三光"政策，妄图摧毁根据地军民的生存条件。同时，国民党也对根据地实行军事包围和经济封锁，再加上自然灾害的侵袭，边区军民遇到了空前的困难。为了战胜困难，党中央决定在陕甘宁边区和各抗日根据地开展大生产运动，自己动手，丰衣足食，渡过难关。1941年春天，中央军委命令第三五九旅进驻南泥湾地区实行屯垦，一方面开展大生产，一方面保卫延安的南大门。

南泥湾在延安的东南，距延安约45公里。这里河川纵横，林木茂密。虽然人烟稀少，满目荒凉，但土地肥沃，水源丰富，适于耕种。据说一二百年前，这里曾是农业发达的地方，后来因战乱频繁，民不聊生，百姓纷纷逃难，奔走他乡。从此，这里田园荒芜，房屋倒塌，日久天长，遍地长满了野草、荆棘，成了豺狼栖息、土匪出没的场所。王震旅长率领第三五九旅官兵到达南泥湾后，发扬"自力更生，艰苦奋斗"的革命精神，在短短三年的时间里，就把这荒无人烟的南泥湾变成了"到处是庄稼，遍地是牛羊"的陕北好江南。

我是1942年随教导营开赴南泥湾的。我们从绥德驻地出发，步行八天，到达旅部所在地金盆湾。到了驻地，首先要解决的就是居住问题。我们自己动手，在山坡上打了几排窑洞，顺利解决了全营官兵住宿问题。当时我已升任教导营副营长。安排好驻地后，我们就接受了生产任务，参加1943年全旅开荒30万亩的生产活动。我们的任务是每人开荒30亩，年底实现"耕一余一"。

第三五九旅在南泥湾饲养的牛群

那时没有开荒工具，我们就到山上的旧庙找来几口破钟，用土炉熔化，打成镐头，每人一把。教导营开荒的地点在金盆湾西面的小金沟，沟里长满了狼牙刺和蒿子，盘根错节，非常难挖。我们冒着刺骨的寒风，扛着镐头，开进小金沟。当时冰冻的土地还没有完全开化，地下树根也很多，有时一镐下去只留下一个白点，震得虎口发麻，但地一点也没刨动。碰上树根，半天也刨不下来，稍不注意就把镐头、镐把弄断。一天下来，荒地没有开出多少，双手却都打满了水泡。就这样，在十分艰苦的条件下，我们利用简单原始的工具，开始了轰轰烈烈的大生产运动。

在开荒中，为了提高大家的积极性，加快进度，全营四个队开展了劳动竞赛。营部叫我具体负责评比，我从各队抽调一名副队长组成评比小组，每队、每排都设了检查员，天天检查个人的开荒数量和质量。开始时，评比标准不好掌握，如果仅按开荒数量作为标准，很难反映出实际工作量。因荒地条件不同，在狼牙刺地，一天一人只能开三分地，顶多开三分。而在蒿子地，一人一天能开一至三亩地。而且开荒的质量也不同，有的人认真，挖得很深、很细，速度肯定就慢。有的人马虎，为了求速度，挖一锄头盖一锄头，速度虽快，但质量不行。经过反复研究，我们统一认识，决定采用两条标准：一是在保证质量的前提下计算具体数量，对不同的荒地制定不同的标准；二是以秋后打粮多少作为最后标准。两条标准相结合评出模范单位和个人，从而有效地保证了开荒的质量，又促进了开荒的进度，按时完成了上级下达的生产任务。

开始开荒时，在蒿子地一天一人只能开几分地，还累得腰酸腿疼。后来我们找来当地农民作指导，渐渐掌握了开荒的技巧，身体也逐渐适应了这种劳动，一般一天能开一亩多。我最多时一天开过一亩一分地。当时的劳动英雄一天能开三亩多地，比用一头牛开的地都多。开荒后，我们又及时种上粮食，秋天获得了大丰收。最后通过评比，三队被评为模范单位，他们121人开荒3 650亩，收获粮食近10万斤，基本达到"耕一余一"。全营都圆满完成生产任务。

在新开垦的田地里，我们除了种谷子、玉米等粗粮外，营部炊事班的两名四川籍老战士李林、张全同志，还在山沟里开出了九亩水田，种上水稻。最初，对他们种水稻，营里意见不一致。有的领导担心开水田费时费工，水稻产量又低，影响开荒任务。加上当地无霜期短，没有人种过水稻，能不能种好，没有把握，所以最初不同意他们种稻米。后来我考虑不能单纯追求粮食产量，还要提高粮食质量。应该叫他们试一试，如果成功了大家可以吃上大米。至于开荒任务，其他人多干一点也能补上，少两个人问题不大。最后，我说服了营里其他领导，支持他们种水稻。秋天，他们收获了三千多斤水稻，部队过年过节也能吃上大米饭，特别是南方籍的战士们又吃上久违的大米饭，大家都非常高兴。

参加开荒没多久，营里叫我负责后勤管理。我就组织炊事班每天给地里开荒的战士送两次饭，还在营房周围开垦了几亩菜地，种上各种蔬菜。炊事班又

南泥湾稻田

养了几头猪,节假日杀猪为大家改善生活。我们还负责喂养营里的几匹骡马。我从小生长在农村,是农民的儿子,在家务过农,对土地有一种天生的感情,因此能够自觉自愿地投身到生产劳动中去。我们每天送饭、种菜、锄草、打虫,还要喂猪、放马、打草、起粪、垫圈。每天的工作都非常紧张,但官兵一致,共同劳动,心情非常愉快,我个人从中也受到很大锻炼。当时,我种的西红柿一棵能结四十多个,长得非常好。这年中秋节,营里杀了自己养的猪,改善伙食,每人分配一斤半肉,一斤半黄米饭,还有豆腐、粉条、青菜,大家吃得可香了。那时的官兵大都是二十多岁的小伙子,正是长身体能吃的时候,平时生活困难,劳动强度又大,难得改善一次生活。由于我们后勤工作搞得好,保证了营里生产、训练任务的完成，多次受到上级表扬。

我们进入南泥湾后，发现当地居民多数人都吃河沟里的水，一是不卫生，二是缺碘，很多人都患有大骨节病。营领导就同军医反复研究，通过观察化验，发现当地的地下水位并不深，完全可以打井，地下水符合卫生标准，可以饮用。于是，我们就通知各队，立即打井，每队至少要打三口井，大家土法上马，一齐动手，各队都打了井，吃上了干净的水，保证了全体指战员的身体健康和良好的战斗力。

这期间为了解决穿衣问题，上级还要求部队每人至少要捻三斤毛线，每人都分了一大堆羊毛。这对拿惯了枪和锄头的战士们来说，确实是个不小的难题。当时怪话很多，一些战士认为男同志打仗、种田没话说，但纺线是女人干的活，我们干不了。后来看到报纸上讲朱德总司令、周恩来副主席都在纺线、织布，大家很受感动，才认真地捻起羊毛来。经过全体官兵的共同努力，硬是用我们这一双双粗大的手把一堆堆羊毛变成了毛线，提前完成了任务。到冬天每人发了一套呢子衣服，大家穿上用自己的劳动成果做成的衣裳，心里特别高兴。

不过部队官兵中也有个别人对开荒生产不理解，认为出来参加革命是为了打败日本帝国主义、国民党反动派，如果要天天开荒种地，何必跑到这么远来呢？营部有两个云南籍的战士，就不愿意继续留在南泥湾开荒，他们联络了几个老乡，准备私自离队，回云南老家打日本和国民党去。有人向我反映过他们的一些情况，此后我就特别留意他们的一举一动。一次，我听到他们私下说了一句"什么时候走"的话，我马上找他们分别谈话，推心置腹，给他们讲大生产运动的意义，指出他们准备私自离队的错误。我还告诉他们在民族危亡的紧急关头，不在前方坚持抗战，跑到后方去打国民党也是错误的，当前还要维护国共合作，共同抗日。经过耐心细致的工作，澄清了他们的模糊认识，使他们改正了错误。他们也很受感动，实话对我说："我们想回老家，肯定还会打日本，决不会叛变革命。我们不愿在这里干，一方面是家里有困难，另一方面也是这里生活太紧张、艰苦。"经过教育，我发现他们只是认识上的问题，也就没有向领导汇报此事，未对他们作组织处理。否则他们会受军法处分的。后来这两位同志在生产中表现很好，1944年随王震同志南下，都当了干部，作战表现得很勇敢。

第三五九旅在南泥湾进行农业生产的同时，为了保障供给，旅部下属的一些独立单位还办了不少手工加工业和商业。教导营就在延长县开办了一家酒坊和一家骡马大店。骡马大店可以为往来边区的商人提供住宿、吃饭、停车、喂牲口。我们还同这些商人做买卖，目的就是通过他们从国统区贩运当时边区最缺乏的物资：医药和布匹等。

南泥湾炮兵团军人合作社旧址

教导营的酒坊和骡马大店开办后，我们还雇请了一些当地老百姓协助经营，最初收入不错。教导营还专门成立了经济委员会进行监督。我们用这笔创收改善伙食，全营官兵每周可以吃上一餐肉，还买了一些牙粉、牙刷等生活用品和学习用具。当然，时间一长，搞商业出现过某些腐败现象。记得南下一支队走后，营里又调派两名文化干事白亚平、冯以超到酒坊和骡马大店，同一名姓张的司务长共同负责经营。他们天天手里过钱，开始逐步贪图享受。当1945年5月，上级要求我们成立南下二支队出发时，他们三人为了追求个人利益，以种种借口拒绝行动，最后都脱离了革命队伍。

　　教导营从 1942 年来到南泥湾开荒、生产，一直到 1945 年 5 月，随南下第二支队开赴抗日前线，在南泥湾生活了近三年。三年来，我和战友们一起，在非常艰难的条件下，克服了重重困难，开展生产自救，靠我们自己动手解决了吃饭穿衣问题，打破了国民党反动派的封锁，渡过了难关。更重要的是，"自力更生，艰苦奋斗"的南泥湾精神在我们心中深深地扎下了根。日后，无论是在解放战争的硝烟里、抗美援朝的炮火中，还是在和平时期的训练场和建设工地上，这都始终激励着我克服一切困难，永远向前。

（本文节录自《黎原回忆录》，解放军出版社 2009 年版）

毛主席视察南泥湾

董廷恒

> 董廷恒，文中身份为八路军第一二〇师第三五九旅旅部四科科长。

1943年7月，南泥湾遍地是一派丰收的景象。一块块绿油油的稻田，一片片玉米、大豆，在微风中摇动。山上的海棠、红枫、栗子树，衬托着山下的田园，使得美丽的南泥湾更加可爱。一天中午，我们正冒着炎热在玉米地里锄草，从旅部跑来了个通信员，老远就喘吁吁地喊着："快点，旅长叫你们回去几个人！"我插上锄，擦了擦头上的汗水，问他："什么事？"他说："我也不知道，快走吧！"

这时我在第三五九旅旅部当四科长。听说旅长叫快点回去，心想：一定有紧要的事，不然旅长怎么会叫人跑二十多里路叫我们。我们几乎像长了翅膀，一气就"飞"到了旅部驻地——金盆湾。

王震旅长像是刚刮过脸。我们一进窑洞，他就说："你们回来了。快准备，明天毛主席要来！"

我一听，简直要跳起来，生怕自己的耳朵听错了，又问了一句："是毛主席要来吗？"

"是毛主席！"王震旅长笑了，"怎么？高兴吧！"

真的太高兴了，一时竟不知说什么好了。接受了旅长的吩咐，我们忘了吃饭，愉快地忙起来。有的同志去打扫窑洞，有的去收拾新盖的房子。炊事班的同志，更是个个乐得闭不上嘴，到菜园里去选青菜，到猪圈里去捉肥猪，也有的去抓小鸡。这个说："咱们要把生产的每一样东西，都拿出来一点，让毛主席看看。"那个说："那怎么行？凡是生产的都拿一点，一间窑洞也放不下啊！"

我们第三五九旅，原是八路军的一支主力部队。三年以前，奉党中央和毛主席的命令,从山西抗日前线返回到陕甘宁边区。当时,国民党反动派30万大军包围着边区,军事进攻,经济封锁,叫嚣着要"饿死八路军,困死八路军"。毛主席给我们任务:自力更生,发展生产。我们来到南泥湾后,一手拿枪,一手拿镢,开展了大生产运动。开荒种地,养羊喂牛,自办工厂,把一个荒凉的南泥湾,变成了富饶地方。毛主席亲自来看看这光景,该多高兴啊!

这晚上,我们不由得又谈起三年前的情形:那时候,南泥湾遍地是荒草,晚上睡到树枝搭的小窝棚里,直担心豹子和野狼钻进来。夜晚没有油点灯,开会也是摸黑。粮食不够吃,只好上山挖野菜。每顿饭里都掺和着野菜、黑豆、红薯和南瓜。冬天的棉衣,大都是羊毛捻成的线织的,一个小孔连一个小孔,比麻袋还粗,里头的"棉絮"是牛毛和羊绒,

1943年冬,毛泽东在南泥湾视察八路军炮兵团

刚做起来还像个样，穿过几天就往下掉，裤腿软软囊囊，活像条没装满的布袋。夏天，每人只有一条裤子，许多同志没裤子换，洗裤子的时候，蹲在河里，等晒干了才爬上岸来重新穿上它。没有袜子，弄块破布包上脚，用绳子一捆。没有牙刷牙膏，洗脸时在手巾上放点盐擦擦牙。说真的，当时有不少同志曾怀疑：南泥湾这块穷地方，我们能搞出个名堂来吗？想想过去，再看看今天，嘿！哪里能比，吃的，穿的，用的，一切都有了。牛羊成群，肥猪满圈。除此以外，还开办了纺织厂、铁工厂、木工厂、农具厂、酱菜厂，真是百行百业，无所不有。我们"大光纺织厂"出的布匹，毛巾厂织的毛巾，肥皂厂制的肥皂，除了自己的部队使用外，还拿到市场销售。如今的南泥湾，真像那支动听的歌：到处是庄稼，遍地是牛羊，变成了"陕北的好江南"。毛主席啊，毛主席，这就是您指示我们走出的一条康庄大道啊！

第二天一早，窑洞外刚刚发亮，我们就起来了。心里跳着，脸上笑着，一个劲向通往延安的路上看。从延安到我们这儿，大约60华里。我们计算着：毛主席吃过早饭出发，要是骑马，三个多钟点就到了；要是乘汽车，只要一个钟点就到了。

等啊，等啊，一直等到快开午饭的时候，还是不见主席来。有的同志说："主席工作太忙，可能又给什么大事耽误了，不会来了！"有的说："你别瞎参谋，主席说今天来就一定来！"其实就是说这话的同志，也暗暗担心：可不要真有事耽误了。

就在这个时候，一辆汽车驶来，毛主席微笑着出现在我们面前了。我们不禁欢呼起来。主席挨个和欢迎的人握手，并向王震旅长说："庄稼长得蛮好啊！"

随同主席来的警卫员同志告诉我们，主席一路来，一路察看了田里的庄稼。还和在田里生产的同志谈了话。因此，整整走了一个上午。

已经是开午饭的时候了，旅首长请主席到新盖的房子里休息，嘱咐我去厨房准备饭。主席笑着说："刚刚来就开饭，可见你们粮食很多喽！"说着也没

晒干菜

进房休息,就同旅长、副政委、副旅长等首长去看新盖的房子,看新开的窑洞。

我顾不得跟主席去走,赶忙往厨房跑去。大师傅已经喜气洋洋地忙开了。不论是炒的、煎的、炖的,一切都是我们自己生产的。

开饭的时候,把饭菜送到主席休息的房里。我走到主席身边,问还要些什么菜,主席爱吃什么,我们全有。主席笑笑说:"这么多的菜,我尝都尝不过来了。"

我向主席说:"这些菜,都是我们自己生产的。"其实,这话是多余。旅首长正向主席讲着生产情况哩!

主席问:"每人每天多少油?多少菜?"

"平均五钱油。"王震旅长说,"菜随便吃。"

主席问:"星期天要改善生活吗?"

"午饭，多半是吃大米、白面。"王恩茂副政委回答，"有时杀口猪，有时宰只羊，几个单位分着吃。"

主席问："有没有发生柳拐病①？"

"没有，一个也没有。"

主席风趣地说："国民党要困死我们，饿死我们，他们越困，你们越胖了。看，困得同志们连柳拐病都消灭了。"说得大家都笑了起来。

旅首长一面陪主席吃饭，一面讲着部队的生产情况。告诉主席：刚来的那年，平均每人种三亩地，今年每人平均种三十亩。去年的口号是"不要公家一粒粮、一寸布、一文钱"，今年的口号是"耕二余一"。每人生产的指标是六石一斗细粮，六斤皮棉……

主席听着，不时点头微笑。主席说：困难，并不是不可征服的怪物，大家动手征服它，它就低头了。大家自力更生，吃的、穿的、用的都有了。目前我们没有外援，假定将来有了外援，也还是要以自力更生为主。我们不能像国民党，他们连棉布都靠外国人。

如果说主席在吃饭，倒不如说在谈工作。

主席吃过饭，又和王震旅长、王恩茂副政委、苏进副旅长、李信主任谈了一阵话，然后就走出窑洞到金盆湾附近视察。主席一边走一边说：他在来的路上，就下车看了玉米、豆子、瓜菜，庄稼长得很好，只是有的豆子秧上有虫子，要注意灭虫保苗。

主席来到了通信连，见一座座新开的窑洞刷得雪白，问石灰从哪里来的。王震旅长说是从山里取石头自己烧的。主席又问窑洞里的桌子是不是战士们自己做的。王震旅长说，全是自己做的。主席拿起桌上一个学习本，看了上面写的字，摸摸"纸"的厚度，高兴地说："这是桦树皮吧？看，倒真像纸哩！"

---

① 即大骨节病。症状是关节粗大、疼痛，肌肉萎缩，手指不能弯曲等。多见于我国西北和东北地区。当时在陕北一带发病很多，成为一种地方病。

王震旅长说:"同志们都叫它不花钱的油光纸。"

主席微笑着说:"你们这里什么都不花钱。同志们靠着自己的双手,创造了一切。"

王震旅长对主席说:"桦树皮用处可不小,不光能写字,同志们还用它做饭盒,做斗笠。"说着从墙上取过一顶桦树皮斗笠给主席看。主席接过去,看了又看,称赞做得好。

主席走到厨房,李金山老头正在切菜,两只湿漉漉的手紧紧握住主席的手,激动得嘴上的胡子直抖,不知说什么好了。

主席问:"做的什么菜?"

"炒北瓜片!"李金山连忙回答,"还熬个萝卜汤。"

主席又问:"你一个人做多少人的饭菜?"

猪满圈

"不算多，四十几个人。"

主席勉励他说："辛苦喽！"

李金山回答主席说："同志们每天下地，手都磨了泡，比我辛苦得多。"主席又鼓励他说：大师傅的工作很重要，同志们吃得好，营养好，才有劲生产。

主席从厨房出来，又到养猪的地方去看。老杜头正在圈里收拾什么，看见旅长陪着一个首长走来，笑了笑。又继续干他的活。他没见过毛主席，也想不到毛主席会有空到他工作的地方来。主席站在栏外，看着那懒洋洋的一大群肥猪和一窝乱拱乱跳的小猪，向老杜头说："老同志，你养的这些猪好肥啊！"

老杜头专心地挖猪圈，没听见主席夸他。这时王震旅长说："老杜同志，毛主席说你养的猪肥呢！"

老杜头这才知道毛主席站在旁边，他连手里的铁锹也忘了放，赶忙向主席敬礼，同时回答主席说："过去没养过猪，养得不肥。"

主席和他握过手，问他多大岁数，家乡是什么地方，从什么时候开始做这养猪工作的。

老杜头回答主席说，他干这工作才两年，经验不多，摸索着干的。主席说："老同志，你的工作很光荣。把猪养得肥肥的，好给同志们改善生活，你说对吧？"

"对，对！"老杜头快活地回答。

主席最后向老杜头挥挥手，向营地西边田里走去。不远处山坡上，是成群的牛羊，山川里茁壮的谷子、玉米、豆子，在微风中摇摆着；流动的小河边生长着一片片绿油油的稻苗，还有一块块绿色的菜田。万物在生长，万物都像是在歌唱。

主席走了许多地方，仍是毫无倦意，在旅首长的陪同下，沿着田边的小路，边谈边走，视察着战斗的南泥湾，美丽的南泥湾。……

（本文选自《星火燎原》第16集，解放军出版社1997年版）

纺线英雄

蒋秦峰

> 蒋秦峰，陕西汉阴人。文中身份为中央警备团战士。新中国成立后曾任北京卫戍司令部参谋长。1955年被授予中校军衔。

1943年，延安的大生产运动是朝着全部自给、半自给的目标前进的。纺线、纺毛、织布、织呢、做衣服，以达到丰衣；开荒种地，增产粮食和蔬菜，以达到足食。我们枣园的机关和部队，在周副主席、任弼时同志的亲自领导和参加下，纺线生产也掀起了轰轰烈烈的群众运动，组织起一支浩浩荡荡的劳动大军，一面工作，一面学习，一面纺线生产。男女老少每人一辆手摇车。食堂、会议室、大礼堂，都变成了纺线车间。几十辆、几百辆纺车排列成行，几十、几百双手一齐摇动纺车，发出一片嗡嗡吱吱、咿咿呀呀有节奏的响声，真像是演奏着大生产的交响乐曲，多么和谐、优美动听啊！

我们敬爱的周副主席刚从重庆回来不久，就和任弼时同志参加到枣园群众纺线的行列中。他伤残的右手，摇着第三五九旅王震旅长从南泥湾送来的纺车，一面劳动，一面积极不倦地向纺线技术好的同志学习，不断钻研技术：从卷棉条的松紧、润棉条的湿度、装锭的高低和松紧，直到摇车抽线的协调、接头等技术，他都一步步系统地进行实践和钻研。在短短几天里，他不仅自己熟练地掌握了纺线的整套技巧，还和任弼时同志一起领导大家通过实践总结经验，使全体纺线同志的技术迅速地、普遍地提高了，头、二等线的数量，从每人每天平均纺五六两，提高到每人每天平均纺12两，三等线大大减少。

周副主席和任弼时同志纺出的线又快又多，又细又匀，不一会儿，锭子上就结成了一个沉甸甸的大白果。周副主席笑盈盈地从锭子上摘下纺好的线，拿在手上看了又看，掂了又掂。这时，很多同志都围拢来看，称赞周副主席纺的线够头等标准。周副主席谦逊地说：

"请你们严肃认真地评一评。我看，我纺的线只够二等标准啰。"

任弼时同志接过雪白的线穗，仔细地看后，说：

"你太谦虚谨慎了啊！你纺的线够上头等了，不信请大家再来评评。"

旁边的同志拿着线穗传看着，都说完全够头等线的标准，并且表示要向周副主席学习。

周副主席又笑着说："我这个纺线新手，技术还不熟练，也不巩固，很可能出次品。自己随时随地警惕一点好嘛！"

弼时同志郑重地说："你这种精神是我们学习的榜样。从今天起，我们都来个互相竞赛，互相评比和监督。你看好不好？"

周副主席立即回答说："你的提议很好，我完全同意。你们大家的意见怎样？"

同志们都表示同意，并且高兴得鼓起掌来。于是，在周副主席和任弼时同志的直接领导下，纺线生产形成新的高潮。开饭的哨音响了，有的同志还要多抽几手线才罢休，星期天也不休息，上厕所都是小跑；还有的同志在豆大的灯光下纺线到深夜，技术熟练的同志，在月光下也能纺出头等线。在几天的时间里，90%以上的同志，每天都能纺出12两以上的头等线，一天半就能完成1斗小米的任务。（当时延安规定交1斤——16两头等线，折合小米1斗；交1斤二等线，折合小米7升。）

在这个基础上，周副主席和任弼时同志召集一些纺线能手，共同研究技术改革，提高劳动效率。他们运用物理学的原理，在车轮和锭子之间安装一个加速轮，经过精心钻研和反复试验，加快了锭子的旋转速度，纺线的数量提高了一倍。当试验成功时，全场欢呼跳跃，掌声雷鸣。任弼时同志高兴地大声说：

"同志们，现在我们就开个现场会吧。请周副主席讲话。大家欢迎！"

在暴风雨般的掌声中，周副主席微笑着说道：

"同志们，我们中央机关和警备团的同志们，响应党中央和毛主席的号召，开展大生产运动,为了'自己动手,丰衣足食',今年的目标要达到全部自给或半自给。这是完全可能实现的。今天我们纺线的成绩也很大,提高和改进了技术,提高了质量,增加了产量。这是毛主席英明领导的胜利,同志们辛勤劳动的结果。我们在成绩面前决不能骄傲自满,还要继续努力,创造更优异的成绩。……"

周副主席最后要求大家认真地总结纺线经验,攀登技术高峰。并且表扬了一大批纺线积极分子和纺线能手。

纺车加速轮试验成功后,很快就传遍了延安各机关、部队、学校和村镇,人们从四面八方络绎不绝地前来参观学习。在很短的时间里,加速轮就在延安普遍地推广起来。当周副主席向毛主席汇报这

毛泽东、周恩来、任弼时在延安

些情况时，毛主席高兴地说：

"你和弼时同志亲自参加劳动，领导纺线，成绩很大嘛，群众都称你们是'纺线英雄'啊！我看，全边区两年内做到花、纱、布、铁、纸和其他很多日用品完全自给，是大有希望的，那我们一概自种、自造、自给，就完全不靠外面了。"

周副主席笑着说："群众是真正的英雄。我们只是做一点组织发动工作而已。只要群众发动组织起来，深入开展革命竞赛，劳动互助；奖励劳动英雄和模范工作者，总结交流经验，就能克服一切困难，生产运动就能不断地向前发展和扩大，自给自足的目标完全能实现。"

毛主席连连点头说："你说得很好，就是应该这样办。在生产运动中，还应实行按质分等的个人分红制度，使直接从事生产的人员都分得红利，借以奖励生产的发展。不管农业、工业、手工业，都可以试行嘛！"

周副主席说："我们在纺线方面马上可以试行，然后全面推广。各方面试行之后，还可以根据农业、工业、手工业不同情况，总结出一个方案来。"

毛主席最后说："我们就是要机关、学校、部队以及个人都能建立自己的家务，都有长期打算，还要准备和灾荒作斗争，避免滥用浪费。我们既要发展生产，自给自足，又要十分节省人力、物力、财力。领导机关就是要带头。"

周副主席汇报后，随即召开中央各部委机关负责人开会，传达了毛主席的指示，并号召大家坚决贯彻执行，要求制订方案和计划。周副主席回到纺线队伍中，又向同志们传达了指示。大家兴高采烈，一致表示拥护。

3月初的一天上午，天气晴朗，风和日暖。在枣园园林里的广场上，整齐地排列着二百多辆手摇纺车，挤满了机关、部队的男女同志和枣园乡的农民妇女，个个精神抖擞，人人喜气洋洋。这是中共中央书记处组织的机关、部队和农妇联合纺线比赛大会，是周副主席遵照毛主席的指示，为了交流推广纺线经验，奖励劳动模范而发起的。举行这样大规模的纺线比赛，在延安还是第一次。

上午8时许，周副主席和任弼时同志在纺线竞赛委员会负责人陪同下，来到比赛场上，受到大家的热烈鼓掌欢迎。周副主席笑盈盈地说：

"我们也是来参加比赛的。咱们互相学习、总结交流经验吧。"

接着，评比委员会主任宣布了比赛的内容、时间，评比的标准和方法等规定，并且要全体纺手做好准备。霎时间，二百多名纺手都坐在各自的纺车后，周副主席、任弼时同志也和大家一起，坐在自己的纺车后面，检查棉条和车子。

9时整，一声哨响，二百多辆纺车齐转动，嗡嗡隆隆的响声像滚滚春雷震荡在园林上空。每个纺手都紧张地、聚精会神地纺着线，不一会儿，脸上渗出了汗水；我们在周围观战的人，不断地为他们鼓掌加油。

中午12时，比赛结束。全场欢腾，掌声震耳。周副主席亲切地对弼时同志说：

"你今天太累了，恐怕吃不消啰！"

"我倒不要紧，就是出了一身大汗，胳膊和腰有点酸痛。"弼时同志又关心地对周副主席说，"你的右臂成残，今天劳动这么紧张，我倒很担心你呀！"

"我这只手已经劳动成习惯了，疼痛一会儿就过去了。"周副主席精神饱满地说，"劳动是最愉快的事。"

当天下午，竞赛评比委员会先评出每个人纺线的数量，然后再按标准反复进行比较和衡量，评出每个人纺线的质量，把纺线比赛成绩优异的分别评为"英雄""突击手"和"能手"三等。周副主席和任弼时同志被评为纺线英雄。周副主席和任弼时同志一再表示他们纺的线数量和质量都不够纺线英雄的标准，建议不要他们参加评比。但全体同志坚持按规定办事，仍把他们评为纺线英雄，并把他们纺的头等细线送交边区政府，在边区农工业生产成绩展览会上展出。

第二天上午，在原地召开了群众大会，延安各机关、部队、学校、农民妇女的代表都赶来参加。会上介绍了纺线英雄、突击手的纺线成绩和先进技术经验，还当场进行了技术表演。周副主席亲自给纺线英雄、突击手、能手授奖。头等奖是新式纺车一辆，二、三等奖分别奖给毛巾、肥皂、钢笔、日记本等。周副主席在讲话中号召开展群众性的大生产运动，特别指出，伟大领袖毛主席提出的"发展经济，保障供给"的路线，是正确路线，只有发展生产，才能保障供给，这是一个真理，也是我们财政经济工作的总方针。全党、全军各解放区人民都必须认真贯彻执行。周副主席最后说：

"我希望同志们在大生产运动中都能起模范作用，千万不能骄傲自满，要带领群众继续前进！"

（本文节选自《周副主席战斗在陕北》，原载《红旗飘飘》第17集，中国青年出版社1995年版。标题为编者所加）

在延安大门口

刘占江

> 刘占江，文中身份为陕甘宁晋绥联防军警备第一旅直属队战士。

延安，它是革命的圣地，红色的摇篮。我们的党中央、毛主席在这里指挥着全国的抗日斗争。全世界人民注视着它，全国人民的心向着它。正因为这样，它成了国民党反动派的眼中钉。

国民党消极抗日，积极反共，从1939年起，调动大军围困陕甘宁边区。拉民夫，修堡垒，西起宁夏，南沿泾水，东迄黄河，绵亘数省搞了五道封锁线。我们关中分区，是陕甘宁边区的南大门，从地理上看，又像是插向敌人心脏的一把钢刀。1940年春，国民党军侵占了陕甘宁边区的淳化、栒邑（今旬邑）、正宁、宁县、镇原等县后，我们的防区更成为边区南大门的一座桥头堡垒了。

胡宗南的军队三天两头找我们闹摩擦。军事袭击，经济封锁，特务捣乱，各种伎俩都使用上了。为了粉碎胡宗南的进攻，我们一手拿枪，一手拿镢头，百倍警惕地捍卫在边区的南大门上。

军分区领导机关驻在马栏镇，分区首长在指挥反摩擦斗争的同时，又指挥着全区的大生产。真是名副其实的战斗队、生产队。记得，刚进山的第二天晚上，文年生司令员和晏福生副政委正和我们直属队干部谈开山伐木的事，突然三团的一个侦察员跑来，报告说：胡宗南的一个连向赤水县的十里垣进攻了！

文司令员沉静地拿过地图，笑着说："好啊！它想趁我们大闹生产的机会，偷偷摸摸咬上一口哩。"说罢对照地图看了一遍，详细地了解过敌情，又和晏副政委交换了意见后，向罗参谋说："告诉十里垣的部队，敌人进攻到哪里，就在哪里坚决消灭它！"

罗参谋应声而出，传达作战命令去了。文司令员和晏副政委继续跟我们谈开荒生产的事。晏副政委说："要向每一个同志讲明白，国民党军队的军事袭击并不可怕。生产搞不起来，没饭吃，饿肚皮，这个敌人更难对付。"接着又嘱咐我们，要搞好生产，必须先安排好同志们的生活，要解决山上吃水的困难。文司令员说："你们多跑几个山沟去找水，常言说，有山就有水，我想一定可以找到水！"

向荒山进军

这时，我们面临着一个严重的困难，找不到水源，部队没有水吃。自从上山以来，每天都要派出二三十个同志到十里以外去背冰块化水，长此以往，当然不是办法。我和管理科郭科长也正在找门路，便向首长说："我们一定想办法找到水。"

第二天天不亮，郭科长和我又走出了窑洞。两个人手里掂着枪，拿着锄头，沿着密密的丛林，像找宝似的到处转。我们的脚步声，不时惊动得野鸡噼噼啪啪乱飞。突然一只灰狼窜过去，及至我们想开枪，它已经不见了。郭科长打趣地说："咱们已经把狼豹征服了，好几个晚上听不到狼嗥了。"

说到征服狼豹，我又回想起刚上山的情景：那天我和郭科长打前站找住处，刚找到一所破窑洞想进去，突然一个吼声冲出窑洞，接着从里面跳出两只金钱豹。因为我们没有精神准备，倒退了几步，把它们放跑了。紧接着,另一个破窑洞里又窜出两只狼来。郭科长说:"哎呀呀,咱们找房子找到狼窝里来了。"从那天起,我们就把狼、豹住的窑洞占领了。铺上草、支起锅,在狼、豹窝里安下家。谁知狼和豹子并不甘心,每天夜晚来找麻烦,闹得我们觉也睡不成。直到打了几次埋伏,消灭了三只狼,夜晚才安静些了。有几天夜里,只是偶尔听到几声狼嗥。

一天为了找水源,我俩把附近的山沟都寻遍了,正在失望之中,突然在一个深沟里发现一个坑,坑里堆满了烂树叶。郭科长说:"扒扒看!"我们两个人就扒起来。越扒越潮乎,扒掉大约四五尺深的烂树叶,手触到了冰块。郭科长说:"有冰必有水!老刘,快拣干柴来烧!"我赶快找来了一抱干树枝,一点火,冰化了,又往下挖了丈把深,泉水渗出来了。郭科长高兴地说:"龙眼,这个龙眼到底给我们找到了!"我拿出茶缸,连泥带水挖了满满一缸子,略略澄清了一下,两个人痛饮起来。

晚上回到窑洞里,文年生司令员听说找到了水源,高兴地说:"这就好了,咱们有了窑洞住,又找到了水源,安家生产不成问题了。"文司令员又告诉我们说,三团刚才送来信,进攻十里垣的敌人被打退了,要我们放心地领导开荒。在春节以前扫清地面障碍,春节后正式开地、播种。

这座山,满是又粗又高的青冈树、桦树、钻天杨。树与树中间生长着酸枣棵、野藤子,只要动动手,就变成了财富。我们组织起砍伐组、锯板组,一边砍树,一边锯板。同志们还把青冈树籽拣起来,带回去当养猪的饲料,把桦树皮剥下来做篓子、篮子、箱子。白天古木参天的大森林里一片歌声,晚上到处烧起一堆堆篝火,点上一盏盏松明子灯,开会、学习、说笑。会编快板的同志还自编自唱着:

  我们每人两只手,
  一手拿枪、一手拿镢头;
  生产战斗两不误,
  保卫着延安的大门口。
  ……

经过一个月的辛勤劳动，荒山老林变了样。无数的大树变成了木板和房料，一寸板、二寸板、五寸板，一沓沓地排在地上；一块块新开发的土地连成了片。1943年春节一过，我们便全面地展开了整地。这时胡宗南和马匪军又企图捣乱，他们像黄鼠狼似的，蹲在一旁，瞅个空子就窜进来想叼一口。但是，每一次进来，都被我们打得落荒而逃。为了战斗生产两不误，分区首长在指挥所旁开了一块地，敌人发动进攻，首长们就放下镢头指挥打仗；把敌人打跑了，又拿起镢头劳动。晏副政委在红军时期失去了右臂，一只手不能拿镢头，他就拾杂草烧灰积肥。文年生司令员特地打了一把八斤重的镢头，每天天不亮就起床下地。有一回劳动正紧张的时候，关中地委书记兼军分区政委张德生同志也来了。他一到，就和文司令员一起拿起镢头，参加劳动。

　　挖地的时候，也有宝可取。每天都可以拣到许多药材：党参啊，黄柏啊，柴胡啦！……凡是同志们认识的药材，都把它收拢在一块。越聚越多，我们便专门收拾了一所窑洞做"药房"。洞里用木板架了许多格格，每个格上写着药名，一格又一格，数目很可观了。地还没完全翻完，"药房"可先满了。

　　"五一"节前，我们就把南北四十里、东西十余里的一片荒山开出来了。一场春雨过后，我们刚刚下好种子，部队又进行备战动员了。

　　这时，国民党反动派将河防部队西调，大量增兵陕甘宁边区周围，总兵力已达到四五十万，蓄谋发动第三次反共高潮，企图闪击边区，进攻延安。胡宗南和马步芳的小股部队，已在偷偷摸摸作试探性的进攻。在我军前线部队驻守的羊坡头方向，响起了隐隐的炮声，以至机枪、手榴弹声都传到了马栏镇。我们在马栏镇礼堂里举行了干部动员大会，分区首长决定三分之二的部队上前线，三分之一留下继续生产。对前线部队的要求是：坚决阻止敌人的进攻，保卫神圣的边区，守卫住边区的南大门；对留下生产的部队的要求是：不误农时，不误收割，一定要把生产搞好。

　　部队出发了。一支荷枪奔赴战场，一支扛起锄头走向新开垦的马栏山上。我们随同分区指挥部开到前方时，敌人的进攻已被打退了。部队在前线，

玉米棒堆满场

和阴谋大举进攻的敌人面对面，枪对枪，对峙起来。大的战斗倒没有，小打却是天天不停。我们遵照毛主席"人不犯我，我不犯人；人若犯我，我必犯人"的原则，日夜守卫在边区的南大门上。

国民党反动派策划的第三次反共高潮，在我党中央不断的揭露、声讨和全国人民反对之下，最后终于又被打退了。

当我们从前线返回马栏镇，再登马栏山时，被开垦的土地上，谷子已经长穗了。整个马栏山一片金光闪闪！

我们又投入了紧张的生产劳动。

难忘的1943年，我们取得了全面胜利，军事上打了胜仗，制止了国民党的第三次反共高潮；生产上赢得了大丰收。秋收后，我们粗略地算了一笔账：

自己动手发展生产的结果,可以三年不领粮,两年不领菜金,一年的公杂费、办公费可以全部自给自足。

在洋溢着丰收喜悦的打谷场上,战士们又愉快地唱起来:

我们每人两只手,
一手拿枪、一手拿镢头;
生产战斗两不误,
保卫着延安的大门口。
……

(本文选自《星火燎原》第16集,解放军出版社1997年版)

我参加延安大生产运动的一些回忆

迟金江

> 迟金江，文中其在八路军新四旅，具体身份不详。

我们新四旅于1943年春从山东奉命进驻陕甘宁边区。当时陕甘宁边区正处在国民党顽固派的重重包围和封锁的困难时期。我们的一切供应异常困难。

当时规定每人一年发一套粗布单衣、一套衬衣、一双布鞋。这一套一双根本就不够干部战士们穿用，只好裤子烂了把裤腿裁掉，当裤头穿，上衣穿烂了，把袖子扯下来补到脊背上。夏天上山开荒种地，只穿一个裤头，光着膀子干活。布鞋帮子穿烂了补帮子，底子穿烂了补底子，一双布鞋可以补到一公斤重，还舍不得丢掉。

伙食也很差，规定每人每月发一元五角钱的津贴（边区货币），但实际上两年没发过一次。吃的是小米饭，有时候还吃不饱，只得以煮黑豆来补充。一到春天，野菜发芽季节，每人都要在劳动之余，拔回半斤野菜，交给伙房以补口粮不足。生活虽然艰苦，但当时从干部到群众没人叫苦，一切以革命利益为重。

面临着这样艰难困苦的情况，党中央、毛主席高瞻远瞩，为了减轻人民的负担和粉碎国民党顽固派的包围和封锁，号召全边区军民积极行动起来，"自己动手，丰衣足食"，发动了轰轰烈烈的大生产运动。大生产运动开始后，我们新四旅奉命开到延安以南甘泉境内的富村川开荒种地。十六团驻在富村，七七一团驻在吴家坪，我们九连驻在四沟村，地处咸（阳）榆（林）公路沿线，是陕甘宁边区的南大门，战略位置十分重要。新四旅驻地右侧的南泥湾和左侧的金盆湾是王震司令员率领的第三五九旅的驻地。我们两个旅像两扇大门似的紧紧地锁住了咸榆公路。四沟村当时还是个不到十户农民的小村庄，四面是大梢山，离十多里路才有小村庄。在这样人烟稀少的大深山内安营扎寨，吃的、住的都十分困难。部队开到这里,第一需要解决的问题就是食宿问题。解决住房的方法是自己动手挖窑洞。挖窑洞,就得先在一个深山沟里,找一个朝阳的土山坡,齐齐地錾下去一个垂直的平面,然后在平面上挖出一个宽三米、深五米的半圆形山洞,里面留有土炕和土桌,前面整个洞口用木料做一个大门窗,然后再把錾下的土填平面前的山沟,将沟变为场院,这样窑洞就算建成了。这种窑洞,冬天不透风,夏天太阳晒不透,人称"冬暖夏凉"。当时我们吃的小米,全靠地方供应,要到五十里以外的甘泉县城往回背,来回走的都是长满荆棘的崎岖山路,常有野兽出没伤人,我们背粮时都得全连一起行动,背一次只能吃二十多天,吃完了再去背。

食宿问题得到初步解决后,我们开始了大生产运动。每人得有三种工具,一把斧头,一把镰刀,一把镢头,都得自己来解决。我们就四处寻找和收购废铁,盘起铁匠炉子,自己动手打造这些工具。为了尽快投入生产,全体指战员不怕天寒地冻,昼夜不停地干,再苦再累也没怨言。

开荒,首先要把山坡上的狼牙刺和树木全砍倒、烧掉,再挖掉树根,才能用镢头开荒。在开荒当中,为了鼓舞大家的干劲,组织班与班、排与排开展劳动竞赛,全体指战员干起活来一个赛一个,平均每人每天能开三亩荒地。七七一团三营九连有个外号"气死牛"的开荒英雄叫张荣海,一天开荒七亩,被评为全国的开荒模范。一到夜晚,满山遍野的火把,照得山坡红光明亮,雄壮的歌声响彻云霄,十分热闹。干累了,就躺在已经挖虚的土地上休息,软绵绵的黑土,像铺上褥子一样舒服,大家风趣地说:我们是在打狼牙(刺)坐皇帝(荒地)。

在开荒过程中,团营领导干部对战士们的劳动、生活非常关心,他们除同样完成自己的开荒任务外,有时候还给战士们送水送饭。对战士们的伙食更关心。由于领导上经常召集炊事人员研究调剂伙食,尽量发挥每个炊事员的一技之长,充分调动了炊事员们的积极性,伙食还搞得挺好。有的连队仅用小米就能做出几样饭食。

荒地开出来之后，撒上谷种和玉米籽，不久就会长出绿茵茵的禾苗。到了秋天，黄澄澄的谷穗半尺长，包谷棒子就像大牛角一样，真是喜人。一年的劳动结出了硕果，转眼到了收获季节，收割后，我们用绳子一捆一捆地把收割下的谷子、玉米捆好，背到场上，然后便开始打场。打场的工具是很原始的，就是到山上割些树条子，编成一个个大约二十公分宽，七八十公分长的一个平板，再绑上一个棍子，叫"连枷"，人拿着甩起来，在收割好的庄稼上拍打，脱粒。第一年我们平均每人收获谷物一千五百多斤，不但自给有余，还向政府交了公粮。

在种粮食作物的同时，我们还种蔬菜，养猪、羊，搞多种经营。我们种的青萝卜，一个一斤多，葫芦有五六斤。用当地群众的话说是："满地萝卜打站站，满地葫芦滚蛋蛋。"一年内的蔬菜和肉食完全达到了自给，改善了生活。冬天，我们还上山亲自动手烧木炭，解决了取暖问题。

经过两年的艰苦生产劳动，不但增加了收入，改善了生活，减轻了人民的负担，粉碎了国民党反动派的封锁，而且锻炼了我们坚强的革命意志。我在一生的革命旅途中，永远牢记着延安大生产运动，永远牢记着"自力更生，艰苦奋斗"的延安精神。

（本文选自《延安文史资料》，第5辑，1989年8月）

在与张思德最后相处的日子里

口述：宫韬书　　整理：齐荣晋

> 宫韬书，生于 1919 年，山西神池人。1937 年加入中国共产党。文中身份为枣园机关安塞石峡峪农场队长。新中国成立后曾任中共成都市委书记、成都市副市长。

1944 年 9 月 5 日，是张思德同志牺牲的日子。同年 9 月 8 日，毛主席发表了《为人民服务》。65 个春秋①过去了，作为当年与张思德朝夕相处的战友，在枣园西山广场聆听毛主席演讲的一名老兵，每临此时，我总会情不自禁地回想起 1944 年与张思德最后一起生产劳动、生活、学习的日日夜夜。

枣园组建生产队

1944 年的春天来得早，1 月 25 日就过春节。此前一个多月，毛主席在边区劳动英雄大会上发表了《组织起来》的讲话，号召边区党政军民组织起来，在生产运动上"必须造成广大的运动"。

一场"自己动手，丰衣足食""自力更生，发展生产""人人参加生产，解决吃饭、穿衣，共同克服困难"的更大规模的生产运动在边区开展起来，就连毛主席本人一年也有二石八斗的粮食生产任务。

2 月 5 日立春，枣园机关生产委员会主任陈刚（时任社会部二室主任，后曾任社会部和情报部副部长等职）宣布，枣园机关决定组织人员上山创办农场，要我做好上山开荒的准备。毛主席带头从他身边抽调 12 名同志，共 20 人参加开荒。由来自社会部的我任队长，来自内卫班的张思德任副队长，队员有李文魁、白仓等。这支队伍政治素质高，共产党员、老红军战士占一半以上，且都

---

① 本文写于 2009 年。

来自枣园，大家只是为了一个共同的生产目标走到一起来了。我和张思德初次见面，他给我的印象是，中等偏上的个头，长方形脸，一对浓眉，厚嘴唇，憨厚不太爱说话，但性格随和。

2月8日在枣园过了元宵节，我和张思德就率领全体队员，赶着牛驮着粮种，背着生产工具向安塞县出发了。

在安塞县石峡峪荒山里建农场，没有任何现成条件可利用：走的路，需要我们开；吃水的井，需要我们挖；住的窑洞，需要我们一镐一锹地掏。生活和劳动，一切都是从零开始，真可谓"筚路蓝缕，以启山林"。

我们召开了战前动员会，张思德带头发言："当兵的，打仗都不怕死，挖这些丛木，还有什么可怕的呢？只要有不怕苦的精神，没有什么能吓倒我们的！"我们先攻克柠条子湾。为了保证进度，每人每天必须挖两垄。一天挖完两垄，整个人累得都要散架。但是，张思德却是每天要挖完三垄才休息。在张思德的劳动干劲鼓舞下，我们经过三天苦战终于提前拿下了柠条子湾。初战告捷，同志们乘胜而上，再攻狼牙刺坡和冬青草梁子。狼牙刺这种灌木，生长得很稠密，而且长满了像针一样的刺，稍有不慎就会刺破人手，特别的疼，有的战士双手都被刺得血淋淋的；冬青草的根系密实更胜于前二者，刨起来最费劲，若干锄头下去才能啃掉一窝。在攻克后两个坡地时，我们规定是每人每天半亩的定额任务，而张思德总是要求把最难挖的地段分给他，他专拣狼牙刺、冬青草长得最稠密的地段干活，而且是每天要超额一倍地完成任务。张思德的模范行为为全队树立了榜样，带动了全体队员你追我赶的劳动竞赛。

经过一番披荆斩棘、开垦烧荒、翻土耙地、摇耧播种，千亩荒山第一次长出了绿油油的禾苗。站在山头纵目望去，我们真为自己的劳动成果感到自豪：20个战友在短短两个月的时间改变了山川面貌，荒山披上了新装！

在这场特殊的战斗中，面对各种各样的困难，张思德总是说："共产党员要带头干！"他是这样说的，更是这样做的。在他的模范行动的影响下，全队战士团结奋战，克服重重困难，终于取得了枣园机关几年来生产劳动的空前收获，秋收小米 10 万斤，超额 10% 完成了生产任务。

主动请缨烧木炭

1944 年 8 月底，我们在石峡峪农场的生产活动基本结束。有战士提出，利用漫山遍野的青冈树原料烧木炭，供机关冬季烤火用，可以节约大笔烤火费。这是个好主意！张思德首先就赞成。经请示上级批准，给我们下达了烧木炭 10 万斤的任务。于是，我们全体队员又开始投身于一场新的战斗了。

1940 年 7 月，张思德在中央军委警卫营任通信班长时，就到延安南面约 60 里的土黄沟执行过烧木炭任务。当时已经立秋，要在两个月内、大雪封山前实现烧 10 万斤木炭的计划，真是时间紧、任务重。我们首先带领全队集中精力勘察树木的分布和山坡的土质情况，因为不是什么树木都可用来烧木炭的，也不是什么地方都可以打窑的。选择树木，只有青冈木最适合，又粗又高的青冈树，树质硬得像石头，砍一斧头都要迸出火星，战士们要砍倒一棵树，胳膊震得生疼，手都磨出了血泡。

在砍伐、运输青冈树的同时，烧 10 万斤木炭至少要掏 7 个烧炭窑。张思德主动挑起这个艰苦重担。炭窑的选址、垒法很讲究科学。为了让大家明白炭窑的结构，张思德不仅在地上画图，而且还垒模型。他讲：一窑炭木，一般要烧九至十天。炭烧得成不成、质量好不好，全在于掌握好火候及灭火的时间。这要一看冒烟情况，二听窑内动静，三闻木炭煳味，才可以断定该不该启窑了。

9 月 5 日（阴历七月十八），就在张思德他们掏最后一个炭窑时，灾难发生了。那是临近晌午的时候，下了一上午的雨停了，我们忽然听到远方传来"救命啊，窑塌了！"的呼声。我和战友们从四面八方一起向呼喊的地方跑去。跑过去一看，是窑塌了。刘树林正在那儿用双手刨土救人；白仓的多半个身子被黄土压着，只露着头和胳膊。我们把白仓救出来后，不知道张思德被埋在什么位置，也不敢用镢头，怕伤了他，只好用双手刨土。战友们全来了，争分夺秒地抢救着，经过大约半个小时的刨土，许多战友的手都刨破了，终于扒见了张思德。

张思德在山中烧木炭

张思德像是盘腿坐着的姿势，一把镢头柄死死地顶着他的胸口，从窑顶塌下来的厚厚硬土把他埋得严严实实。大家把他扒出来时，只见他双眼紧闭，脸色乌紫，嘴角渗出了血，大概是骤然解除了外部的压力，他的口里鼻里一下子喷出血来。张思德已经停止呼吸，完全没有生命体征了。顿时，大家扑上前去一齐大哭起来。

七十里路回延安

当时，张思德一组挖炭窑的共有三个同志，即张思德、白仓、刘树林。炭窑挖好后，刘树林出了窑口。张思德发现炭窑挖在堆积层上了，意识到情况危险，就推白仓快撤，就在白仓刚爬出窑口的瞬间，滑坡造成窑顶坍塌，白仓被砸成重伤，而张思德被埋在了窑内。在生与死的关键时刻，张思德把生的希望留给了战友，把死亡留给了自己。

我和战友们流着泪，擦净张思德身上的泥土，揩干了他身上的血迹，将他平放在窑洞前面的青石板上，为他搭了席棚，为他肃立默哀，站岗守护着他，并派人跑步下山回延安枣园向上级报告。上级的指示是：将张思德的遗体运回延安，买棺材安葬，枣园机关要为张思德举行追悼会。

从石峡峪回延安的路很难走，车辆无法行走，我们在第二天就组织人用担架将张思德抬回延安。我和战友们轮换着抬担架，70多里的泥泞山路我们走了整整一天，没有停歇一下。

这70多里路，大家走得无比沉重无比悲伤。半年前，我们全队走在这条路上，身上背着沉重的劳动工具，然而却是那样地意气风发、斗志昂扬，张思德走在队伍的前列，大家一路唱着歌。如今，只有战友们的啜泣声，再也听不到张思德的歌声和笑声了……

我心里最清楚，张思德从上了山，在半年多的时间里，就再也没有走过这条回家的路。他在石峡峪山上近七个月的日日夜夜，没有休息过一天，没有下过一次山，直到光荣牺牲。

在这段时间里，我与张思德朝夕相处，同住一间窑、同吃一锅饭、同点一灯油，劳动生活学习在一起，我们互相关心、互相爱护、互相帮助，亲如兄弟。他是那样地热爱党、热爱毛主席，我知道他是响应毛主席的号召带头报名要求上山开荒的人，直到上山前一夜，他还为主席站了一班岗。他出身贫寒，自幼丧母，饱受生活磨难，投身革命12年，身体多次负伤，经受了常人难以承受的痛苦，在石峡峪农场的艰苦劳动中，他从来都是争着抢着干最苦最累的活儿，而且总是一人顶两人干，出的力流的汗最多，可从来没有叫过苦，喊过累，总是精神抖擞、乐观向上，关心同志比关心自己为重。他不愧是来自毛主席身边的好战士，是我们全队爱戴的好领导，是我尊爱的好兄长。我真希望他这是累倒了，一觉醒来还会和我们战斗在一起。

回到延安枣园，中央社会部已为张思德买好了一副棺材，我们将张思德的遗体擦洗干净，给他穿上了一身新军装，然后入殓，将他安葬在延安城东北面的桃花峁。

西山广场追悼会

1944年9月8日，张思德牺牲后的第四天，枣园机关、中央警备团为他举行了隆重的追悼会。

追悼会场选在西山广场。所谓西山广场，就是枣园后院外的西山脚下的一块干河滩。一大早，社会部和中央警备团便在河滩上临时搭好了一个20多平方米大小、一尺左右高的土台子。土台子两边竖了两根松木柱子，台子上面搭起了篷布，台前正上方悬挂着"追悼张思德同志"的黑布横幅，中间悬挂着毛主席亲笔书写的"向为人民利益而牺牲的张思德同志致敬"的挽联，主席台的四周摆放着各单位送的大大小小的花圈。所有花圈都是战士们用从山上采来的野花扎成的。

这一天是阴历七月二十一，是二十四节气中的白露。一向秋高气爽的延安，那天天气阴沉。下午两点，社会部和警备团等单位、枣园附近的群众有一千多人列队集合在西山广场，中央机关的许多领导同志都来了。

这时，毛主席在中央机要科科长叶子龙和警卫队队长古远兴的陪同下，从枣园后院走出来，神情沉重地一步一步走下坡，来到会场前，我们队列的最前排。毛主席穿着一身褪了色的青粗布衣服，领口、袖口和膝盖上的补丁清晰可见。

追悼会在陕北当地的唢呐吹奏哀乐声中开始了。首先由中央警备团团长吴烈宣布向张思德同志默哀三分钟。接着，警备团政治处主任张廷祯致悼词，详细介绍了张思德同志的生平事迹。

毛主席缓缓走上了土台子。人群中停止了啜泣声，大家肃穆得像屏住了呼吸，仰望着。毛主席没有拿稿子，即席演讲。他高声讲道："我们的共产党和共产党所领导的八路军、新四军，是革命的队伍。我们这个队伍完全是为着解放人民的，是彻底地为人民的利益工作的。张思德同志就是我们这个队伍中的一个同志……"

毛主席演讲时，边讲边打着手势，当讲到"为人民利益而死就比泰山还重"时，他就把两手用力一压，表示稳重有力；当讲到"替法西斯卖力，替剥削人

张思德生前所在的内卫队战士在背柴路上

民和压迫人民的人去死,就比鸿毛还轻"时,他就把手掌握成一个喇叭状,放在嘴边一嘘,表示不屑一顾。

当毛主席讲到"要奋斗就会有牺牲,死人的事是经常发生的","不过,我们应当尽量地减少那些不必要的牺牲,我们的干部要关心每一个战士,一切革命团体的人都要互相关心,互相爱护,互相帮助"时,我和许多同志都泪流满面。因为我们当时就听说,毛主席知道张思德牺牲的消息后曾批评一些人:"前方打仗要死人,后方搞生产也要死人啊?"

毛主席《为人民服务》的演讲进行了半个多小时。主席讲话后,警备团的领导代表全体人员宣誓:我们一定要遵照毛主席的指示,向张思德同志学习,全心全意为人民服务，继承张思德同志的遗志，彻底地为人民的利益而奋斗。

追悼会开了两个多小时，下午四时许散会。

毛主席出席张思德同志的追悼会并发表演讲，无论是在当时的枣园机关，还是延安的部队、学校、干部、群众中，都引起了强烈反响。这是继1942年春中央委员张浩（林育英）逝世后，毛主席参加的第一个追悼会，也是第一次亲临现场为逝者进行追悼演讲。当时一位炊事员听了毛主席的演讲，回单位一口气挑了几十担水，有人问他为啥有这么大劲儿，他说："张思德也是个战士，他烧炭是为人民服务，死了，连毛主席都给他送葬，还讲话悼念他。我挑水也是为人民服务，也是有功的，为啥不好好干呢？"一个原来不大安心工作的干部，参加了追悼会回来，就订了一个争取当劳模的计划。

毛主席《为人民服务》的光辉讲话在当时就一下子传遍了延安，传遍了边区，传遍了各个解放区。作为张思德的战友，毛主席的讲话给了我们农场每个战士以无穷的力量，我们倍感自豪。参加完西山广场的追悼会，我们石峡峪农场的全体同志继承张思德的遗志，再次进山，终于在大雪封山前完成了10万斤木炭的烧制任务。

65个年头过去了，虽然现在我已年逾九旬离职休息，但毛主席"为人民服务"的教导永远是我严格要求自己为共产主义事业奋斗终生的思想武器。我告诉我的儿孙，要世世代代学习张思德，为人民服务的宗旨一天也不能丢。

（本文选自《党史文汇》，2009年第9期）

三件宝

马国昌

> 马国昌,生于1925年,河北安平人。1938年参加八路军。文中身份为中国人民抗日军政大学第七分校学员。1944年开始发表作品。1983年加入中国作家协会。曾任武汉市作协理事、副主席,市文联副主席,湖北省作协副主席。

一

经过四个月的行军,我们从冀中来到了延安。

晚上,一班长杨永福同志总催着我们去睡,说明天听报告,要起早。可是,他和班里的几个女同学却不睡。他在房东的前窑里给我们蒸白面馍当干粮。女同学们给我们缝补洗过的军衣,说要让我们穿戴得干干净净,明天好去见党中央的首长。

我们钻进被窝里,一个个乐得睡不着,就聊起天来啦。前线,后方,过去,将来,无所不谈。有一个叫王希农的同学,是从北平来的大学生,从小在城市长大,幻想很多。他说:"我估计,党中央听到咱们这么多青年来到延安,一定会给咱们开办一所最漂亮的学校。等咱们从抗大毕业,我要回北平,去做学生工作,领导学生运动……"这时班长端着热腾腾的馒头走进来,笑着说:"王希农同志,别净想得那么好,要有吃苦的准备。这儿不同北平。"

第二天是5月4日,我们在大砭沟八路军大礼堂参加了"五四"青年节纪念会。朱总司令、贺龙司令员等首长都来了。朱总司令讲话中说:"你们冲破敌人层层封锁来到延安,党中央和八路军总部欢迎你们。本来应当给你们安排个好的学习环境,可是,咱们现在的条件还不行!国民党正发动第三次反共高潮,军事进攻,经济封锁,要想困死我们。中央要你们去陇东开办抗大七分校,发给你们每人三件宝贝:第一是馒头;第二是枪杆子;第三是笔杆子。你们要拿起镢头开荒种地，建设校舍；拿起枪杆子保卫边区；拿起笔杆子学习马列主义理论和文化知识。……"贺司令员衔着个大烟斗，很风趣地给我们讲了第三五九旅开辟南泥湾、生产练兵的故事，还嘱咐我们要记住两句话："温室里长大的花木，是经不住风吹霜打的；不经过熔炉，炼不出纯钢。"

在散会归来的路上，同学们你一言我一语，纷纷谈论着要去的地方，各种各样的猜想都有。杨班长说："雪山草地咱们红军都走过去了，放心吧，咱们再苦也不会像爬雪山过草地那样！"

二

我们带上了三件宝，经过长途行军，来到了我们的学校——陇东高原的大深山里。迎接我们的是第三八五旅的部队，他们正在这里开荒办农场。

我们的校部驻在东华池城里，一大队驻在大风川，三大队驻在平定川，我们二大队驻在豹子川，相互距离七八十里。这里有高山和原始森林，还有肥得冒油的黄土山地。据说清政府曾在这里制造过回汉民族的纠纷，引起当地人民相互残杀，以致家破人亡，林子被火烧了，田地荒芜了，房屋倒塌了。东华池城如今只留下一座破塔，半壁城墙，石头铺的路上长满了蝎子草，倒塌的破窑里经常出没野猪和狼。这些年来，边区政府虽然用了很大力量将从河南逃来的难民迁到此地定居，但一时还很难恢复元气。

豹子川，地广人稀，几十里没有一户人家。一次，我们偶然碰见一位老人，他听说我们要在这里安家办学校，说道："好娃咧！这是个苦熬地方，山高天寒，不会受苦就不好在这安家呀！"我们都说："会！我们会受苦的！"

万事开头难呀！我们来到豹子川，首先碰到的困难是缺粮、少菜、没房住。当时正逢雨季，连个藏身之处也没有。党支部号召："大家出主意，人人想办法，克服眼前困难！"没有房，砍树枝，搭草棚（也有的睡在岩石下，我们杨班长就是其中一个）；没菜吃，挖野菜，采蘑菇；没有粮，到一百里以外的葫芦河的兄弟部队里去借。背粮时没有口袋，把裤口一扎就是口袋。班长杨永福同志这时正闹痢疾,身上发高烧,仍然跟大家一块去背粮。路上别人要帮他背一下,他用手抓住粮袋不肯放,还笑着说:"你们别看我这病号,保险落不到后面,走,咱们比赛比赛!"我们的杨班长在部队里当过排长,虽然只有21岁,已经是一位经历过好几年斗争的老同志了。他边走边给我们讲战斗英雄、劳动模范的故事,使我们受了很大的鼓舞和教育。因此路途虽远,粮袋又重,我们也不觉得累。

路上,我们饿了,就烧山药蛋,或用石板炒小米吃,河沟水就是"高汤"。杨班长还编了个快板,敲着两块石片,高声地唱着:"炒小米烧山药蛋,肚子饱了加劲干,今天咱们吃点苦,明天荒地变良田;国民党的封锁梦,给他砸个稀巴烂!"

遇到下雨天,草棚子里就热闹了。外面不停地下,里面也不停地漏。夜里时常被淋得睡不成,坐起来把被子顶在头上,雨点打在被上,的的嘟嘟像敲鼓。

一天夜里,杨班长住的岩石洞忽然塌了。我们把他抢救出来以后,只见他脸色苍白,嘴发紫。同志们赶紧用脸盆熬了些米汤,喂他的时候,他说:"给王希农同志吃吧,他也病着哩,我不要紧……"他说着鼻孔流血,呼吸逐渐困难起来。我们连夜把他抬到了卫生所。谁知已经来不及了。待我们像亲兄弟似的杨班长,就这样和我们永别了。

我们都低着头,蹚着泥泞的路,走回草棚。进门一看,"病号"王希农不见了,找了好久都没有找到。后来,才在他书包里发现了一张纸条,上面写着:"我觉得这里的一切都没有出路,我实在受不了啦……再见……"原来这个经受不起艰苦考验的人开小差了。

指导员来了,他看过那张纸条,平静地说:"同志们,这就是出发前中央首长说的,真的纯钢,要熔炉炼。王希农不过是这一炉钢里的一点渣滓。我们要像杨永福同志那样坚强,那样忠诚于党。他永远活在人们的心里!"

这一夜,我们好久没睡着,听着外面的雨声,怀念着我们敬爱的杨班长。他是我们青年人的榜样,我们应该像他那样,勇往直前!

"七一"——党的生日，就在这一天，我们拿起了一件宝——镢头，开始了开荒生产。同学们都管这一天叫开学的第一课。

校长彭绍辉同志在战争中失去了左臂，他还专门打了一把短柄的小镢头，领头上山。副校长俞楚杰是一位头发苍白的老同志，也赤着脚抬木头盖教室。

这里山高天寒，冬天来得早，只适宜种糜子、荞麦、洋芋。不抢时间就没收成，节令要求我们每人每天开荒一亩，总共每人平均开20亩才行。

重重荒山被我们包围了。飞禽走兽看见来了如龙似虎的新主人，也都远走高飞了。我们在山头上燃起一堆一堆大火，把千年荒草连根烧尽！同学们像打冲锋一样，排成一列，抡起镢头，劈开荒山。班和班，这个山头和那个山头的同志们，互相鼓励，展开了大竞赛。一个班领了先，另一班追上来。一转眼，就又被另一个班落下了，胜利的捷报接连传下来，漫山遍野，从早到晚，歌声不断。

头一两天，开荒回来，腰酸腿疼，两手打了血泡，手伸不直，走起路来，一拐一拐的。回来勉强吃上点饭，烫烫脚，钻到草棚里，一倒下就睡着了。慢慢地我们锻炼出来了，一天挺着腰板干上十二三个钟头，腰不痛腿不酸，一个个身强力壮，满面红光。我们二大队七队保持每人每天开一亩地的纪录，被评为"红旗队"，登上了边区的报纸。

站起来拿镢头，坐下来提笔杆。有时，我们三三两两，一边挖地，一边复习政治、文化课程，或口头互相测验时事，一分钟都不白过。抽空我们还给《解放日报》写通讯，写诗歌，写自己的劳动心得和收获。星期日，我们业余剧团自编自演秧歌剧、话剧、京剧。没有服装，用被单代替。桦树林成了我们的供给处，把它的皮剥下来，厚的做菜盒、饭碗、皮带，薄的做笔记本，不薄不厚的做京剧服装上的盔甲等。这"百宝树"，可帮了我们的大忙。

我们的女同学，组织了纺织大队，专门纺棉线，捻羊毛，织袜子，打手套。山坡下手摇纺车嗡嗡地叫，山坡上劳动号子不停地响。那幅景象，才真像"男耕女织"呢！

过了几个月，在我们开垦出来的土地上，长起了绿油油的庄稼。接着我们就打窑洞，盖教室。没有工程师，党支部号召"八仙过海，各显神通"。同学们分头参加了不同性质的工作队。到处响着这样的歌：

人人长着两只手，劳动起来样样有，
我们要在豹子川，又盖房来又盖楼。

三

冬天又到了，陇东高原刮起了刺骨的寒风，鹅毛大雪下个不停。国民党反动派正加紧对边区封锁，扬言要在冬季困死我们。我们听了笑得肚子疼，让他们睁着眼睛说梦话吧！我们在这荒凉的深山中，在这边区前沿阵地上，用自己的双手，建设了一座新的城市，一座全新的学校。

没有人烟的东华池、豹子川、平定川、大风川、几十里路的大平川里，现在到处是农田菜地。山坡上修起了一排排的窑洞和瓦房。有两层楼的礼堂，有教室、会议室、研究室，还有商店、邮局、俱乐部、操场……真是样样齐全。

夜晚，我们舒服地睡在暖窑里的热炕上，点着自己做的麻油灯，烤自己烧出来的木炭火，安静地读书、上课，学习毛主席的《新民主主义论》，学习《社会发展史》《唯物论辩证法》以及各门文化课、军事课。每顿饭都能吃到几样菜，逢年过节还常常大会餐。我们穿着崭新的棉衣、皮衣。

在抗大，我们深深懂得了党中央交给我们的镢头、枪杆、笔杆可真是三件无价之宝！它使同志们锻炼成了能打仗、会劳动的无产阶级的知识分子，使同志们懂得了劳动创造世界和劳动人民最伟大，懂得了为什么革命和怎样革命的道理。

从我们这一期起，这一座新学校，一期又一期地培养出成千上万的革命干部。从这个学校毕业的每个人，都熟练地掌握着三件宝——镢头、枪杆和笔杆。

（本文选自《星火燎原》第 16 集，解放军出版社 1997 年版）

陕北好江南
——史家岔屯垦记
口述：颜德明　　整理：汪照林　黄伊

> 颜德明，生于1917年，湖南攸县人。1931年参加中国工农红军。文中身份为八路军第一二〇师第三五九旅第七一九团一营营长。1955年被授予少将军衔。1957年8月后，历任广州军区装甲兵政委，第四十七军军长，广州军区副参谋长、副司令员。

抗日战争时期，蒋介石和日寇暗下勾结一起，对我陕甘宁边区施行军事攻击和经济封锁，企图消灭我们。

当时，边区只有一百多万人口，又是个土瘠地贫的地方，因此，要负担几万干部、战士和学生的吃穿，实在是一件难事，正如毛主席说的："我们曾经弄到几乎没有衣穿，没有油吃，没有纸，没有菜，战士没有鞋袜，工作人员在冬天没有被盖。……我们的困难真是大极了！"

在那个困难的时刻里，毛主席向全党指出：

"自己动手，克服困难！"

当时，我们第三五九旅在边区驻守河防，为了响应毛主席的号召，遵照朱总司令的命令到南泥湾屯田。

我原在第三五九旅当侦察科长，到南泥湾不久，就调任第七一九团一营营长，在南泥湾南端的史家岔，和同志们一起垦荒生产。

十里荒川　一穷二白

史家岔属鄜县管辖，是一条南北不到十里长的山沟，宽处有百来米，窄的只有几十米，中有一条溪水缓缓流过。它东、西、北三面环山。北面的大山顶上，还有一片遮天蔽日的大森林。

最初，一营是由胡政同志和肖友明同志领导着到达这里的。当时的史家岔，荆棘遍野，满目荒凉。焦黄的芦苇秆，长得比人还高。荒地里，七八个一伙的野羊，"咩咩"乱叫着，在人前大摇大摆地跑来跑去；野兔子竖着耳朵，东蹦西跳；野鸡飞扑着翅膀，不时腾空而起；大灰狼吐着舌头，发出瘆人的嚎叫。记得部队刚到的那天，打前站的几个同志去勘察驻地，他们走到山脚下几眼破窑洞前，正拿着树枝指指点点，安排哪里做营部，哪里放粮草……话犹未了，只听"呼"的一声，从破窑洞里窜出两只一嘴长牙的野猪，"咻咻"地叫着钻进了树林。多么荒凉的史家岔啊！

史家岔这样荒凉，土质究竟怎样？有人用镢头拨拉开烂树叶，狠命往下锄去，嗬！黑油油的泥土，冒出一股清香味，实是良田沃土！

为什么史家岔变成眼前这幅景象呢？后来听说，这里原有百十户人家。但在清朝政府和国民党反动派的残酷统治下，地主敲骨吸髓地进行剥削，才弄得这一带土匪如毛，民不聊生。加上他们挑拨回汉人民互相残杀，当地居民只好陆续逃往他乡！

也有人说，老百姓一直不愿在这落户，另有三怕：一怕吃了史家岔的水，要长大脖子了；二怕史家岔的霜冻期长，庄稼没有好收成；三怕野兽伤人，生命没有保障。

部队刚到史家岔时，果然困难重重！

头一关就是喝水问题。山沟里虽有一条小溪，但溪中横着腐烂的百年古树；水面上，死兔子、豪猪屎、野鸡毛，缓缓漂流、浮沉。水底不时冒起一串黑色的水泡，冲出一股难闻的臭味。我们看到这幅情景，只好抽出一些战士，打了几眼井，才算解决了吃水问题。

再一个问题是没有粮食。

在头一年的秋收以前，我们完全靠人民政府供给粮食，由部队派人去背。当时，我们一营背粮的地方有两处：一是距此30里地的牛武镇，一是路

第七一九团自己挖的窑洞

程增加一倍的茶坊镇。我们每天要走120里，来回背一趟或两趟。背粮的家什不足，大家就把裤腿扎起来当米袋，把军毯卷成圆筒当麻袋。因此，三天两头，在通往牛武镇和茶坊镇的路上，出现一队队背粮的战士，轻快地跨着大步，哼着歌子。走在最前面的，常常是营里的教导员阎化一和副营长陈国林同志。

那时，吃菜也很困难。在春菜没有下来以前，我们只好到处采挖野菜。好的是在山沟和丛林里，有许多野芹菜、灰菜、苦菜、地皮菜，还有名贵的蘑菇和木耳。野菜采回来后，我们常常只用白水煮熟了吃，不敢多放盐，因为每人每天只有三钱的定量。猪肉，是很难吃到，我们就打些野猪、野羊、野鸡。

开始，我们没有住的地方。部队在树林里露营，寒风吹透单薄的军衣和破旧的军毯，真是冷彻骨髓。天一黑，满山狼嚎豹吼，树丛后闪着一对对绿光。

为了御寒、防兽，就找了一些枯枝和芦苇，烧起一堆堆篝火。不久，我们将破窑洞里的积土刨净，支上木柱，简单修理了一下，也将就着住了进去。但是人多窑洞少，只好去小溪边割了些芦苇，另搭了几间棚子。

吃住安排好了，可是开荒的工具还没影子。我们又派出几路人马，到老乡家里收买破铜烂铁，去古庙破寺收罗破钟、残炉，到我军河防地区收集日本鬼子轰击陕甘宁边区的炮弹片。接着，营部贴出了"招贤榜"，把会打铁的战士集中起来，盘起炉灶，摆开铁砧，"叮叮当当"地打起铁来。没有过多少天，每人分到了一把镢头、一把铁锄、一把镰刀，每连还有四张铁犁。

向荒地要军粮

陕北地处黄土高原，气候寒冷。史家岔更是冬早春晚，无霜期短，种收庄稼，要抢季节。

正式向荒地进军时，每天天还麻麻黑，各连各排就"嘟嘟嘟"地吹响了起床号。战士们三口两口地吃过早饭，就摸黑出发了。一个个右肩挂着枪，左肩扛镢头，有的腰里还别着镰刀、斧头。一路上，大家放声高唱着："开荒啊开荒，要向荒地要军粮……"到了荒地，三个一组，五个一堆，把枪架好，脱去外衣，伸出手掌，吐口唾沫，握着镢把，一字儿排开，展开了"攻势"。

山头上红旗呼呼飘，山脚下人声沸腾。歌声、口号声、镢头入土声、镰刀嚓嚓声、斧头梆梆声，一霎时形成了一部雄壮、欢腾、热烈的交响乐。野羊吓得乱跑，野兔惊得瞎钻，野鸡慌忙飞走，大狼夹着尾巴离窝，豪猪逃出了地洞，猫头鹰瞪眼惊叫，满山遍野乱成了一堆。一会儿，焚烧杂草的火光冲天而起；过一阵，围攻树苑的尘土到处飞扬。丈把高的狼牙刺被连根挖起；蝎子草被扫了个精光；老篙子被拦腰斩断；猫儿草被翻了个根儿朝天……

开荒，好比打仗，也要讲究战略战术。有的连队一声令下，成散兵线分别"围歼"指定的山头；有的实施"火攻"，烧光野草，再来挖土；有的"分割包围"，逐段"消灭"；有的中央突破，四面开花。一顿饭的工夫，大片油亮的沃土翻露地面，被人们远远甩在后边。

过了几个月，史家岔发生了千古未有的变化！看吧，远远近近，山上山下，只见梯田盘曲，坡地成片，大的十几丈见方，小的三五步一块。

又过了一些日子，到处冒出了嫩绿的星点，继而幼芽长出来了，展铺成一张张浅绿的地毯，接着，枝叶挺拔，吐出了一串串谷穗，在晨风中轻轻摇摆；不久，田野就成了金黄的一片，在太阳照射下闪闪发光……

建立革命家务

开荒工作告一段落之后，我们就在这荒山野岭里，建立起革命家务来。

营部把会锯刨的人编在一起，成立一个木工组。他们不愧是鲁班师傅的徒弟，不只会收拾农具，连木桶、木盆、木碗、木勺、桌椅、板凳，都给做出来了。

我们种上了大小麻籽，又办起了榨油房。大麻子油点灯，又明又亮。小麻子油炒菜，香味引人。炊事班在废墟中刨出一台旧石碾和旧石磨，请木工组打整一番，办了个豆腐坊。在家烧过炭的战士，砌了两眼窑，就地取材，烧起了木炭。会编织的战士，也有用武之地，他们拿着镰刀，走到小溪边，"嚓嚓嚓"地割倒一大片芦苇，唱着山歌抱回营房，于是，炕席、筐篮、盖子、篓子都编出来了。我们用不尽这些山货，剩下的都挑到集镇上去换钱，一部分上缴，一部分作为部队的杂支和学习费用。

有了吃用，还得讲讲卫生。我们向老乡学习，用草木灰滤出来的水和采来的野皂角洗衣服。后来，又用猪大肠上的碎油花，泡上石碱，制成了土肥皂。

有人将猪牛骨磨成牙刷把，先钻一些小孔，再扎上猪鬃，消消毒，就成了一把"史家岔牌"的牙刷了。心灵手巧的人，还在把上刻些红五星、镰刀、斧头之类，还挺美观！有人把枣木锯成一截截，磨平后钻两个小孔，做成了纽扣。桦树皮内层的薄膜，又轻又白，是最便宜的"纸张"；将桦树皮一剪一画，又成了一副别致的扑克；桦树皮和葛藤编成的斗笠，既能挡太阳，又能遮雨，真是一物两用。枣木疙瘩做成的烟斗，碰不坏也摔不断。

我们的营房，不再是那几眼破窑洞了。战士们在向阳的地方，打了一排排整齐、宽敞的新窑洞，窗上还糊着一层薄薄的桦树皮，窑洞里光线明亮。我们种了许多蔬菜，不只是萝卜、白菜，还有茄子、土豆、豆角、辣椒，逐渐达到自给自足。

营部组织的一个打猎队，漫山遍野猎取山羊、豪猪、狍子、豹子和黄鼠狼。于是，吃肉不再发愁，也断绝了野兽伤人的事，庄稼也很少给豪猪咬坏了。

我们的革命家业，越来越大了。1942年，旅首长提出"一人一羊，二人一猪，十人一牛"的号召。只三五个月的工夫，我们就在山脚下砌起了一排排的猪圈和牛棚，盖起了许多鸡屋……从此以后，史家岔满山遍野是成群的牛羊。鸡儿的"咯咯"声，代替了猫头鹰的哀鸣；羊儿的"咩咩"声，代替了狼嚎豹吼。后来，旅部又开办了纺织厂，我们都穿上了厚实的粗布军衣；战士们自己动手编织的羊毛袜子、手套，过冬都不怕了。

富日子当穷日子过

史家岔的垦荒工作，在党的领导下，获得了不少成绩。庄稼连年丰收，物资供应增加，生活渐渐富裕起来。但是王震旅长向全旅发出号召："生产要多，消费要省。"总之，富日子要当穷日子过。

1942年以后，我们已经达到粮菜自给，但还是将瓜菜、山药蛋等掺和着粮食做"八宝饭"吃。王震旅长曾说："同志们，多做一点八宝饭罢。既省粮食，营养又好。我们要有克服困难的全面观点，不能种多少吃多少啊！"因此，尽管体力劳动繁重，我们每天仍吃两干一稀。

从1941年到1944年，我们基本没有领过被子。战士们的棉絮，早就滚成一团团的疙瘩，可是，当团里拨来一批夹被时，哪个连都不要。营部要用新被跟战士们换旧棉絮，大家口口声声说："哪天不打败日本鬼子，哪天就不换被子！"

夏天，战士们都光着膀子干活，任凭那毒花花的太阳晒脱了背上几层皮，

向尧岭要粮

也舍不得披上土布褂子。秋凉时,也只穿补了又补的破衣旧裤。上级发的新军服,压在枕头底下,只在检阅或过节时,才偶尔穿一下。拿到新布鞋,总是小心地放在包袱里,而用马兰草和破布条打草鞋穿。因此,到了1944年,部队由延安南下轻装时,很多战士还存有一两套崭新的军服,和几双鞋袜,以及没有落过水的毛巾,统一由上级移交给兄弟部队或边区政府。

战士们用钱也很节省,绝不多花一文,因此,当筹办军人合作社时,我们一营全体指战员立刻投下一笔不小的生产基金。

一手拿枪 一手拿锄

我们搞大生产运动,是在敌人军事封锁下进行的。为了防止顽固军侵犯,我营在1942年春播之后,就按上级的命令,接替警卫四团的防务,派一部分兵力去交道和牛武二镇驻防,担任警戒任务。

牛武与交道二镇位于富县通宜川（国民党占领区）的公路上，也是通往延安的南大门。

我们接到命令后，即按照生产战斗两不误的原则，留下了一小部分人在原地经管庄稼和各项副业生产，而将营的主力驻防交道、牛武二镇。部队一面担任警戒，一面仍从事生产，农忙时回史家岔突击劳动一下。这真像当时边区一首流行歌曲所唱的："一把镢头一支枪，生产自给保卫党中央……"

我们对待顽固军的政策，就是毛主席提出的十六个大字："人不犯我，我不犯人；人若犯我，我必犯人。"

有时，同志们劳动了一天，忽然发现敌情，就顾不得腰酸腿痛，立即精神抖擞地进入战斗岗位。有时，同志们正在地里干活，猛一听见前卫哨发出警报，立即丢下锄头，拿起地边放着的枪支，排成战斗队形，搜捕入侵的顽军。

1943年夏天，我们营的主力回史家岔突击锄草去了。敌人探听到这个消息，用一个营的兵力偷袭我方前哨姬家村。我们留在该村的一排战士，在当地民兵配合下，扫了一阵机关枪，扔了一顿手榴弹，一家伙就揍死他们十几个人。剩下的顽固军一看捞不着便宜，只好连滚带爬，缩回乌龟壳里去了。

我们在劳动生产和担任警戒的同时，一天也没忘记练兵习武。为了不误春、夏、秋三季的农业生产，我们只在冬季短短的几个月中，来完成全年训练的主要科目。当时，军事训练以投弹、射击、刺杀和迫近作业四大技术为主。

练习投弹时，谁也舍不得用真的手榴弹。我们想：留着打日本鬼子和对待顽固军还嫌不够呢！于是，战士们用木头做成代用品，每个半斤重，还放上些土硝、火药，点着了再往外扔。这种土制手榴弹，爆炸时冒起一团白烟，真像那么一回事，只是不能伤人罢了！

实弹射击也有意思。我们的枪支，有三八大盖、汉阳造、捷克造，等等。样式繁多暂且不说，有的连来福线都磨平了，子弹能从枪口塞进去，打枪膛里磕出来。由于弹药少，大家舍不得多打。因此，战士们瞄了半天，还舍不得放一枪；机关枪也只练点射。有时，为了多打两枪，战士们到各处收集子弹壳，请修械所翻造。

拼刺刀是基本训练项目之一。战士们爱惜武器，都舍不得用真刀实枪。练习劈刺时，拿起木头的假刺刀，一进一退地去刺芦苇扎的"小日本"。对刺时，面对面地排成两队，你杀过来，我刺过去。有时，"战场"上出现了有趣的局面，一个说："你被刺死了，怎么不躺下？"那个已被"刺死"的战士大声申辩："你的刺刀还没有碰着我呢，你急什么？"

野外演习时，为了节省弹药，就用其他声响来代替，如敲洋铁桶代替放迫击炮，点射、连放都有相应的效果；其中要数土制手榴弹，情景最为逼真。

最艰苦的是训练都在严寒里进行，因此，战士遇到很多意想不到的困难。在雪地上练习瞄准，强烈的雪光能把眼睛刺得难睁；雪夜里练习行军，不知脚底虚实，常常有人摔进雪坑，或者滚成个雪人。有时，在朔风呼号的深夜里紧急集合，或者进行夜间侦察，寒风迎面吹来，比钢针扎肉还痛。不过，没有一个战士遇难畏缩，真像营里一位喜作新诗的文化教员所写的："大雪，你能把草木压塌，可是革命战士练兵的决心，你压不垮。寒风，你能让猛兽屈服，可是革命战士绝不会在你的面前把头低下！"

最大的鼓励

在我们进行生产和担任警戒任务时，上级总是十分关怀，随时给以亲切的指导。每当我们做出一点点成绩时，又给以恰当的鼓励！

王震旅长每次到达一营时，总是先到前沿察看地形、工事，到各连各排营地仔细视察一番，有时还到炊事班看看伙食怎样。他说："我们做领导干部的，一定要左手抓战斗生产，右手抓部队生活。"有一次，他亲自拿起勺子，炒了几样菜给大家吃，还告诉我们放多少水煮饭，又能吃饱又好消化；怎样炒菜，味儿又香又有营养。

肖劲光同志到我们一营时，不仅检查政治思想和行政管理工作，还叫我们领着他到地里去走走，亲自看看庄稼和蔬菜的生长情况。他见胡萝卜长得太密，就叮嘱我们不要忘记间苗。

1943年初，国民党顽固派发动了第三次反共高潮，边区的情况十分紧张。徐向前、陈伯钧等首长，亲自到牛武镇和交道镇察看地形，检查我们的兵力部署，在营部住了几天。我们用自己生产出来的蔬菜、豆腐、粉条、猪肉、鸡蛋和粮食招待首长。徐向前同志高兴地对我说："我们八路军的战士，真是好样的！又能拿枪，又能拿锄头。胡宗南要困死我们，简直妄想！"

最令我难忘的，要算1943年的夏季了。

一天，我们营部接到上级通知，说周副主席和林彪司令员要路过姬家村回延安去。这个消息一下子就在部队和当地群众中传开。一时，从姬家村通往交道镇的道路两旁，聚集了欢迎的人群。大家都渴望着想看看周副主席和林彪司令员！

姬家村沟南是顽军地区，沟北是我们的驻地。这天中午，当周副主席他们乘坐的几辆卡车从姬家村沟南驶来时，战士和老乡们都热烈地鼓掌，叫起口号来："欢迎周副主席！""欢迎林司令员！""祝周副主席身体健康！""祝林司令员身体健康！"

大家都向卡车拥去，人群中一片欢腾。因为姬家村离顽军地区太近，我们没有请周副主席他们下车。周副主席、林司令员从司机室里伸出手，向欢呼的群众频频招手致意。车上的随行人员，也陡地唱起歌来。他们激动的歌声，和战士们、老乡们响亮的欢呼声，汇合成一个欢乐的海洋。

卡车驶过姬家村，在交道镇的村道上停了下来。周副主席、林司令员他们很快地推开车门，迈下汽车，向拥塞在道旁的人群招手。这时，我和交道镇的张区长一起迎了上去。周副主席立即伸出一双温暖有力的大手，把我们的手紧紧地握住。这时，我才注意到，周副主席头上戴着一顶灰色的通帽，身上穿着一套不太新的西装；林司令员仍是军人本色，穿着一套土黄色的军服。两位首长坐了很远路程的敞篷大卡车，但还是精神奕奕，嘴角上挂着亲切的微笑。

我扼要地向首长报告了这一带的防务和部队的生产成绩。周副主席耐心地听完,随后问了一下军队生产自给的情况。

那时,我心如潮涌,想讲的事情真多呀!经过这几年的大生产运动,我们一营的粮食已经全部自给,每人每月可以分到一斤半肉、四两烟草……史家岔的变化这么大,我打哪儿讲起才好呢?我怕耽误首长赶路,只好拣几个主要的数目字汇报了一下。

周副主席一边听,一边微微地点头。他对随行人员说:

"好嘛!好嘛!我们在重庆时,对顽固派说过,别妄想用军事和经济封锁来困死我们,还是把军队调到前方去打日本鬼子的好。你们看,事实就是这样,我们的战士哪个不吃得身强力壮!"

林司令员脸上露着笑容,接口说道:

"有什么办法呢!他们喜欢封锁,就让他封锁好了。要不,他们死不瞑目。只要我们自己动手,克服困难,把生产搞好了,就能立于不败之地!"

周副主席和林司令员要赶回延安,向毛主席汇报有关重庆方面的情况,因此,他们在交道镇歇了一会便走了。我们大家都依依不舍地送他们上了汽车。

周副主席的随行人员,有好几个是戴眼镜的(大概是记者)。临行前,只见他们纷纷掏出小本子,抄录土墙上的用黑锅灰写的标语:

　　自己动手,丰衣足食!
　　发展经济,保障供给!
　　自力更生,建设繁荣的陕甘宁边区!
　　一把镢头一支枪,生产自给保卫党中央!

这些长期在国民党统治区工作的同志,第一次踏进边区的土地,心里乐滋滋的。他们越往北走,将越能清楚地看到:我们的兄弟部队和老根据地的人民,在党中央和毛主席的领导下,搞大生产运动的丰收情景。他们会连续看到:

满山满坡是牛、马、鸡、羊,山上山下是一排排整齐的窑洞。宽敞的厂房冒着袅袅的轻烟;广阔的田野中生长着墨绿的庄稼。公路四通八达,大车道迂回曲折。在市集上,人们熙攘往来,脸露笑容。饭馆门前,用大红纸写着醒目的对联:"高朋满座畅谈生产事,美酒好菜全凭劳动来。"客栈门联是:"今夜住店好好喂牲口,明早赶路快快去驮盐。"铁匠铺门联是:"造刀加强杀敌武器,打锄充实生产工具。"合作社门联是:"大众投资金建立合作社,集体出主意发展新财源。"纺织厂门联是:"筹备军需纾国难,振兴实业济时艰。"等等。到处是欣欣向荣的景象。

讲到这里,我忽然想起了朱总司令作的《游南泥湾》一诗来,诗是这样写的:

去年初到此,遍地皆荒草,夜无宿营地,破窑亦难找。今辟新市场,洞房满山腰,平川种嘉禾,水田栽新稻。屯田初告成,战士粗温饱。农场牛羊肥,马兰造纸俏。…………

周副主席和林司令员的车队走了好一阵,但战士们激昂嘹亮的歌声仍然在田野里回荡:

南泥湾好地方,树林密,鸟兽藏,山清水秀好风光。南泥湾好地方,五谷丰,青草长,四季花开遍地香。取药材,伐树木,摘野果,猎山羊,牛羊成群走,庄稼活儿忙,荒地变良田,深山添新庄。猎人就是战士,山地就是战场,生产就是战斗,后方就是前方。生产忙,战斗忙,南泥湾真是个好地方。

(本文选自《红旗飘飘》第15集,中国青年出版社1995年版)

白手成家
——记三五九旅大光纺织厂
刘韵秋

> 刘韵秋，文中身份为八路军第一二〇师第三五九旅大光纺织厂厂长。

三军未动　布匹先行

　　历来在三军未动之前，总是粮草先行。可 1939 年冬天，我们第三五九旅从晋察冀边区调回陕北时，却是布匹先行。那会儿，每个战士的身上，都裹着一匹布。有坐骑的干部，自己背一匹，还让牲口驮五六匹。这样一来，干粮背少了，就将裤带勒紧点；背包沉了，把自己的东西扔掉一些。

　　原来，那时，日寇和阎锡山、胡宗南、马鸿逵等匪军，从东南西北四方面包围边区，切断了所有通往延安的渡口和要道，妄图通过军事包围和经济封锁，饿死和冻死我们。因此，当时边区用布相当困难，成为我们经济上的一个严重问题。

　　第三五九旅过黄河，虽说是运了一批布匹进来，但毕竟是杯水车薪。而且，打从我们偷渡黄河之后，敌人的封锁更加严密，只要一听到鸡飞狗跳，就胡乱打枪。甚至河东的老乡到河西走亲戚，新一点的包袱布也要被没收；嫁到宜川的妇女回清泉镇娘家，巴掌大的一块布也要被捡走。1940 年，我们每人每年还能发一套棉衣、两件单衣、四条毛巾。到了 1941 年，就改成两年发一套棉衣，每年一套单衣、两条毛巾。衣服越少，坏得就越快。战士们穿的裤子，两个膝盖都是大补丁，上衣的双肩，也是两大块。口袋破了，索性撕下来补窟窿。夏天，只有一件单衣，脏了，就在延河里洗一洗，光膀子等着，有八九成干就穿上。碰上紧急集合，穿上半干半湿的衣服就走。至于晚上盖的薄被，早就成了棉花疙瘩和"渔网"了！给伤员包扎伤口的绷带，洗了又洗，接了又接，长的变成短的，白的变成黄的，还舍不得扔掉。

莫非我们就被活活冻死么？不，除非日从西出，河水倒流！

两手空空的纺织厂厂长

1940年1月，毛主席发出"自力更生，自给自足，克服困难，建设边区"的号召。我们第三五九旅一部开进南泥湾，一边担负警卫党中央的任务，一边进行生产。

我那时在旅供给部工作。有一天，供给部长何维忠对我说："老刘，战士们的衣、被，每年要补充。但是眼下采购原料有困难，也没有钱买。我们搞供给工作的，不能光等总部的分配，得自己动手才行！"

我说："首长，我正想向您请示呢，不只单衣发不出，库房里连毛巾也没有几打了！"

何部长说："前天，王旅长指示我们成立一个纺织厂，由你当厂长。至于技术工作，在我们供给部办的训练班里，有个河北高阳县的人会织布，请他先开个头。以后再在部队里挑，只要从前在家里织过布，懂一点的，不管是排长连长营长，你尽管调好了。"

大光纺织厂

就这样，我当了名两手空空的纺织厂的厂长。

万事起头难，这话真不假。那时，我们没有一架织布机和一间厂房，更不要说什么棉花、染料等一连串的问题。

我们旅供给部设在绥德。这一带的老乡，以前会纺土纱、织土布，可是后来都给洋纱洋布挤倒了。我们访遍了绥德城内外，好不容易才在一个耳聋的老婆婆家里，找到一架她姥姥留下来的破织布机。我们对着老大娘的耳朵大声嚷了一阵，又比了半天手势，她才明白过来，把这架破织机借给我们。我们向老乡借了半眼窑洞，把这架织布机放下，纺织厂总算有了一点眉目。

那时，我们穷得没有一点资金。我托人向一个商人赊了一捆十六支纱做经线，用我们自己手纺的土纱做纬线，叫那个高阳人"砰砰啪啪"织了起来。一天一夜，紧赶慢赶，只织了一丈二尺窄面布。我仔细一算，还好，比市价便宜三分之一。

我怀着不安的心情，把这一丈二尺布送到供给部，请何部长转给王震旅长。不料王旅长看到后非常高兴，把布摸了又摸，照了又照，连声称赞说："老何，不错呀！我们自己能织布了！"

第三五九旅有一万多人，我们一天只能织一丈二尺，够谁用？！上级叫我们立即扩大生产。

织布机不够，旅修械所就暂时改行，拼凑了19架小木机子。我们还派人到山西买了4架铁机子。梭子不好买，我们就用枣木、杏木自己雕。递送梭子的速度慢，初则改为手拉，再则改为脚蹬，比原来快得多了。

厂房不够，我们找了个龙王庙，把供桌和龙王爷挪开，放上织布机。工厂就正式开始生产，并定名为"大光纺织厂"——这是指响应党中央号召，克服困难，迎接光明的意思。王震旅长为庆祝工厂开张，用毛笔写了一副对联，叫我们贴在龙王庙的大门上：

　　动手动脚 自给自足
　　同心同德 爱国爱民

冲破重重困难

开厂的第一天后，资金和原料就是一个尖锐的问题。

大河没水小河干，边区穷，部队更穷。我们只得向边区政府借了20万元做资金，但周转还是不灵。我们便派出许多采购员，到延安、榆林、西安去"交朋友"，向商人赊购一些洋纱回来，采取分期付款的办法归还本利。好歹歹，资金总算周转开了。

可是，赊购的这批洋纱又是怎么运进来的呢？说来挺有意思。原来，那时日本鬼子和胡宗南匪军，欺侮边区的老百姓不会织布，因此，看见有人带洋纱也不阻拦。在这同时，我们许多采购人员，一个个挑着梳篦之类的货郎担，深入到敌后去收购洋纱。他们乘着羊皮筏，漂过了黄河，起早贪黑，风里雨里，冒着生命危险，来到敌人的据点附近，把一坨半坨的洋纱收购下来，送回河西。那里，我们派有大车等着，只要装够一车，就立即运回纺织厂。

日本鬼子和胡宗南看见边区的老乡，大包小包地往根据地背洋纱，还听说边区又造织布机又做梭子，立即三令五申，严禁往"匪区"贩运洋纱，"违者与通匪同罪"。因此，从1942年起，我们虽然还能通过私商买进一些棉纱，但进口的数量毕竟大大减少了。

敌人总是愚蠢的，满以为这么一来，我们就织不成布了。至于棉花嘛，他们认为，陕北的人不会纺纱，就控制得不那么严。这样，我们又有了门路：进不了多少棉纱，我们就进棉花；不会纺纱，我们就学。另外，还有一条胡宗南预防不到的路子。原来，当时国民党驻在榆林的是邓宝珊的部队。邓部从宜川把军需物资运到榆林，必得经过我们边区的延川、延长等县。平日，我们跟邓宝珊有一定的来往，因此，他们运进一百斤棉花打边区经过，就给我们留下一二十斤。当然，我们也不能白要，还是给以代价。可是，我们没有钱，为了解决这一困难，全厂的采购员和工人，还有第三五九旅的许多战士，便跑到数百里以外的盐池——甘肃花麻池去打盐。打盐是一种非常艰苦的劳动，强烈的盐水，常常把同志们的双脚泡得脱皮，盐水浸入伤口，痛得钻心，但没有一个人叫苦。我们就把打来的盐巴，跟邓宝珊交换货物。有的采购员还押着大车，冒着千险万难，到晋中敌占区和敌后去，拿盐巴跟老乡们换棉花。甭说颜色洁白、纤维又长的头、二遍花，就是落地瓣、眉睫毛、霜后花，以至没有崩开的黄棉桃，也被我们当作宝贝收回来。

采购员把大包小包的棉花，千里迢迢地运回边区之后，一部分发给战士们纺成棉纱，又挨家挨户地动员老乡们给纺织厂纺线。妇女们没有纺车，采购员负责找；她们不会干，采购员把着手教。他们为了接近群众，抢着给老乡挑水，给娃娃收拾屎尿；还利用这些机会，宣传毛主席关于"自己动手，丰衣足食"的道理。然后，又从东家串到西家，把她们纺好的棉纱零零星星地收集起来，推着手推车，挑着货郎担，送回纺织厂。

在部队里，第三五九旅全军动员，从王震旅长到每一个战士，不管手硬脚粗，都学纺纱。我们还成立了家属学校，把妇女集中起来，一齐动手。见天晚上，在每眼窑洞的前面，摆着一排排纺车。不会就学，劲头十足。纺车"嗡嗡"地响着，雪白的棉花，慢慢地变成了光洁、耐拉的棉线。手巧的，一天能纺二三两一等线；手慢的，也能纺出一二两二等线。收拢起来，积少成多，可解决大问题啰！后来，我们干脆办了个纺纱厂，置了4架弹花机、40多台纺纱机。棉纱的问题总算解决了。

不久，我们又在西山寺、保障文砭增设了厂房。凡是半塌的破窑、寺庙，征得群众同意后，都放上了机子，"噼噼啪啪"地织起布来。

从1942年6月到10月，我们又在绥德另打了六眼大石窑，作为厂房。窑洞没有打好之前，把织布机放在院内，搭起帐篷，将就着干。5、6月间，早晨有露水，还时时下雨，线给打湿了，很不好织。到了7月底，太阳挺猛，线又给晒干了，活儿也不好做。我们只好把军毯浸湿，盖在机子上，又向地下泼水，润湿空气，才将就着干下去。

这时，我们已不满足于一色的白布，都想生产色彩多样的布匹，可是，我们没有染料！当时，日本鬼子和胡宗南以砍头作为威胁，不准往边区运进一粒米、一根线，更谈不上染料了。再说，即使能搞到三几罐爱耳染色，一则是杯水车薪，无济于事；再则是钱要用在刀口上，不能随便花掉。

穷，就有穷办法。草木灰，能染灰色的布匹。在南泥湾和金盆湾，还有一种叫"黑格兰"的树根，把它煮开了，能染土黄色的布。这样，第一批带颜色的布匹，终于生产出来了。

生产大发展

纺织厂从无到有，飞快发展起来了。不久，已拥有108台织布机，和800多个熟练工人，能织二尺四寸阔的宽面布，保证供应全旅一万多人的被服、毛巾，和当时著名的"难民纺织厂""边区纺织厂"，并列为陕甘宁边区的三大纺织厂。1941年，我们实得红利390万边币，1942年10月，增至800万元。

纺织厂生产的布匹，花样也一天天增多，我们不仅织出了厚实的土布、土洋各半的白布、光滑紧细的洋布，还织出了闪光布、格子布、斜纹布、帆布、冷布、土褡裢布、折子绸、华达呢，以及色彩鲜的花布，品种达到200多项。

有一次，王震旅长陪着边区政府几位负责同志，到"大光商店"去参观。他指着我们厂的试销品，笑着说："看！这是我们大光织布厂的产品，花色全，质料好，价钱又便宜！"接着，他又热心地向参观的人们一一介绍，什么样的花布适合妇女、娃娃们穿，什么样的布结实耐用，适合男子做衣服……参观的人们称赞不已。我们心里更是高兴，有的同志笑道："王震旅长给我们当开推销员啦！"

真的，我们大光纺织厂的布，质量也好：布面平整，布边崭齐，布眼正方，疙瘩很少，坚实耐用。四八布和土褡裢布更受农民欢迎。以后远销佳县、清涧、吴堡等地，大有供不应求之势。

有一次，我们第一二〇师的政委关向应同志生了病，治疗时，医院和后勤部的同志想给他买一件毛巾睡衣，跑遍了延安的市场，都没买到。我听见这个

大光纺织厂

消息，忙跑回来和厂里的老师傅商量，利用织毛巾的机子，给关政委织了两件毛巾睡衣材料，赶着缝起来，真是又厚实又软和。关政委接到后，用手抚摸了半天，高兴地说："三五九旅真不赖呀！他们不只在南泥湾种出了棒子和南瓜，还能织出这么好的毛巾。我们的战士有一双多么巧的手啊！"

首长的这些话，使我们受到了莫大的鼓舞！

用事实回击敌人

1943年，敌人对我们的封锁手段更为毒辣了。胡宗南气势汹汹地宣布："凡运洋纱、棉花进共区者，杀无赦！"因此，纺织厂的棉纱来源，又遭到了极大的困难。

共产党人是难不倒的。大光纺织厂也绝不因此而关门！没有棉花，我们发动群众种植，请原籍冀、苏、豫等产棉区的指战员作指导,在延川、延长、清涧一带适宜种植的地方,播下了种子,解决了一部分棉花的来源问题。

1942年10月,边区人民政府在延安开了一次劳军和庆祝斯大林格勒大捷的群众大会。会上,边区政府主席林伯渠同志,亲自送给王震旅长一套呢子衣服,并说:"自从毛主席提出'自己动手,丰衣足食'的号召以后,你们九旅在南泥湾搞大生产,办纺织厂,克服重重困难,取得很大的成绩。现在敌人企图用禁止棉花进口的办法,扼杀我们边区的纺织厂。现在,'难民'和'边防'两厂,用羊毛织出了这种呢子,我相信,大光纺织厂也会想法克服困难的!"

王震旅长双手接过那件呢子制服,在会上表示:"我们三五九旅,一定让每个战士、干部都穿起呢子衣服!"

自从王震旅长在大会上提出保证之后,我们立即派出大批采购员和工人,走遍陕北山区的穷乡僻壤,甚至到了数百里之外的甘肃、内蒙古、山西敌后和国统区的广大农村、草原,大量收购羊毛和骆驼绒。同时,马上派人到榆林、宝鸡请来了老师傅,教工人用土织布机织呢子。另外,动员了一批技术工人,给织布机进行了技术改造。

这时,全旅指战员都行动起来,每人领了几斤羊毛。我们对大家说:"同志们,别小看这几斤羊毛啊!等你们把它捻成了线,我们纺织厂就把它织成呢子。今年一冬的棉衣,全靠它了!"

战士们捻线,比起纺纱还要热闹。大家从地里生产回来之后,把肩上的大镢头放下,匆忙擦一把脸,就坐在窑洞门前捻起线来。吃饭捻,晚上捻,开会也捻。大家的情绪非常高,聚在一起就有说有笑,有的边捻线边唱歌。常常可以听见这边一个湖南籍的战士高唱:"开荒呀,开荒,前方的战士要军粮!"那边一个湖北籍的战士接着唱:"织布呀,织布,前方的战士要衣服!"

在我们厂里就更热闹了。有的去采购羊毛、驼绒,有的到各团各营去收集毛线;有改纺织机的,有织呢子、军毯的;有的染色,有的像舂米一样,用木头把织成的呢子舂平整。

大光纺织厂生产的呢子军服

呢子织出来了！刁毛毯[1]、军毯、驼绒的背心也织出来了。这年冬天，战士们都穿上了又厚实又暖和的棉衣、呢子军衣！

许多闲不住双手的战士，还织了毛手套、毛围巾、毛袜……陕北的老乡们都说："从来没有见过当兵的能穿上黄呢子军衣！"有的老乡遇见我们时，笑说道："咱们军队不简单呀！除了不会生娃娃，什么都行啰！"

难忘的日子

1944年5月1日，陕甘宁边区政府在延安大礼堂，召开了边区各厂厂长及职工代表会议。参加这次会议的有边区纺织、被服、造纸、印刷、化学、工具、石炭等七类工业的二百多位代表。

我们大光纺织厂在党的领导下，做出了一些成绩，旅供给部让我去参加这次会议——虽然我个人的贡献很小。那次工代会的中心议题之一是："提高产量，改进质量，减低成本，为边区工业品自给自足而奋斗！"关于提高产品质量的问题，朱总司令还专给我们讲了一次话。那天，朱总司令身穿一套灰棉军衣，腰上扎着武装带，打着绑腿，脚上穿

---

[1] 刁毛毯：原文如此。疑为方言说法，系毛毯的一种。

着一双黑布鞋，显得神采奕奕。他在讲话中指出，"难民""边纺""大光"几个纺织厂，白手起家，成绩很大；但是，产品的质量还不够令人满意，需要进一步提高。他和善地笑着说："同志们，我们不能光织一些孝子布呀！"

是啊！我们不能满足于已有成绩，一定要让边区的妇女、娃娃们，穿上更漂亮的衣服！

5月22日，是大会开得最热闹的一天。记得那天下午两点多钟，中共中央办公厅在杨家岭摆了三十多桌酒席，欢宴全体代表。宴会之后，又在党校大礼堂开了一个晚会来招待我们。

招待会上，当全体职工向中央负责同志献旗时，想不到毛主席却从后台缓缓地走了出来。那一阵又一阵的掌声呀，几乎把党校礼堂的屋顶都给掀起来了。主席等大家的掌声慢慢静下来之后，才开始给我们讲话，他带着湖南口音的声调，是那么平和而又有力，会场里不断地响起热烈的掌声。

主席讲话的内容非常丰富。他首先指出：边区一切工作的目的，都是为了打倒日本法西斯。接着，他又讲了边区工业的重要意义。他说：

"边区在五年前才真正开始有了一点工业。当时只有700个产业工人，1942年有了4 000个，到了1944年就有了12 000个工人。所以，边区工业的进步是很快的。它的数目虽小，但它所包含的意义却非常远大。谁要不认识这个最有发展、最富有生产力、最足以引起一切变化的力量，谁的头脑就是混沌无知。"

毛主席还讲到，要打败日本帝国主义，使中国的民族独立得到巩固的保障，就必需工业化。主席用比较激动的口气，说："日本帝国主义为什么敢于欺负中国？就是因为中国没有强大的工业。它欺负我们的落后，因此消灭这种落后是我们全民族的任务！"

毛主席讲到了经济工作的重要性。他指出，经济工作，尤其是工业，这是决定军事、政治、文化、思想、道德、宗教这一切的最重要的东西。他谆谆告诫我们，要所有的共产党员都学会经济工作，指示我们不要当空头革命家。

接着，主席又反复给我们讲了"发展生产，保障供给"的道理。最后，非常风趣地结束他的讲话："同志们，你们还要看战地服务团演出的精彩节目。俗话说，识时务者为俊杰，我的讲话就到此为止吧！"

一遍又一遍热烈的掌声，像大海的波涛，像汹涌的潮水，在中央党校大礼堂里回响、激荡着。"自己动手，丰衣足食"，这是党的方针，这是真理，这是毛主席所指出的阳关大道。"提高产量，改进质量，减低成本，为边区工业品自给自足而奋斗！"这是边区政府的指示，这是党托付给我们的庄严使命。我们将坚决地贯彻执行。

是啊！我们的工作能够往前迈进一步，取得一些微小的成绩，不都是因为有党的指引，有毛主席的亲切教导和关怀么？在延安时是那样，革命胜利了也是那样。延安的精神、南泥湾的传家宝、艰苦奋斗的传统、发愤图强的决心和意志，在新民主主义革命时期是那样，在社会主义革命和社会主义建设时期也是那样。这把真理的火炬，我们一定要把它传到共产主义社会，永不熄灭！

（本文选自《红旗飘飘》第15集，中国青年出版社1995年版）

延安生活散记

赖春风

> 赖春风，生于1913年，江西宁冈人。1928年参加中国工农红军。文中身份为八路军留守兵团保安部队教导营营长。新中国成立后任广州军区副参谋长、顾问。1955年被授予少将军衔。

我是1937年抵达延安的，至1944年10月跟随王震同志南下，在延安共度过了8个年头。

"炮兵"的喜悦

在延安的火热生活中，最令人难忘的，是开展大生产运动的那些日日夜夜。

我们到延安的头两年，还可以吃到一些从西安来的大米、"洋面"，每人每年也能发上一套从西安来的灰布军装。但到了1939年初，这些东西都没有了，国民党开始对陕甘宁边区实行了经济封锁。吃不上饭、穿不上衣的危险，经济上、生活上的困难，严重地威胁着延安，威胁着革命。在这种形势下，怎么办？党中央、毛主席断然决策：自己动手，丰衣足食。

当时，我在延安留守兵团保安部队教导营任营长。这个教导营的主要任务是训练红军时代的营连排干部。全营有六百来人，驻在安塞县龙安镇。头一年生产，留守兵团给我们营的任务是种地3 000亩。说是种地，其实并没有现成的地可种，全都要开荒。陕北这个地方，地多人少，荒山野岭有的是。但是，要把这3 000亩地一寸一寸开垦出来，并且当年就要种上各种作物，这确实不是容易的事。

我们的干部和学员，虽然大都是农民出身，而且不少人扛枪已有好些年头了，手脚并不娇嫩，但是，对于连续的大面积开荒，许多同志都不怎么适应，还没干两天，大家就感到腰酸背痛，有的同志胳膊红肿了，更多的同志手上起了泡。这泡像细菌一样，"繁殖"起来特别快，初时是一个两个，很快就是一串。有的开始起的是水泡，后来竟变成了血泡。起了泡的手碰在硬邦邦的锄把上，锄头再碰到荒地上，那滋味真不好受。特别是泡破了，血流出来，手指根上露出一小块白白的嫩肉时，稍微用手一碰，就像针扎一样疼痛。

一些南方来的同志，因为不习惯陕北的地形和生产工具，打泡的更为普遍，加上他们中的不少人对小米饭、窝窝头总吃不惯，体质往往差一些。

但是，大家的生产热情都很高，没有叫苦的，也没有当逃兵的。在向荒山野岭进军的战场上，流行的还是那两句话：重伤不叫苦，轻伤不下火线。有的同志风趣地说："我们从步兵变为'炮兵'，一个人就是一个'炮兵班'，全营就是一个'炮兵师'，胡宗南我们都不怕了，还愁 3 000 亩地拿不下来？""炮兵"们天天坚持天不亮就起床，中午在山上吃饭，下午天擦黑才回来，一天起码在山上干十个钟头。有的同志累得腰都弯不下去，胳膊都抬不起来，就用热水烫一烫，用热毛巾敷一敷，第二天又接着干。手上的泡起了又穿，穿了又起，大家擦点碘酒，用毛巾把手包起来，又继续干。开始，我们开荒的进度老上不去，一天只开三四分地，到后来平均开到八分地以上。我记得有一位营长，叫高普仁，是陕北红军，当地人，他每天开荒一亩二分。还有一位连长，叫刘株杰，是中央红军的，他每天开荒也在一亩以上。我们还请他俩给全营介绍了经验。

待到"炮兵"们手上的泡磨成老茧时，分布在好几个山头的 3 000 亩地已经绿浪滔滔了。那一年，我们种了 1 500 亩小米，300 亩高粱，500 亩黄豆，700 亩荞麦，全都获得了好收成。秋收之后，我们的生活得到了明显的改善，有了粮食，吃饭不用愁，而且还喂了不少猪、羊和鸡。节假日或是星期天，我们还可以吃上一顿肉呢。当大家看到如今一片丰收景象，品尝着自己的劳动果实时，都沉浸在丰收的喜悦、胜利的欢欣中。解放区的大生产运动，不仅使我们看到了克服经济困难的希望，而且给我们展现了美好的前景。革命，有奔头啊！

粪路上

41年底,我从陇东军分区调到延安中央党校学习。延安的学生生活,也是别有……的。在部队,是一边打仗,一边生产;在党校,是一边学习,一边生产。我们……个学员都分了一小块地,除了完成学习任务外,种好这块地,就是我们经常要……的事情了。

虽然没有明确……,但是我们同学之间,实际上是悄悄进行着竞赛。为了使自己分到的地能结出……多的果实,每个同学都不知洒了多少汗水,想了多少办法。其中,最费心思的,……数积肥了。因为,党校这个地方,挨着中央机关和军委机关,单位很多,人员……中,有一点肥,互相都"抢",动作慢一点,就叫人家给抢去了。因此,我们常……每天刚蒙蒙亮就起来拾粪。如果哪一天我们能拾到一筐半筐粪回来,那我们连续几天的情绪都会很高。粪,是庄稼的粮食,也是我们延安党校的学生求之不得的宝啊!

来年开春的一个早晨,低温阴冷。我和几个同学合计着,这样的大冷天,拾粪的人可能不多。所以,我们起了个大早,抢先到延河边一带拾粪。那天天气格外冷,手都冻得麻木了,手上的铲子很不听使唤,铲一堆粪,常常要来回铲好几下。

正当我们拾得起劲的时候,突然,在朦胧的曙色里,迎面走来一高一矮两个人,他们也在干着同我们一样的活计。

"你们是哪一个支部的?怎么腿这么长,跑到我们的前面去了?"我们当中,一位同学用开玩笑的口吻大声说。他以为是党校的同学,所以说话也随便起来。

"我的腿是长一点,大个子嘛,腿当然就长,但总比不上你们年轻人眼尖、手灵、脚快呀,你们是全面的优势嘛!"

"啊,总司令,是前几天刚给我们讲课的朱总司令!"我旁边的一位同学眼尖,首先认了出来。

朱德与康克清在王家坪

我定神一看,果然是朱德同志,只见他穿一件灰色粗布上衣,打着绑腿,一手提筐,一手拿铲,后边站着他的警卫员。我们跑步迎了上去,"总司令早。"同学们不约而同地说了一声。

"你们比我更早嘛,看,你们都拾了半筐了,我才拾了一点点。"总司令微微一笑。

有位同学伸手去夺总司令手里的粪筐,想往他的筐里拨点粪,总司令忙说:"使不得,使不得,那我不成'剥削户'了?地主剥削农民的粮食,我当总司令的剥削战士的肥料,这多难听。"说完,总司令大笑起来。

看到总司令同我们一样拾粪,我心里真过意不去,就说:"总司令,您事情那么多,大事情都操劳不完,就不要来拾粪了,什么时候需要肥料,只要通知我们一声,我们就给您送去,或者让警卫员到我们党校来挑,都行。"

总司令严肃地说:"那怎么行?哪有当总司令的就不能拾粪的道理?我们大家都是农民出身,这些活在家时都是干过的嘛。这些年忙于行军打仗,好久没生产了。现在国民党逼着我们搞生产，就要上下一起来干，同心协力克服困难。再说，我这也是积肥、锻炼相结合，一举两得嘛！"

听着总司令亲切的话语，想起我们在杨家岭礼堂听报告时，看到毛主席、周副主席、朱总司令等领导同志所住的窑洞前的菜地里，各种蔬菜瓜果长势喜人，南瓜又圆又大，西红柿又鲜又红……我们都被深深地感动了。延安的大生产运动就是这样，凡是要求战士做到的，各级领导都带头，上至主席、总司令，统统如此，没有什么特殊的。在生产现场上，如果不认识，你还真认不出谁是官，谁是兵呢！晨曦中，总司令远去的背影越来越小了，而在我们心里，他的形象却越来越高大。

油灯与纺车

我是在延安成家的。那时，我们的家非常简单，除了一床黄布被子之外，就数那盏煤油灯与那台纺车最令人心爱了。因为，它们与我们相依相伴，度过了许许多多战斗的夜晚。

在1939年的大开荒取得可喜成果之后，党中央向陕甘宁边区进一步提出了自给自足的口号。所谓自给自足，就是吃饭、穿衣以及生活上的其他必需，基本上要靠自己动手来解决。这样，生产运动便由开始的全力以赴开荒种地转入"男耕女织"的合理分工。当时，我爱人黄海云在延安联防司令部卫生部工作。本来，根据她所担负的任务，她是可以不参加纺线的。可是她想，别人能自给，我也要自给，能自给多少是多少，总不能光吃别人、穿别人的。她专门从老百姓那里买来一台土制的旧纺车，放在家里，一有空就纺起来。

每当夜幕降临的时候，只要没有特殊情况，在我们的窑洞里，在用墨水瓶改装的煤油灯的微弱灯光下，那架纺车总会"吱呀吱呀"地响起来。她在一旁纺线，我在一旁捻羊毛线，需要时，互相换一换，我替她摇摇车，她帮我捻捻线。在延安的许多夜晚，我们就是这样过来的。当时，有纺车的"吱呀"声飘出来的，又何止一家？在许许多多灯光黯淡的窑洞里，也同样奏着这劳动的乐章。

我在延安党校学习期间，平时很少回家，只能在星期六回来。我每次回来，迎接我的常常是那架纺车奏出的欢迎曲。当时，我们互相是这样共勉的：我在党校，学习、生产要当先进；她在卫生部，工作不能落后，每天还要纺三到四两线。那时，纺不到这个数量，她总不肯休息。有一个星期六的晚上，因为党校有活动，我回来得晚了一些。以往，我远远就可以听到有节奏的纺车转动的声音了，可是那一晚，我什么也没听见。我推门进去一看，吓了一大跳，只见黄海云同志头倒在纺车上，昏睡过去了。灯光下，她的脸色显得苍白、憔悴。当时，她已经怀孕六七个月了，吃不好，睡不好，加上劳累，身体就支持不住了。她在怀孕期间，一直坚持着纺线，并且纺出了上等线。此外，她还挤时间织了一些手套和毛袜，超额完成了生产任务。

（本文选自《星火燎原》未刊稿第 8 集，解放军出版社 2007 年版）

在"自己动手,丰衣足食"的日子里

于光远

> 于光远,生于 1915 年,上海人。1937 年加入中国共产党。1939 年 7 月至 1945 年 11 月在延安从事党的青年工作、文化教育工作和经济研究工作。新中国成立后,曾担任国家科委副主任、中国社会科学院副院长等职,是我国著名经济学家。

我想讲三个故事。

第一个故事是关于籽粒苋的。这件事情很重要,直到现在我还在抓。原来苋菜籽是拉丁美洲的主要粮食作物。后来欧洲人去了,就把这种粮食淘汰了,用大颗粒的麦子代替了小颗粒的苋菜籽。有一年南北美洲大旱,大颗粒的小麦几乎颗粒无收,于是美国的一个研究所就专门研究籽粒苋,培养出了新的品种。一株籽粒苋种子成熟的时间很集中。我们中国农业科学研究院有两位专家到美国发现了这个事情,把这个籽粒苋的新品种引进到国内。这是一种耐旱、耐瘠薄、高营养的农作物。经过多年的努力,现在中国成为籽粒苋产量最大的国家。我为这件事情写过文章,农科院的同志还写了种籽粒苋的手册。在我支持籽粒苋的工作时,我就想起我在延安的那段经历:

1941 年夏天,边区政府找了各县的县长开会,一个雷把开会的一个县长打死了。老百姓反映:"为什么不打死毛泽东?"毛主席听了这个反映说,那是因为我们收的公粮太多了,两年翻了两番。于是提出了"精兵简政"和"自己动手,丰衣足食"的口号。毛主席认为这是一个很重要的政策。

我热烈拥护这个政策,同时,我又是一个爱动脑筋的人,希望能够想出一些新的办法,也许可以说是"投机取巧"吧。有一天我看到延安的新市场上卖的麦芽糖,糖外面粘的不是芝麻,一问,原来是苋菜籽。一问价钱,一升苋菜籽比一斗小米还高,就想起在我住的西北局窑洞顶上的山上,就有许多苋菜,我没有费多大的劲，就把山上的苋菜拔了许多，堆到窑洞前的场上，一打就打出大约有两三斗的苋菜籽，我想这次我的财是发定了。没有想到拿到新市场，别人一看，人家只要白的，我的是把白的和黑的混在一起了，一钱不值，只有倒掉。

我还做了一个试验，取出两饭碗苋菜籽，到下面杜甫川去洗，洗了好久，然后放在锅里煮，煮出来后很黏，放了糖，非常好吃。就是因为苋菜籽太小，把苋菜籽打下来的时候是在地上打的，没有采取特殊的措施，洗了许多遍，还是没有把土洗干净，吃起来牙碜。

我这个经历很重要，以后我大力提倡籽粒苋的感性认识就是从这一件事中获得的。

延安光华农场技术员给农民讲授科学种田

第二个故事是关于光华农场的事情。就在延安实行"自己动手，丰衣足食"的时候，杜甫川里头新建了一个光华农场。场长陈凌风是个畜牧专家，新中国成立后是我们农业部的畜牧局长，他的夫人朱明凯是学园艺的。光华农场有许多优良的品种，它的产品在延安新市场上是买不到的。于是我向他们提出，参加这个光华农场的劳动。他们也正好缺少人手，对我很欢迎。我给他们打工，他们给我实物报酬。拿回来的蔬菜给机关食堂，受欢迎得不得了。

陈凌风同志是我在岭南大学的校友，比我高一两届。我们谈得很投机。光华农场集中了许多来自大后方的农业专家，这些人也是我搞自然科学研究会联系的对象。这也是我常去光华农场的一个原因。

第三个故事，就是我想当一个"劳动地主"。

在西北局所在的采石砭旁边有一条川，叫作杜甫川。杜甫是唐朝最有名的诗人之一。这条川为什么以杜甫这个诗人命名是有说法的，当时听人说过，可是现在记不起来了。在这杜甫川口，北侧有一个大砭石。这地方就叫采石砭。砭石上面的那个山头就是我们西北局机关的所在地，进川后北侧那一大片窑洞便是延安自然科学院的所在地。从自然科学院再朝西走，有一大片地，从1940年起就开辟了一个光华农场。

在杜甫川口有一块荒地。它的面积大概有一亩，我就动了脑筋，到那块地上把地里的石头一块一块地挖走，把它改成耕地，变成一块川地。与山上的坡地相比，那真是高产田，再加上我从光华农场取回的优良品种，种上改良的蔬菜，如果成功，我的收益会不得了。怕的是发大水，一次大水，整个的地就完全没有收入，而且地又会变成荒地。不过我想冒一下险，如果不发大水，我就会发一笔大财。我决定不去管来不来大水，还是先把这块荒地开出来。我不想拥有这块土地的所有权，我只希望有收益——这块土地上的全部收益。这样我就成了这块地的事实上的"主人"，我称我是个完全不剥削人的"劳动地主"。因为在这块地上，我所得到的是我自己的劳动果实。我从事这项劳动，当然是在业余的时间，在大清早、晚饭后和星期天进行。晚饭后机关的同志到那里散步看我在干活。陕北老百姓把劳动叫受苦，我可乐得欢。

在"自己动手，丰衣足食"中，我还是赚得了一些钱，我的第一部郭大力、王亚南翻译的《资本论》就是用我自己劳动的收入买来的。这部《资本论》后来捐给了延安大学，作为珍品收藏和展览。

附带记一笔，1942年我从绥德、米脂搞调查回延安，快到春耕季节，那时候延安大生产运动已宣传得热火朝天，我不但对这件事很热心，积极从事这方面的活动，而且利用我具备的一些优势干得很有特色，在我的这块土地上劳动。这时候各种议论都有。主要的议论说我这是白费力气，是冒险的行为。只要当年大水不冲掉，我就可以有很好的收获。别的同志只是在自己窑洞门口种一小块地，一个半分地都不到，哪有我这么一大块川地。也有人赞成我这么做。

开这块地我花了很多时间。我开始动手比较晚。当年播种已经来不及了，就只能把它整理得好好的，让它休整一下。等到第二年开春，我就从光华农场弄来各式各样的菠菜种子。菠菜长势非常好，使参观的人羡慕得不得了，这时候的主要问题是到了收获的时候会有人顺手牵羊。我认为拿走一部分总不会不给我留一点儿，还是经营不已。可是这时候，整风运动逐渐紧张起来，我觉得没有可能再去收获了。那年没有发大水，我敢肯定作物没被水冲掉，我也相信总会有人去收获，不至于让农作物烂在地里。

1942年运动一直很紧张，这块地我就一直无法去经营，虽然这块地是我开出来的，但是不得不放弃了。不过我还是关心那块地的命运；别人是否去种？是否发生连庄稼和这块地都被冲毁的情况？

我一直以为进行农村调查是经常要做的事，有时需要集中一些力量去做，成立调查组，每个调查组的人也是不会多的。1941年底或1942年初参加西北局考察团是我第一次这样的经历。最初感到意外，还有些不以为然，后来一想在进行调查时一定会分成许多小组活动，也就不再怀疑了。

这次绥米调查是响应加强调查研究决定的一个会产生比较大的影响的活动。选择绥德、米脂这个地区是经过一番考虑的。陕甘宁边区有五个分区，延安、陇东、三边、关中、绥米。陇东、三边、关中这三个分区我始终没有去过，它们的具体情况说不上来，只知道情况都比延安地区复杂，特别是关中地区邻近西安，斗争特别多。而延安地区是老区，内战结束前土地革命进行彻底。我到延安后就一直在延安地区，特别是一直在延安。在这五个地区中绥德地区最使人感兴趣。它有一个名称：绥米警备区。八路军进驻这个地区之后，这个地区便有八路军和国民党的专员何绍南两重政权，现在国民党的势力不存在了，但是这个地区的情况同延安地区有很大差别，我们的政策也必须适合当地的情况。这个地区的领导也有不少问题希望得到西北局的指示。因此，这次行动不同于一般的调查。

这次调查由西北局书记亲自带队。西北局调查研究局（四局）边区问题研究室的全体人员，从研究室主任贾拓夫，一直到做具体工作的同志都参加了，在延安一个人都没有留。现在一下子可以说得出名字的有柴树藩、彭平、梁洪、……研究经济组的就是柴、彭和我三人。政治组的人至少有三个人，局里还有搞行政和秘书工作的。加在一起……考察团，西北局的人当然是主体，但绥德分区存在"统战问题"，因此中央统战部的刘澜波和廖鲁言也参加了这个考察团。还有一位延安相当有名的经济学家王恩华也参加了这个调查。中央好像本来已经组成了一个调查小组去绥德，听说西北局有这样一个考察团，要求一起行动，西北局也同意了。这样，这个考察团又有中央机关的人参加，阵容更壮大了。

快出发了，江青也来了，成了这个考察团的一个成员。

1942年初的一个晴朗的日子，我们这个队伍就从西北局机关所在地采石砭集中起来出发了。每个人一匹马，考察团团员，加上高岗的警卫员等，三四十人，三四十匹马就向绥德出发了，真是一支浩浩荡荡的调查工作者队伍。

（本文选自《我的编年故事1939—1945（抗战胜利前在延安）》，大象出版社2005年版）

整风、生产"两个环子"一起抓
——回忆延安中央党校的生产运动
张行言

> 张行言,生于1916年,河北怀安人。文中身份为中共中央党校三部学员。新中国成立后任国务院专家招待处副处长、国务院外国专家局常务副局长、中国科技大学党委副书记、安徽大学党委书记等职。

毛泽东在中央党校

凡是在延安中央党校学习和工作过的老同志,每当回忆起那段生活时,无不感到"深受教育","至今记忆犹新","终生难忘"。我是中央党校三部的学员,到三部学习以前,在它的前身——马列学院、中央研究院学习时,参加过开荒种粮等劳动;在三部时,又参加过纺毛线生产。1939年春到1941年秋,和1944年初到1945年冬,先后在马列学院、中央研究院校务处和中央党校校务部,担任过组织生产劳动的行政职务。因此,我想就当年的经历和感受,着重回顾延安中央党校的生产运动。毛泽东曾经指出:"1942和1943两年先后开始的带普遍性的整风运动和生产运动,曾经分别地在精神生活方面和物质生活方面起了和正在起着决定性的作用。这两个环子,如果不在适当的时机抓住它们,我们就无法抓住整个的革命链条,而我们的斗争也就不能继续前进。"

毛泽东倡导的生产运动1939年开始于陕甘宁边

区，从 1943 年起，普遍推广于各抗日民主根据地。毛泽东对整风运动和生产运动的科学总结，说明了两大运动的历史重要性及其在中国新民主主义革命过程中的决定作用。延安中央党校从决定改组的时候起，彭真等校部领导同志就按照毛泽东的这个指导思想，紧紧抓住了"两个环子"，一面坚持理论联系实际，深入进行学习整风文件，开展批评和自我批评，改造思想，整顿作风的马克思主义自我教育运动；一面认真执行"自己动手，丰衣足食"的方针，组织全校学工人员艰苦奋斗，参加劳动，开展群众性的生产运动，发展校办经济，保证物质供给。整风运动促进生产运动，生产运动又深化了整风学习。通过这两大运动的实践，发扬了革命传统，培育了在党的建设上具有伟大历史意义的延安精神。

一

回顾延安中央党校生产运动的发展过程，还得从延安生产运动的历史背景说起。

1938 年 10 月，武汉被日本侵略者攻占之后，在日寇的诱降阴谋下，蒋介石走上了消极抗日，积极反共，准备投降的反动道路。从 1939 年起，接连发生杀害新四军驻湘代表的"平江惨案"和河北、山东、河南蒋军进攻抗日军民，胡宗南部队袭击陕甘宁边区的事件。特别是 1941 年 1 月发生的"皖南事变"，杀害我新四军将士七千余人。与此同时，国民党反动派重重封锁陕甘宁边区，对八路军停发军粮军饷，妄想困死边区军民。党中央和毛泽东对国民党顽固派的反动行径进行了不调和的斗争，及时戳穿了他们经济封锁陕甘宁边区的险恶用心，作出发动军民开展大生产运动的战略决策。毛泽东说道："国民党用停发经费和经济封锁来对待我们，企图把我们困死。"又说："国民党顽固分子觉得边区的建设是无希望的，边区的困难是不可克服的困难，他们每天都在等待着边区'塌台'，……他们是永远也看不到我们'塌台'的日子的，我们只会兴盛起来。"

在党中央和毛泽东领导下，渡过困难的办法，就是"下决心自己动手"，发动军队和机关、学校的人员，进行大规模的生产运动，发展以自给为目标的农工商业。陕甘宁边区从1939年春到1942年秋，驻军和机关学校，经过自己动手发展自给经济而获得的生活费用，已占到整个需要的大部分。其中，到南泥湾执行屯田政策的第三五九旅，竟实现了"耕二余一"，不仅做到了全部经费自给，而且还向边区政府上缴粮食一万担。毛泽东在1942年底总结这段伟大创造时说："这是中国历史上从来未有的奇迹，这是我们不可征服的物质基础。"

陕甘宁边区的这一成功经验，在华北的其他抗日民主根据地逐步地推广起来，并且收到了明显的效果。1943年10月，党中央决定把大生产运动推广到所有抗日民主根据地，并且由毛泽东为中央写出题为《开展根据地的减租、生产和拥政爱民运动》的党内指示。"指示"要求各根据地"党委、政府和军队，必须于今年秋冬准备好明年在全根据地内实行自己动手、克服困难（除陕甘宁边区外，暂不提丰衣足食口号）的大规模生产运动，包括公私农业、工业、手工业、运输业、畜牧业和商业，而以农业为主体。""一切机关学校部队，必须于战争条件下厉行种菜、养猪、打柴、烧炭、发展手工业和部分种粮。除各大小单位应一律发展集体生产外，同时奖励一切个人（军队除外）从事小部农业和手工业的个人业余生产（禁止做生意），以其收入归个人所有。"

"指示"是毛泽东对陕甘宁边区军民生产运动的经验总结，也是抗日根据地普遍开展生产运动的行动纲领。"指示"既明确了自力更生，艰苦奋斗，发展生产，保障供给的根本指导思想，又为发展公营经济和农村生产规定了方针政策。这就是：部队机关学校要实行统一领导，分散经营，精兵简政，厉行节约；在广大农村，要发动彻底减租，组织互助合作，实行劳武结合。"指示"的主要点，同毛泽东作出指示一个多月以后，在招待边区劳动英雄大会讲话中讲到的"高级干部会议方针的主要点"一样，"就是把群众组织起来，把一切老百姓的力量、一切部队机关学校的力量、一切男女老少的全劳动力半劳动力，只要是可能的，就要毫无例外地动员起来，组织起来，成为一支劳动大军。我们有打仗的军队,又有劳动的军队"。而我们"英勇善战的八路军新四军,人人个个不但会打仗,会做群众工作,又会生产,我们就不怕任何困难,就会是孟夫子说过的'无敌于天下'"。

毛泽东的关于组织起来,发展生产的这一指导思想和科学预见,已被伟大的革命实践所证实,是渡过任何困难,以取得胜利的重要法宝。

二

延安中央党校群众性的生产劳动和校办公营经济的发展情况,正是执行上述"指示"的一个典型。它既有延安机关、学校生产自给的共同经历,也有自己发展过程中形成的特色。党校生产自给的发展过程是:1939到1941年是打基础阶段,1942年以后是大发展的阶段。打基础的阶段是1941年底党校改组前的一段,大发展是改组后的情况。

1941年底,党中央作出《关于中央党校计划》的决定,彻底改组了党校。改组前的党校,是进行党的基础知识和政策教育的党的干部学校,学员主要是从外地调到延安受训的年轻党员和县团级干部。他们

中共中央党校校部
校址——小沟坪

在学习的同时，积极参加生产劳动。1939年2月初，全校学工人员共开垦荒地800亩。秋收时虽然粮食产量不高，但是收获的马铃薯和黑豆，却解决了冬季吃菜和养猪的饲料问题，伙食也得到初步改善。1940年，用头年秋整修好的阳坡地麦田，在枣园村换得80亩适于种菜的平川地。由于学、工人员的辛勤劳动，当年夏末就吃到了自己生产的春菠菜，秋后有了窖藏蔬菜，伙食又进一步改善。1941年春，又把废弃多年的、总长二十多里的枣园西山脚的渠道修通，由人工浇灌少量河边菜地，整修成渠水浇灌的大片园田。1942年春，在边区政府的倡导下，同自愿合作的移民，在南泥湾合种了300亩地，为以后自营农场打下了基础；此外，还响应朱总司令"发展纺毛线生产"的号召，筹建起中山纺毛厂，用脚踏纺车纺毛线。这个厂虽然后来按上级的统一部署，与中央研究院办的团结纺织厂合并，但筹办纺毛厂也为以后校办工厂提供了经验。

改组后的中央党校，成为各地区、各方面中高级干部进行整风学习和路线教育的中心。从成立之初，校部就明确规定，到校学习的干部都是学员，在参加整风学习的同时，也要参加生产劳动。考虑到一部学员年龄较大，身体较差，学习任务很重，所以给他们规定的生产任务是：除了量力参加农忙季节的集体劳动外，主要是分散种植供做猪饲料用的南瓜、番瓜和扫把草（扫把草结籽前是优质饲料，结籽后可制成很好用的扫把）。两种饲料的交公任务，在每人不超过100斤的限额内，由各支部灵活安排。

四部学员，大都是从前方回来的、经过长征的老同志。他们参加生产劳动的情况和上述的一部相同，也是各人按支部订出的生产计划参加劳动，不过交公任务比一部多50到70斤马草。四部学员到校时，学校已发展起纺毛线生产，他们也同一部一样，虽然没有交公任务，但大家都参加纺毛线生产。

二部学员人数多，年纪轻。因此，校部给他们规定的任务是：每人全年生产小米100斤。他们大都在前方参加并且组织领导过生产运动，各支部学习和劳动时间安排合理，组织分工细密，秋收时大多超额完成任务。个别支部山地土质较差，收成较低，但也能用他们散种在窑洞附近的南瓜、玉米补足任务。

二部学员的纺毛线生产，也开展得比较普遍。

三部的学员，是由原中央研究院的研究员和中央机关（例如中央政治研究室）一部分干部组成的。他们大多数是从事文化工作或理论工作的知识分子干部。校部给他们安排的生产活动是纺棉纱、纺毛线和编织毛衣。交公任务由各支部根据本支部的具体情况而定。

中央党校的工作人员，是发展校办经济的骨干力量。他们参加劳动的方式有两种，一种是在职人员参加集体农业生产劳动和义务劳动，一种是到生产单位从事专业生产。校部和一部的工作人员，每年都在开垦过的生熟荒地上，深翻细作，产量逐年提高。1943年春，他们组织120余人，在600亩山地上种麻籽和黑豆，还同杨家岭机关进行生产竞赛。竞赛条件规定：要用自产麻籽榨油，豆子做豆腐，秋收后做到每人每天实现食油7钱、豆腐3两。1944年冬和1945年春，旱情严重，为了抗旱备荒，校务部从工作人员中抽调200余人，由二部总务处长伍能光同志带队，组成突击队到南泥湾和金盆湾，共抢种2 000多亩糜子和荞麦，收获粮食300多石。

全校工作人员参加义务劳动的成绩也是较突出的。盖马棚，打土墙，节省修建费8万元。建花园省工1 300个。在建筑面积为3 000余平方米的校部大礼堂工程中，工作人员的劳动工日占工程用工总数9 900余工日中的3/4，仅工资一项，即节省边币330余万元。

专业生产组织。原来只有枣园种菜组和校部养猪班两个单位。从1941年底起，前方来的干部，把他们身边的服务人员（警卫员、饲养员、勤务员）和马匹，都交给校部统一调配使用。校部除将可做役用的骡马加强到运输队，将年龄较小的勤务员充实到服务部门外，把近千名青壮年充实到校办的农场、木炭场、卷烟厂、肥皂厂、酿酒作坊以及合作社和"裕丰商店"等。这些同志，一面参加机关整风学习，一面参加专业生产劳动，干劲大，钻研精神强，很快就成为发展校办经济的主力军。

延安中央党校的劳动生产所得，不仅使大家的伙食一步一步改善，而且保证了学习和生活用具,同时为边区政府积累了大量资金。1944年底,全校生产展览会的统计数字表明,全校全年生产收入(边区政府按标准拨给的粮食和节约工料折价未计算在内),已占全校经费并支总额的74.6%。到1945年秋,基本上实现了经费自给。这说明,延安中央党校的生产自给运动,确实从物质生活方面,对整风学习起到了保证作用,同时也实现了毛主席在二部开学典礼大会上对学员提出的"必须努力学习,必须恢复健康"的要求。

关键在于领导。以彭真同志为核心的延安中央党校校部领导同志,在整风、生产"两个环子"一起抓的思想指导下,始终贯彻了整风学习和生产劳动相结合的方针。因此,中央党校的生产运动,不

中央党校的菜园

仅在物质生活上，保证了整风学习的顺利开展，促进了干部的身体健康，而且对于深化整风学习，也起到了巨大的推动作用。

整风学习和生产劳动相结合，一方面强调以整风精神指导生产运动，在工作部署上坚持实事求是，按照党校的特点组织生产劳动，发展校办经济；另一方面，又要求全校党员干部通过生产劳动，向实践学习，向群众学习，以增强劳动观念和群众观念，提高思想觉悟，改进思想作风。

读书是学习，实践也是学习。在整风运动中，我们通过学习整风文件，联系实际，检查自己的思想和工作，领会和掌握马克思主义的立场、观点和方法。通过参加生产劳动，联系本校生产运动、陕甘宁边区和各抗日民主根据地军民生产运动的社会实践，进一步加深了对毛泽东思想的实事求是、群众路线和独立自主思想的理解，通过理论和实践的结合，树立了革命的世界观。

我在延安学习、工作的8年中，深感参加生产劳动同参加整风运动一样，确实是接受马克思主义教育过程中非常重要的一课。我同农民同志一起生活的时间较长。我和他们一起吃住，一起跌打滚爬，一起开荒播种，积肥送粪。像挖窑洞、打土墙，为准备秋收成捆地搓麻绳、成批地编柳筐，我都干过。但是，我体会较深的是，如同在整风学习中那样，只有当你真正丢掉"面子"，能够如实地，既不掩掩盖盖又不虚浮夸张地把思想深处的"疮疤"，当众抖腾出来，真正做到"脱裤子，割尾巴"的时候，才是无产阶级思想战胜了某些非无产阶级思想的时候。当同刚刚换上军装的专职生产员一起干活儿时，真正放下了"架子"，一起挖茅坑、淘大粪，一起出力挖得"乌金"般的优质肥料，特别是当"香臭"观和"苦乐"观发生变化的时候，他们才会感到你在他们中间流露出来的喜、怒、哀、乐是真实、自然的，这样也才能捅破知识分子与工农群众中间的"隔膜"，有了共同语言。总之，在整风运动和生产运动的结合中，广大干部，特别是知识分子干部，通过自己的亲身体验，增强了劳动观念，密切了同群众的联系，从政治上、思想上得到了锻炼。

三

延安中央党校的学员和工作人员，对于党中央、毛主席为了壮大人民力量，坚持统一战线，坚持持久抗战而发动的大规模的生产运动，是衷心拥护、积极参加的。他们在开创生产自给运动中，在向大自然索取财富、为革命建家立业的斗争中，体现了理论联系实际、密切联系群众、批评和自我批评的优良作风，发扬了艰苦奋斗、团结友爱、为革命而献身的精神。这正是伟大的延安精神，它显示了无产阶级革命战士的英雄气概。

有许多生动的事例，至今难忘。

集中到一部学习的高级干部，大都是在长期革命斗争中经历过艰苦磨炼的老同志，有的在战场上受过伤，有的在敌人监狱里受尽折磨。抗战以来，他们又为开创中国革命斗争的新局面日夜操劳，因此体质都不大好，到延安学习还带有休养康复的任务。但是，这些老同志一进校门就把他们身边的服务人员和马匹交给学校，集体住窑洞，按时到食堂吃饭，自己料理自己的生活。他们利用紧张学习的间隙时间，挖土整地，浇水施肥，积极争取超额完成任务。他们多次提出要上山参加集体劳动，以至校部不得不决定，在大忙季节由各支部酌情组织他们上山参加一些轻微劳动。他们收割的扫把草，都要自己动手缚绑成型后才让保管人员收走。他们这种献身精神，极大地教育和鼓舞着全体工作人员。

养猪英雄杜忠才同志，长征到陕北之前，原是川陕苏区党的县委领导干部。他到中央党校后，先是在校务部做管理工作，由于他深知"养猪是我们解决肉食的大问题"（这是他在边区劳模大会上发言中说的话），于是便主动申请去做养猪工作。从1942年起，他一个人经常喂猪40头。1943年的一年中，经他喂过的猪多达2 000头。他在劳模会上说："我是一个养猪的干部，除了吃饭以外，就不远离猪圈，我要随时照料猪，做试验研究。"忠才同志经管的猪圈，总是打扫得平整，磨得发亮的石雕猪食槽，洗刷得干干净净，连青石的纹缕都看得清清楚楚。十冬腊月母猪产仔时，杜忠才同志简直就是一位"接生婆"，他生怕刚生下的小猪受冻,就把自己的皮袄盖在猪身上。母猪也似乎认识他,不但不咬他,还把眼睛闭上打哼哼。彭真同志听到这些事迹后,曾说:"这就是一个老同志的党性的表现,大家都要向杜忠才同志学习。"

边区特级劳动英雄黄立德同志,1935年参加土地革命,加入中国共产党,曾在保安中央党校学习过。1937年随党校迁到延安,他在油印室工作,因工作认真,刻印精细,被任命为油印科科长。1939年开展大生产运动,他主动申请到菜园工作。他到菜园后,一心扑在种菜上,日夜操劳,亲自育苗,精心培植,仔细观察记录各种蔬菜的生长规律,总结了20多种菜的种植方法,写出《种菜经验总结》一文,发表在延安《解放日报》上。各单位按照他的方法种菜,蔬菜品种增加,产量显著提高,延安的同志称他为"种菜圣人"。

校务部工作人员宋世鉴同志,为了满足南泥湾农场发展养鸡生产需要的雏鸡,他想出用土炕孵鸡的方法。他亲自砌土炕,做棉被,一面按时测量、记录母鸡正常孵蛋时腹下的温度,一面反复增减柴草,调整炕温,经过几次失败和40多天的试验,终于成功地孵出50余只仔鸡。他虽因整日整夜地闷在高温室内,体重下降,面黄浮肿,但是还要亲

中央党校副校长彭真

自把小鸡送到南泥湾，并且把经验传授给养鸡组的同志，直到再次试验成功，才离开农场。

校务部直属的寨子沟木炭场，是由新调去的 80 多位身体健壮，自愿进山的青年战士组成的。他们的任务除采伐新建大礼堂的木料外，还要在当年 12 月半烧出 60 万斤木炭，结果他们竟提前一个月完成了任务。为此，《解放日报》专门报道了他们的事迹。队员们都自豪地说："我们是党在生产战线上的青年突击队，我们一定要想方设法超额完成任务。"头一年的记录是每人每天烧炭 90 斤，可是第二年已超过了一倍。当记者问他们为什么能增加一倍时，队员刘时旺说："现在经过整风，大家对革命工作的态度转变了。去年是半晌上山，半下午收工；今年是黎明出去，漆黑回来，中间一点也不想休息。"他们的工作环境十分艰苦，劳动地点都是在未开发过的森林中，杂树丛生，没有道路，走路时常被树杈挂破衣服，划伤皮肤。他们造的炭窑，高一丈，长两丈，平均每天要装一个窑，出一个窑。炭窑离住处一般都是十多里路，他们为了节省时间，中午总是在山上吃饭。在突击完成伐木、烧炭任务的同时，他们还筑了一条通过三十里铺的大车路。他们的宿营地还设有俱乐部，开办的壁报叫《响斧》，表扬先进，批评落后，充分体现了他们为革命献身的精神。红军长征胜利结束后，中央党校于 1936 年底在保安复学，由于会计人员缺乏，老式记账方法沿用时间较长。改为新式簿记后，因常发生"资""贷"颠倒的错误，致使账目混乱，收支不清，款账不符的现象日益严重。校务部会计室主任谢石基同志，虽然经常休息时间不休息，查核旧账，但问题一直未得到解决。1944 年初，请二部学员顾准同志（顾在上海立信会计学校毕业后，还在立信会计师事务所工作过）帮助清理账目。由于谢石基同志无私无虑，心地坦然，有错就改，漏了就补，凭记忆如实地恢复了经费出入的本来面貌，总共用了不到 3 个月的时间，就把持续了六七年的一堆错账，核实查清，做到收支平衡，款账相符。顾准同志很有感触地说，我这次能够这样顺利地完成任务，是因为遇上了老谢这么一位好同志，他真正做到了既敢于坚持真理，又敢于修正错误，他的这种革命精神，使我深受教育。

一部炊事员张汉荣同志，为了掌握制作猪头糕的方法，昼夜不停地观察研究，直至试验成功。这种事例在各部的老炊事员中还有许多。1944年，他们编出一套蔬菜烹调法小册子。其中一本叫作《瓜菜烹调法》，讲的是以南瓜为主，再配上其他材料所制作的100种菜肴的名称和制作方法。共分"瓜片""瓜丁""瓜丸子"等十大类，菜名有"瓜春卷""拔丝瓜丸子""蒜泥南瓜""熏八样瓜"，等等。当时，在主、副食品供应紧缺的条件下，他们想方设法，增加品种，变换花样，做出可口的饭菜，使大家吃得满意。

中央党校的生产自给水平虽然逐年都有提高，但是大家都非常注意节约，当时的口号是"努力增产，不忘节约"。毛泽东在《经济问题和财政问题》的报告中，就举过中央党校节约粮食的例子。他说，中央党校上半年全校养鸡200只，每天需要小米饭300碗，浪费很大。后来大家发起杀鸡，结果只剩60只，节省粮食不少。各部炊事班饭灶上工作的同志，改进煮饭技术，做到干饭焖得好吃，又不出锅巴。由在各灶就餐的学员和工作人员推选代表组成的伙食委员会，规定"馒头、包子吃完一个拿一个"，使大家做到不浪费一粒粮食。为了节约煤炭，炊事员同志们不断修改炉灶，尽力降低煤耗。养猪模范杜忠才同志，他们组煮猪食用的柴火，都是到各山的窑洞前收集的木炭包（是用树枝做的）。全校人员的棉衣、棉被都实行交旧领新，用旧面布改做里布。节约光荣，浪费可耻，在中央党校蔚然成风。

中央党校的各级领导同志，都以普通一员的身份参加集体劳动和义务劳动。他们都在自己的窑洞前、山坡上种瓜种菜，按时完成交公任务。他们关心群众，爱护下级，经常深入实际，了解情况。1943年秋，校部组织全校纺毛线竞赛时，彭真同志亲自接见纺线突击手，详细询问了三部纺毛线生产情况，还试用了那位突击手用的纺车，并且建议把这个车上安装的河南式纺锭在全校推广。

对于毛泽东倡导的在基层工作人员中组织业余生产，中央党校是认真执行了的。但是，当精简机构，抽调大批人员到生产第一线之后，黄火青同志发现运输队员、炊事员和食堂公务员工作时间较长，无法进行业余生产时，便提出要对上述人员实行节约给奖制度。为此，他还亲自审定了校务部制订的《节约给奖条例》。条例上规定，每月按标准供应后，节省下的粮食按 10%、煤炭按 50% 给奖。对炊具、挽具、大车用的润滑油（即食用麻籽油）等，条例中都有消耗定额和节约给奖分红比例。从此，各服务部门都根据自己的工作特点，建立起严格的管理制度。据记载，1943 年 8 月底以前，全校 5 个月共节省粮食 70 余担，煤炭 4 000 余斤。炊事员按分红比例所得奖金每月约三四十元。食堂服务员节约得奖的办法是从洗碗水中熬油。开始时，他们一个月能熬油十来斤，供厨房点灯用。实行节约分红制后，他们把油卖给肥皂厂，所得收入，扣除煤火费外，全部做奖金用，最多时，3 个月可熬油 50 斤。

在校学习的老同志，在生产劳动中总是互相帮助，并且十分关心工作人员。如一部学员孟庆山同志，他常常是一早起床就到校门外马车路上拾粪，为大家种菜积肥。四部学员袁兴明同志，在超额完成交公任务后，还参加义务劳动，帮助学员和工作人员打了 150 双草鞋，工作人员出差需要乘用前方回来的座马时，原先骑过那匹马的老同志，总是热情地把马的习性和驾驭时应注意的事项，详细地告诉用马的同志，唯恐他们因不熟悉马的脾气而受伤。

这些老同志在紧张学习之余或劳动的间隙时间里，常常以自己的亲身经历教育青年同志，非常关心他们的成长和进步。在另一方面，这些老同志艰苦奋斗，千方百计为学校的增产节约做贡献的精神，以及以身作则、平易近人、关心群众、一心为公的优良品德，使工作人员对老同志产生了由衷的敬爱之情。他们遇事总是为这些老同志着想，把老同志的困难当作自己的困难。例如，三部的生产员王明和同志，用他的行之有效的治疗疥疮的处方，亲自捣制成外敷药膏，并到中药房采买草药熬成内服汤药，为患有疥疮的同志烧水洗澡，涂膏服药，及时生火熏烤患处。经他治疗的患者，都收到根治的效果。各炊事班的同志为没有奶吃的婴儿配制奶糕。酿酒坊的同志把滋补身体的优质黄酒按成本供给学员。校部缝纫组的一位同志为全校同志义务做牙刷，只要把牙刷把交给他，他就帮你用白猪鬃扎成新牙刷。各部小卖店的售货员，大都是日夜工作，只要学员需要，即使是休息时间，也开门营业。有的售货员还为学员到市场采办需要的用品，想方设法为他们服务。

三部的学员看到炊事员天天到井口担水，劳动强度很大，他们就同木工组同志合作，在井口搭起木架，提高井台，并且用柳树干做成输水槽，只要把水提到井架口，就可通过钉有盖板的输水槽直接把水送到锅台上和水缸里。炊事员把它叫"土自来水"。有的学员还为炊事班改革锅灶，把原来在室内入柴烧火的灶，改成在室外添柴加炭的回风灶。改善了厨房卫生，减轻了劳动强度，还可利用余热烧洗脸水。

这些感人的模范事迹表明：中央党校的学员和工作人员，虽然来自五湖四海，但他们都是为了一个共同的革命目标，尊老爱新，互相关心，互相帮助，团结友爱，亲如一家。

（本文选自《延安中央党校的整风学习》第1集，中共中央党校出版社1988年版。内容有删节）

经济封锁与大生产运动

胡绩伟

> 胡绩伟，生于1916年。四川威远人。1940年起长期担任《边区群众报》总编、《解放日报》采访通讯部主任兼新华通讯社西北前线分社社长。1952年后，曾任《人民日报》副总编辑、总编辑、社长，第六、七届全国人大常委会教育科学文化卫生委员会副主任委员。

早在我到延安刚满一周年的时候，1941年1月7日，国民党发动了震惊中外的皖南事变，加紧了对各抗日根据地的军事进攻。更加增强了我对国民党的恨和对共产党的爱。当时周恩来在《新华日报》上的题词和《抗议无法无天之罪行》的社论，我一再阅读。现在，经过五十多年以后，我又一次把这篇社论找出来重读了一遍，仍感到字字句句扣人心弦。社论说："皖南事变电讯传来，闻者心惊，读者发指。此等自毁军令，自坏国法，自损国力之举，实可谓无法无天之至！"

随之而来的，配合军事进攻的升级，国民党强化了文化专制主义，掀起一个大规模地迫害进步文化人和进步书刊的逆流。当时，最使我痛心疾首的，是我最崇敬的邹韬奋和车耀先遭到迫害。邹先生十几年惨淡经营的遍布全国的五十几家生活书店和分店全部被查封，先生被迫逃亡香港。车耀先先生则被投入法西斯集中营，竟然成为他进入死牢的开始。

大家都骂国民党是法西斯党，我更加憎恨这个专制、独裁、横蛮、残暴、无法无天的国民党法西斯。

皖南事变以后，国民党军队四十多万人分三个封锁区和五道封锁线，对陕甘宁边区进行包围，不断挑起战争摩擦。

这时边区群众报派出了一些军事记者分赴边区的关中、陇东、绥德、三边等专区进行战地采访。我自己到了关中,随着八路军出入两方犬牙交错的边沿地区,工作了十来天。

边区的边缘地区,因为经常受到国民党军队的骚扰,影响生产的发展,比起延安附近农村,经济情况差得多,但比起国民党统治区,还是好得多,至少有吃有穿,不像那里田园荒芜,房舍破烂,说"一贫如洗"并不夸张。我到那里去住了几天,给我留下了一生难忘的两件事。

一是吃黑糠窝头。这是用小米糠再碾碎以后蒸的,真是难以下咽,不仅难嚼,而且刺刮喉咙。眼看主人一家大小都吃这黑东西,他们见我难于下咽,说:"这比吃观音土好得多了!"我只好下狠心吞下去。谁知这不仅引起很难受的胀肚,更可怕的是拉不出大便来,憋了三天,只好用手指抠出来,引起痔疮大发作。

二是同臭虫大战。晚上,我一个人睡在一个旧窑洞里,臭虫多得可怕,一排排一串串地从各种缝隙中爬出来,结队进攻,真是闻所未闻,见所未见,令人毛骨悚然的怪事。开初我用手指抹杀,以后用手掌抹杀,弄得满手臭黄水,还是杀不完。好在我随身带了针线,赶快把自己带来的床单缝成一个口袋,把身体装在里面,尽管这样,还是辗转反侧,到天快亮时才迷糊了一小会。起床一看,床单上血迹斑斑。

这都是我一生难忘的磨难。对别人说起,都是骇人听闻的稀奇事。

在边区的边缘村庄,因有敌军的不断骚扰,常常有小的战斗。边区人民一面给八路军抬伤兵,送弹药,站岗放哨;一面坚持生产,他们组成小型的扎工队,照样在田地里干活。这里农民虽然也穿得破旧,缝缝补补,但不像国民党统治区那边那样衣不遮体,褴褛不堪。吃的是煮红薯加野菜,有时还加一个新的玉米棒子,比起吃黑糠窝窝,也可说是"天渊之别"。

这时,边区正进行土改。为了改善农民生活,发动群众支援战争,群众欢迎土改。但那时的土改,不是把地主富农的土地无偿地分配给贫苦农民,而是减租减息,实行的是二五减租(减少25%)。那时,西北局的政策是很正确的,下面执行也相当严格。一方面说服地主富农减租减息,让农民有饭吃;一方面又说服农民交租、交息，让地富也有饭吃，而且对地富分子不打不骂，形成团结抗战的政治局面。当时边区在那样困难的条件下，能够打退敌军的骚扰，又能坚持生产劳动，与当时土改政策的正确是分不开的。

我还同敌占区的几位两面政权的乡村小官谈过话。他们表面上为国民党军队办事，暗地里为我们送情报。有的人当着敌军面，也一起抢老百姓的东西，事后又偷偷送回去。这几次谈话，给我最深的印象，是人心的向背。无论是老百姓还是下层官员，大多咒骂国民党，称赞共产党。大家眼巴巴地望着边区，盼望八路军能够把他们那里也扩大进去。

这次，我同八路军有了较多的接触，还到他们的连队和队部的驻地去过几次，算是我第一次认识八路军。最深刻的印象，是他们的确是热爱人民的子弟兵。使我大为惊讶的，一是他们都穿着粗布军装，没有领章和肩章，官兵一律；二是他们严守三大纪律八项注意，老百姓称赞他们"最守规矩""最老实"；三是他们挤出时间帮助群众生产劳动，抢着干各种脏活累活；四是帮助群众学文化，办娱乐搞卫生。你只要看看哪个村子扫得特别清洁整齐，那里肯定驻有八路军。我见过一些国民党军队中的那种烂杆子队伍、烟枪队伍、土匪队伍，同八路军相比真是天渊之别。共产党只要长期保持这样一支天兵天将，打败日本帝国主义，战胜国民党反动派是必然的。

在皖南事变之前，1940年10月国民党政府就对八路军和新四军停止发放军饷，陕甘宁边区的经费更加困难。相当贫苦的150多万边区人民的公粮负担，很难养活边区7万多军政人员和8万多匹军马。

困难阻挡不住共产党人的前进步伐。当时党中央所采取的对策，一是进行精兵简政，一是发动大生产运动，既减轻财政支出，又增加了粮食和副食品的生产。

记得在1941年6月，边区政府正在小礼堂召开县长会议。3号下午，忽然大雨滂沱，电闪雷鸣。当时延安的建筑都是因陋就简的土木房，一个响雷把小礼堂的一根柱子打断，延川县的代理县长当场触电牺牲。

这个消息传得很快。有一个农民对增加公粮很不满意，他生气地说："老天爷不睁眼，咋不打死毛泽东！"公安人员要把这个农民抓起来，说他辱骂领袖。毛泽东知道了这件事后，立即指示公安人员放了这个农民，制止了这个错误行动，而且指示边区政府汲取教训，马上降低征收公粮的数额，减轻人民的负担。

可见，当时毛泽东很能体谅人民的疾苦，而且宽宏大量，能容忍对他的咒骂。这件事很快就传遍了边区各地，十分得人心，很多老百姓称赞毛泽东主席是"明君圣主"。

在边区军民中开展大生产运动，也是共产党深得人心的大事。第二次反共高潮以后，党中央就提出"自己动手，生产自给"的方针，生产运动在各根据地逐渐展开。从1941年第三五九旅开始在南泥湾大开荒地，边区各机关也纷纷响应，小小的群众报社也抽人参加上山开荒。留在社里的人也在自己窑洞前面的小块土地上，种一点西红柿、茄子和辣椒。

为了响应毛泽东主席发出"自己动手，丰衣足食"的号召，每一个机关都制订了具体的生产计划，每个工作人员都规定有一定的生产任务，必须完成。

我当时身体比较瘦弱，但也不甘落后。我们几个人淘大粪，我跳进粪坑，用洗脸盆一盆一盆地端粪。送上去一盆就高叫"红烧肉来了""红烧什锦来了"，情绪高涨，气氛热烈。秋凉以后，我又参加女同志的军鞋生产组，纳鞋底、绱鞋帮都难不了我。因为我小时常常陪着母亲做针线，十岁离家上学，衣服鞋袜烂了，全是自己缝缝补补。以后，我还学会了打毛线，织毛衣、毛裤、袜子、手套都行。1944年我还自己设计、自己编织了一件毛衣，胸前是一个大红星，红星上面套有"自己动手"四个白字，经过自己精心编织，受到很多人夸奖，我自己穿上也显得特别神气。

1947年延安保卫战初期，我一直穿着这件自己织的毛衣。那是阴历三、四月，天气比较凉。可是到了五、六月，行军时还背上一个背包，就实在热得难以行走。在大热天，我只好把背包里的其他东西，连我心爱的笔记本也烧了。有一次在

打谷场上

烈日炎炎下,全身都被汗水湿透了。有的同志看我还背着这件毛衣,取笑我说:"等战争胜利后,让你爱人打一件比这好得多的毛衣。"我还是舍不得丢掉它。最后,在一次急行军中,背着这件毛衣实在太苦了,只好忍心甩掉这个包袱。我把这件心爱的毛衣从山上向山下丢去,嘴里还说:"亲爱的毛衣,我自己编你,现在又自己丢掉你,希望你能遇到一个更爱你的人,去吧!"真像送别自己亲人那样难过。多年以后,一想起这件事,还是十分懊悔。

在整风运动特别是在"抢救"运动中,大家心情压抑。机关里死气沉沉,听不到歌声,更听不到欢笑声。大生产运动一来,人们一下就活跃起来了。唱着歌开荒,哼着小调纺线,整个机关热气腾腾,充满了生气。开初,毛主席号召大家用自己的双手去创造丰衣足食的生活,还不大相信能做得到,经过几个月的辛勤劳动,美好的理想终于成了现实。

机关生活也逐渐改善起来，先是半个月改善一次生活，吃一餐白面馒头和炖猪肉，不久就改为一周一次。

机关生活改善以后，讲究吃的风气也盛行起来了。因为我会做四川菜，节假日一些同志把肉和菜送到我那里，由我做一顿好饭，大家痛痛快快地吃一顿。记得当时我的拿手好菜是坛子肉。就是把肥瘦肉切成块以后，拌上豆瓣酱和姜蒜，装在一起放在开水锅里，用文火煨它两三个小时，肉烂味香。在当时条件下，我的坛子肉成了闻名机关内外的好菜。

一般来说，知识分子是"五谷不分，四体不勤"的。从我个人来说，大生产运动以前我确实是"五谷不分"，但并不是"四体不勤"。在贫困的农村和小镇的生活环境下，生活对于我来说，确实是"苦其心志，劳其筋骨，饿其体肤，空乏其身"，受到一定的生活锻炼。当然也不能说是四体很勤。我一直是读书编报，长期从事案头工作，四体却也不那么不勤。经过大生产运动，不仅五谷可分了，而且身体也锻炼得健壮一些了。特别是还增加了一些农业生产的科学知识和劳动技能。应该承认，在这点上，我们一方面是农民的学生，从农民那里学到了一些农业生产的实践经验；另一方面，我们也成了农民的先生，将自己从书本上学到的比较科学的生产知识和技术教给农民。大生产以前，我们向农民学如何挖地，如何锄草，如何割谷子等简单的生产劳动，在这一点上，也可以说是我们当时是"最无知识"的。但是，在大生产运动之中，我们从书本上和有科学知识的专家那里，学到了科学种田等比较高一点的知识和技术，然后，我们把这些传授给农民，提高了农民的生产知识和技术。在这期间，我们发动广大通讯员注意搜集关于农业生产的民间谚语和有关的民歌民谣，请自然科学院研究农业的专家来研究和提高，为我们编写了一些科学种田的小册子，也为《群众报》撰写农业知识。我们这时下乡就能够向农民传授一点点生产知识，能够做农民一点点先生，受到农民的欢迎。相形之下，知识分子就不是"比较地最无知识"，而最有知识的就不是农民，而是有农业知识的专家，是知识分子。

应当承认，当时，群众报社所编写的小册子和《群众报》上登的农业知识是很浅很浅的，农业科学技术发展前途却是很远很远的。农民要求向他们普及科学知识，而这种普及又要求知识分子对科学技术的掌握上再进一步不断地提高，希望有更多的农业专家。知识分子自然要同工农相结合，要向工农学习；工农也应当同知识分子相结合，向知识分子学习。

（本文节选自《青春岁月——胡绩伟自述》，河南人民出版社 1998 年版，内容有删节）

第三部分 劳模风采

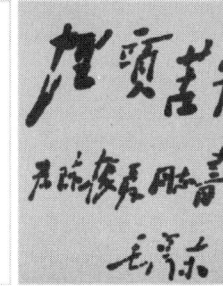

中共中央西北局表彰的领导经济建设受奖同志名单

1942年10月19日至1943年1月14日，中共中央西北局在延安召开了长达88天的高级干部会议。参加会议的有陕甘宁边区党、政、军、民、学各方面高级负责干部三百余人。会议的任务是在中共中央的直接领导下，根据整风的精神总结陕甘宁边区的历史和检查陕甘宁边区的工作。会议还对经济建设进行了讨论。为了提高干部对经济工作的认识，特于闭幕前，对近年来领导经济建设成绩显著的八路军第一二〇师第三五九旅，中共延安县委、延安县政府及延安县南区合作社3个单位与王震等22名个人予以奖励。中共西北局书记高岗宣布受奖名单及成绩，陕甘宁边区政府主席林伯渠亲自颁奖。团体奖品为西北局赠送之红绸锦旗，锦旗上有毛泽东的题词。个人奖品为每人一条毛毯和一张毛泽东亲笔题词的奖状。王震代表获奖者作答词。名单①如下：

王　震　何维忠　晏福生　罗　章
黄静波　刘秉温　王丕年　惠中权
刘建章　王世泰　杨　林　范子文
胡起林　马文瑞　马锡五　王维舟
李丕福　习仲勋　文年生　任成玉
贺晋年　罗成德

---

① 名单来源于延安时期的《解放日报》。

陕甘宁边区第一届劳动英雄大会奖励的劳动英雄名单

陕甘宁边区政府为表彰大生产运动中涌现出来的劳动英雄,于1943年11月26日至12月16日在延安举行生产展览会的同时,召开了陕甘宁边区第一届劳动英雄大会。出席会议的代表共180人,其中农业劳动英雄120人。11月29日,毛泽东、朱德、刘少奇、周恩来等中央领导人在杨家岭中央大礼堂宴请全体代表,毛泽东在会上作了著名的《组织起来》的讲话。12月9日,毛泽东又召集吴满有、申长林、孙万福、张振财、石明德、刘玉厚等17位劳动英雄座谈生产经验。这次劳动英雄大会历时20天,12月16日闭幕。大会评选出乙等以上劳动英雄67人,其中,特等劳动英雄25名,每人各得奖金3万元;甲等劳动英雄34名,每人各得奖金2万元;乙等劳动英雄8名,每人各得奖金1万元。

陕甘宁边区第一届劳动英雄大会会场

1.特等(25人):

吴满有　刘建章　申长林　陈德发　马海旺

贺保元　李文焕　冯云鹏　田荣贵　张清益

石明德　刘玉厚　阎开增　张振财　赵占奎

张治国　武生华　胡青山　冯国玉　黄立德　赵占魁　佟玉新
郑洪凯　李太元　袁光华

2.甲等（34人）：

杨朝臣　刘永祥　陈长安　甄士英　徐克瑞　仝万明　王国保
高仲和　梁显荣　刘生海　王　科　阎　集　郭凤英（女）
白　德　冯光淇　蔡自举　高志谦　安锦成　郭秉仁　王文汉
安兆甲　孙万福　李　位　陈　敏（女）　　侯步昌　郝树才
强全义　郝正业　冯振僧　李　廷　李凤莲（女）　　郝作明
张文斌　刘玉峰

3.乙等（8人）：

樊彦旺　黑玉祥（女）　　王福祥　刘培润　鲍良声　刘成信
刘顺清　焦志德

陕甘宁边区工厂职工代表大会奖励的劳动英雄名单

1944年5月1至25日，陕甘宁边区工厂厂长暨职工代表大会在延安召开。周恩来、朱德、刘少奇等中央领导及中共中央西北局和陕甘宁边区政府高岗、李鼎铭、高自立等领导在会上发表讲话。大会前后共历时25天，出席大会的职工代表203人，是边区自1943年11月劳动英雄代表大会以来最盛大的集会。会议期间，中共中央于5月22日下午在杨家岭设宴欢迎与会的职工代表。宴会结束后，在中央党校大礼堂举行招待会，毛泽东出席招待会并发表《发展工业打倒日寇》的讲话。5月25日下午2时，大会举行闭幕式，发表了《陕甘宁边区职工代表大会宣言》，并进行了隆重的颁奖典礼。大会奖励劳动英雄226人，计特等8名，甲等73名，乙等145名。特等奖奖品为：毛泽东题字1幅，政府奖状1张，毛呢子衣服1套，皮鞋1双，红肥皂2块，手巾1条。甲等奖奖品为：奖章1枚，毛呢子衣服1套，红肥皂2块，手巾1条。乙等奖奖品为：单衣1套，肥皂1条，手巾1条。以下为特等奖和甲等奖名单：

1. 特等（8人）：

李强　沈鸿　钱志道　陈振夏　赵占魁　袁广发　刘考生　申仲义

2. 甲等（73人）：

华俊寿	黄海霖	王河海	孙云龙	郝希英	周鉴祥	许云峰
张洪让	范明谦	张庆森	刘青和	林华	石忠汉	张仁
柯云贵	张健	毛能	赵苏龙	李维祯	翁运	苟在朝
于洪德	宋金堂	祝志澄	曹国兴	杜延庆	平江	晋川
林中	王保林	高兆庆	侯先	苗来桂	宋朝宗	陈长兴
白晶星	王国初	栾佩章	李凤莲	刘国华	吴永庆	商伯衡
吴生秀	王武定	朱次复	李继华	杜子秀	尹希圣	高玉山
郭鸿侠	刘安治	杨双庆	谢川运	金直夫	刘禄	岗田

刘韵秋　彭振兴　崔来子　王副禄　李子佑　赵　斌　张瑞昌
张子田　王世英　邢生亮　钟　华　皮德山　石富贵　常庭甫
王屺厚　张俊德　刘邦彦

陕甘宁边区群英会奖励的劳动英雄名单

1944年12月22日,陕甘宁边区劳动英雄与模范工作者大会即边区群英会在边区参议会礼堂隆重召开。出席会议的劳动英雄与模范工作者代表共476人,各界来宾五六百人。边区政府主席林伯渠致开幕词,朱德、李鼎铭、安文钦等分别讲话。1945年1月10日,毛泽东在群英会上发表《两三年内完全学会经济工作》的演讲(编入《毛泽东选集》时改名为《必须学会做经济工作》),总结了劳动模范的"带头、骨干、桥梁"三大作用。这次大会共评选出特等劳动英雄74名,各得奖金8万元;甲等劳动英雄200名,各得奖金5万元;乙等劳动英雄189名,各得奖金3万元。1945年1月13日下午,大会举行了隆重的颁奖典礼。1月14日,大会胜利闭幕。李鼎铭致闭幕词。彭德怀、陈毅、刘伯承、聂荣臻、吴玉章等讲话。

劳模进入会场

1. 特等(74人):

吴满有　陈德发　申长林　甄士英　杨正兴
石明德　冯云鹏　刘玉厚　王德彪　贺保元

张仲诚	白云瑞	张振财	李健堂	唐　川	赵占魁	沈　鸿
钱志道	袁广发	陈振夏	张治国	段全才	冯振僧	冯国玉
张友池	张增福	贺有才	吴士正	王福寿	张德胜	王德才
胡青山	张炳照	郝正业	许庆和	仝万明	王海清	李承统
张玉珍	朱富荣	张清益	党鸿奎	郭维德	张丕谟	阎开增
李树槐	王存仁	王汉功	何纯高	赵澄玉	刘建章	萧洪启
张丕元	贾恒春	阿洛夫	丁　强	郭如平	岳恒书	高福有
韦荫秀	王政柱	胡华钦	刘法墉	陈长元	张子良	赵云驶
罗　贵	佟玉新	王福存	陈　敏	柳辉明	刘桂英	折碧莲
郑洪凯						

2．甲等（200人）：

樊福庭	郝　福	于有才	王贺有	田二鸿	石兴昌	杨步浩
胡文贵	罗德福	段生珍	薛金荣	王根林	任富邦	李树枝
王　贤	李文华	鲍良声	白　德	王丕林	郭秉仁	朱玉金
汪丕应	常元仓	郭凤英	王　科	王国宝	杨凤林	安兆甲
李　湖	李凤存	许尚贤	冯德奎	傅生成	刘德胜	乔连珠
马德江	朱次复	张瑞昌	张宪武	索　冒	王国初	张仁寿
高仲和	曹国兴	管保林	李凤莲	刘亚秋	杨双庆	郝瑞邦
张　健	吴俊丰	裴福海	柳克有	崔来志	谢川运	郝希英
马仁义	鲁雄亭	王树存	张克勤	郝树才	贺芳春	李瑞旺
侯步昌	张维山	呼占山	许法善	徐怀义	王德金	武生华
李长荣	冯友山	刘文喜	王春林	赵　杰	杨更生	张景顺
闫占彪	张长寿	赵乐永	程锦民	王振怀	李裕泰	赵傅仁
吴保贵	杜青山	赖庆华	邓中汉	常五子	王交祺	高永和
杨中宪	王茂才	钱有才	李振敏	杨　富	尹登高	任兴田
石银秀	万百芳	邵武宣	王可财	徐维章	张　鑫	李占奎

惠海山	白玉堂	任君顺	赵志清	张裕本	冯光祺	王　凡
季志寿	王天民	封义祥	高藏子	马玉祥	任喜招	魏德荣
杜文孝	黄振邦	黄金山	李步财	郝锡林	崔　平	刘永祥
樊彦旺	靳体元	陈丕秀	安长庚	谢升元	杨怀治	黄秀英
何其华	黄生秀	李得奇	阮雪华	毕光斗	李成碧	曲　正
黄树则	张国华	李　茂	张贵龙	杨清峰	黄义生	陈浩然
周歧山	恽子强	张宗麟	李廷荣	辛安亭	赵老婆	徐寿泰
韩正评	艾　青	杨绍萱	汪东兴	吴印咸	李鹰航	黄立德
陈尽美	解大怀	邸奎元	杜忠才	刘纪礼	吴国俊	薛宗福
钟淇汉	杜林森	胡德山	计应昌	王连龙	陈少先	邹衍桃
惠国宾	党忠实	沈守宝	李光绳	朱茂祥	林蔚森	王建邦
吴台亮	沙　浪	刘文山	李生财	凌翰升	徐中其	王玉贵
张耀德	赵守亭	新川久男	杜河堤	朱彦清	岳先芳	袁从周
侯开顺	李发曾	刘金英	贺鸣凤			

3．乙等（189人）：

陈富阳	杨兴平	王生贵	王　希	陈长安	杨树枝	曹士信
白富德	孙旺有	贺生云	刘雨云	朱智义	徐义凯	王向富
赵澄璧	李俊发	邵世隆	刘自冉	马有鳌	马生财	张崇喜
白家英	康文钧	王鸿颐	杜修芝	侯生福	高登士	王秉印
王文汉	高龙青	高维禄	李统银	何天海	甄占贤	李　诚
周占才	赵奎元	冯　义	王能益	冉子乐	李炳福	丁立智
麻光田	张胜昌	门子山	邢生亮	艾会福	尚书庆	师宗周
张宗信	田兴颖	王世明	郝金明	顾培有	杨继兰	张小定
袁玉才	温坐成	徐世明	张鸿喜	张巨万	贾怀深	马德林
朱海潮	罗尚武	阎保财	肖登福	李有禄	黄考祥	林志荣
张兴才	王直哲	沈子秀	惠顺清	阎反正	贺世仲	高占禄

惠恩泰	王起富	龚福新	王进才	李鹏飞	刘焕才	张长荣
李大同	蒋维平	李应奎	贾二小	赵小盆	赵荣光	黄经武
李复科	王满洞	张青山	张仲元	李长明	于树才	王桂尊
王克臣	侯耀先	张国良	乔洪德	尤卯时	范明德	王永恒
郭士英	薛本义	张建业	张启贤	高启祥	雷登高	李庆茂
张怀义	李汉杰	张 禄	苏学瀛	高文光	周玉杰	崔士杰
朱启明	杜良依	罗 光	李 剑	焦志英	吴喜宗	赵世俊
张建堂	罗传智	冯乔声	王培有	蔚旺春	李福教	丁全海
冯思敬	李海棠	傅毅刚	田养民	丁鸿慈	朱友铭	周 健
邹象贤	贾兆贵	刘锦华	郭树庭	严 瑞	李全时	姜纯有
顾应红	蒲金山	吕怀容	王克仙	牛生昌	王福永	卢耀德
宋厚正	赵隆兴	任德英	马生骏	张凤英	胡 林	刘华林
李国芬	温汉生	齐 心	高云程	王振华	康志强	强德全
李浩然	张文献	马占元	陈 明	朱自立	阎开贵	曹明山
拓丕贵	徐生禄	谯云藻	王海东	白成玉	李歧山	程志杰
李德成	樊志杰	赵 四	郭自立	何炳文	田希智	张政文

部分劳模简介

王震（1908—1993） 湖南省浏阳县人。1924年参加革命。1927年加入中国共产党。1929年参加中国工农红军。土地革命战争时期，历任粤汉铁路长岳段工会纠察队中队长，湘鄂赣边区赤卫队支队长兼政治委员，湘东独立一师团政治委员、师政治部主任、师政治委员，红八军代政治委员，湘赣军区代司令员，红六军团政治委员，红二军团政治委员。参加了长征。抗日战争时期，任八路军第一二〇师第三五九旅副旅长、旅长兼政治委员，兼中共延安地委书记、延安军分区司令员、卫戍区司令员。1944年任八路军南下支队司令员。1940年底，率部赴南泥湾屯田开荒。经两年多的努力，第三五九旅开荒25 000亩，解决了一部分粮草及各种用品；建设了纺织、肥皂等十余座工厂；建立了有六百多匹牲口的运输队和47个骡马店，为全军和抗日根据地树立了"自己动手，丰衣足食"的光辉旗帜。在1942年中共西北局高干会议上受到奖励，毛泽东亲笔为其题写了"有创造精神"的奖状。第三五九旅亦被中共西北局誉为"发展经济的前锋"。解放战争时期，先后任中原军区第一副司令员兼参谋长，西北野战军第二纵队司令员兼政治委员，第一野战军第一兵团司令员兼政治委员。中华人民共和国成立后，历任中共中央新疆分局书记，新疆军区第一副司令员、代司令员兼政治委员，铁道兵司令员兼

王震头像

政治委员，中国人民解放军副总参谋长，中华人民共和国农垦部部长，国务院副总理，中共中央军委常委，中共中央党校校长，中共中央顾问委员会副主任，中华人民共和国副主席。是第一、二、三届国防委员会委员，中共第七届中央委员会候补委员，第八、九、十届中央委员会委员，第十一、十二届中央政治局委员。1955年被授予上将军衔。

何维忠（1903—1981） 湖南省平江县人。1927年加入中国共产党。1930年参加中国工农红军。土地革命战争时期，任红十八军经理处会计，供给部出纳科科长，红六军团第十七师五十一团供给处主任，军团供给部副部长兼会计科科长，第十七师供给部部长，军团供给部部长。参加了长征。抗日战

何维忠的奖状

争时期,先后任八路军第一二〇师第三五九旅供给部部长兼政治委员,八路军南下支队供给部部长。在担任第三五九旅供给部部长时,积极参与领导了著名的南泥湾大生产运动。他始终在生产第一线担任具体的领导工作,事无巨细,亲力亲为,以坚韧不拔的毅力克服了无数困难,以创造性的聪明才智完成了各项任务,以清正廉洁的品格为官兵树立了榜样。在1942年中共西北局高干会议上受到奖励,毛泽东亲笔为其题写了"切实朴素,大公无私"的奖状。解放战争时期,历任晋绥军区后勤部副部长,西北野战军第二纵队后勤部部长兼政治委员,西北军区后勤部副部长。新中国成立后,历任西南军区后勤部副部长,西南军区财务部部长,中国人民解放军总财务部副部长,总后勤部财务部副部长。1955年被授予少将军衔。

惠中权(1916—1968) 陕西省清涧县人。1934年加入中国共产党。1940年11月至1943年8月,任中共靖边县委书记、县参议会议长,领导群众开展大生产运动,引水拉沙造地,植树造林,种草养羊,培养经济建设人才,农林牧副成绩突出。在1942年中共西北局高干会议上受到奖励,毛泽东亲笔为其题写了"实事求是,不尚空谈"的奖状。1943年8月起,先后任中共三边地委组织部部长,中共西北局政策研究室研究员,陕甘宁边区政府民政厅厅长、建设厅厅长、农业厅厅长。新中国成立后,历任西北军政委员会农业林部部长,华南垦殖局副局长,

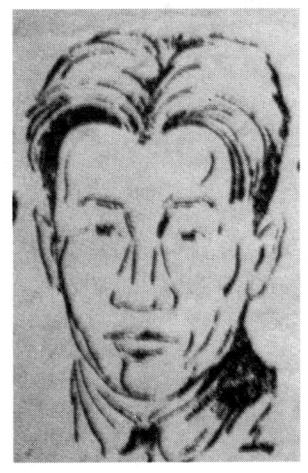

惠中权头像

中共海南区委书记兼海地垦殖局局长，中华人民共和国林业部副部长、党组副书记。

刘建章（1897—1958）陕西省佳县人。1935年加入中国共产党。参加创建了陕甘宁边区第一个消费合作社——延安县南区合作社，任会计。1937年3月初被推选为南区合作社主任。在其领导下，合作社冲破成规，建立分社，成立运输队，兴办工厂。由于经营得法，获利较多，不仅为群众解决了许多实际问题，也帮助了政府的工作，尽到了联系公私经济的任务，因此得到广大社员的拥护和政府的支持。至1942年7月，合作社拥有社员1 112户，股金200万元，资产500万元。南区合作社为新民主主义的合作事业创造了可贵的范例。在1942年中共西北局高干会议上受到奖励，毛泽东亲笔为其题写了"合作社的模范"的奖状。1943年12月、1945年1月，又两次被评为陕甘宁边区特等劳动英雄。在1944年6月召开的边区合作社联席会议上被评为特等合作英雄。解放战争时期，先后任陕北合作局局长，陕甘宁边区延属分区联社代理主任。新中国成立后，历任宁夏合作事业管理局代局长、合作社联合社理事会副主任，甘肃省供销社理事会副主任、供销社党组书记、供销合作社主任等职。1950年被评为全国劳动模范。

王世泰（1910—2008） 陕西省洛川县人。1929年加入中国共产党。历任中国工农红军二六军红二团团长，陕北苏区军事部副部长，陕甘宁边区保安

王世泰

司令部副司令员、司令员，中共西北局常委，中共三边分区地委书记兼陕甘宁晋绥联防军警备三旅政委，关中军分区司令员，陕甘宁晋绥联防军代司令员，西北野战军第四纵队司令员，第一野战军四军军长，第二兵团政委等职。在担任陕甘宁边区保安司令部司令员期间，通过发展农业、副业、手工业、运输业和其他工商业，实现了经费大部自给，服装一部分自给，粮食小部分自给的显著成绩。在1942年中共西北局高干会议上受到奖励，毛泽东为其亲笔题写了"忠实，努力，不夸不骄"的奖状。新中国成立后，历任甘肃省人民政府党组书记、副主席，甘肃省军区司令员，西北军政委员会委员，中华人民共和国铁道部副部长，国家建设委员会副主任、党组副书记，国家计划委员会副主任，甘肃省委书记处书记、省政协主席、省革委会副主任、省政协主席，中共甘肃省委常委、省第五届人大常委会主任，中央顾问委员会委员等职。是中共第八届中央委员会候补委员，第十一届中央委员会委员；第一至六届全国人大代表，第一、二届全国人大国防委员会委员，第二至四届全国人大常委会委员。

范子文（1909—1975）　陕西省绥德县人。1928年加入中国共产党。曾任绥德县苏维埃政府教育部部长，中国工农红军陕甘军区革命军事委员会秘书长，陕北省苏维埃政府秘书长，西北革命军事委员会秘书长。抗日战争时期，历任中共中央西北局秘书处处长，陕甘宁边区政府党团（党组）委员。在

范子文

大生产运动中,领导西北局机关取得了非常好的成绩。1942年,除粮食外,各项支出自给75%,机关伙食较好。在1942年中共西北局高干会议上受到奖励,毛泽东亲笔为其题写了"机关生产的模范"的奖状。解放战争时期,先后任陕甘宁边区政府财政厅代理厅长、厅长、第一副厅长,中共西北局财经委员会委员、秘书长。中华人民共和国成立后,历任中央人民政府人事部局长、直属机关委员会副书记、对外贸易部副部长,中华人民共和国对外贸易部副部长,黑龙江省副省长兼省政府秘书长等职。

马锡五(1899—1962) 别名马文章,陕西省保安县(今志丹县)人。1930年参加革命。1935年加入中国共产党。历任陕甘边区苏维埃政府粮食部长,陕甘省苏维埃政府国民经济部长,陕甘宁省苏维埃政府主席,中共陕甘宁省委常委。抗日战争时期,先后任陕甘宁边区庆环分区专员、陇东分区专员。1941年,为了完成运盐6万驮的艰巨任务,多次到曲子、环县督运,还亲自到三边视察沿路情况。为了方便运盐群众和减轻群众负担,分区制定了统一的客店管理办法。经过团结奋斗,陇东分区顺利地完成了运盐任务,促进了边区经济的发展。在1942年中共西北局高干会议上受到奖励,毛泽东亲笔为其题写了"一刻也不离开群众"的奖状。1946年,任陕甘宁边区高等法院院长。新中国成立后,先后任最高人民法院西北分院院长兼西北军政委员会政法委员会副主任,最高人民法院副院长。

马锡五头像

王维舟（1887—1970） 四川省宣汉县人。1927年加入中国共产党。曾任红三十三军军长。抗日战争时期，先后担任八路军第一二九师第三八五旅副旅长、旅长兼政委，陕甘宁边区陇东分区专员等职。在第三八五旅驻防庆阳期间，一面坚持对敌作战，一面领导全旅指战员开展大生产运动。已经五十多岁的他，依然荷锄参加生产，建立大凤川农场，使部队粮食大部实现自给。1942年6月3日，朱德在《解放日报》发表文章，对王维舟的革命经历和丰功伟绩作了高度的概括和崇高的评价。在1942年中共西北局高干会议上受到奖励，毛泽东亲笔为其题写了"忠心耿耿，为党为国"的奖状。解放战争时期，先后任中共四川省委副书记，中共中央西北局委员，陕甘宁晋绥联防军副司令员，西北军区副司令员。新中国成立后，历任西南军政委员会副主席，西南民族事务委员会主任兼西南民族学院院长，中央监察委员会常委。是中共第七届中央委员会候补委员，第八届中央委员会委员。

王维舟

习仲勋（1913—2002） 陕西省富平县人。1928年加入中国共产党。陕甘边革命根据地的主要创建者。在延安担任中共关中分委书记、关中分区专员兼分区保安司令部政治委员期间，通过大力发展生产，使民众平均每人收麦达到4石，人民生活显著提高，人民安居乐业。在1942年中共中央西北局高干会议上受到奖励，毛泽东亲笔为其题写了"党的利益在第一位"的奖状。1945年6月，在中共第七

习仲勋

次全国代表大会上当选为候补中央委员。抗日战争胜利后，历任中共中央西北局书记，陕甘宁晋绥联防军政治委员，陕甘宁野战集团军政治委员，西北野战军副政治委员。新中国成立后，历任中央人民政府委员，中国人民革命军事委员会委员，中共中央西北局第二书记，西北军政委员会副主席、代主席，西北行政委员会副主席，第一野战军暨西北军区政治委员，中共中央宣传部部长兼政务院文化教育委员会副主任、党组书记，政务院秘书长。1956年9月，在中共第八次全国代表大会上当选为中央委员，后任国务院副总理兼秘书长。1978年4月后，历任中共广东省委第二书记、第一书记，广东省省长，广州军区第一政委、党委第一书记，第五届全国人民代表大会常务委员会副委员长，中共中央书记处书记，中共中央政治局委员、书记处书记，第七届全国人民代表大会常务委员会副委员长兼内务司法委员会主任委员。

文年生（1906—1968） 湖南省岳阳县人。1930年参加中国工农红军，同年加入中国共产党。土地革命战争时期，曾任红三军团排长、连长、副团长、团长，红三军团司令部侦察科科长，第三师十团团长，第八十一师师长。参加了长征。抗日战争时期，历任中国人民抗日军政大学队长，八路军第一二〇师第三五九旅第七一八团团长兼政治委员，陕甘宁留守兵团警备第八团团长，绥德警备司令部副司令员，警备第一旅旅长兼关中警备司令部司令

文年生

员，八路军南下第三支队司令员。在担任警备第一旅旅长期间，一面执行警备任务、进行教育训练，一面积极组织生产，经过刻苦经营，由极少的资金发展到运输牲口235匹，骡马店19处，纺织厂1所，商店3所，经费自给达80%，成绩突出。在1942年中共西北局高干会议上受到奖励，毛泽东亲笔为其题写了"生产教育，二者兼顾"的奖状。解放战争时期，历任冀热辽军区副司令员、纵队副司令员，冀察军区代司令员，晋察冀野战军第三纵队副司令员，华北军区第六纵队司令员，第二十兵团六十八军军长、兵团副司令员兼参谋长，湖南军区副司令员。新中国成立后，任湖南军区司令员，中南军区副参谋长，广州军区副司令员。1955年被授予中将军衔。

贺晋年（1909—2003） 陕西省子长县人。1928年加入中国共产党。1930年参加中国工农红军。陕北红军创建人之一。土地革命战争时期，历任陕甘游击队第三支队骑兵大队副大队长、陕北第一游击支队政治委员，陕北游击队总指挥部参谋长、总指挥，中国工农红军第二十七军第一团团长，红十五军团第八十一师师长，红二十七军军长等职。抗日战争时期，任陕甘宁八路军留守兵团警备第一团团长兼三边警备区司令员，陕甘宁晋绥联防军警备第三旅旅长兼三边警备区司令员。在三边工作期间，坚决解决三边若干违反法令，破坏金融事件，并努力生产，1942年部队自给200万元。在1942年中共中央西北局高干会议上受到奖励，毛泽东亲笔为其题写"艰

贺晋年

苦奋斗，不屈不挠"的奖状。解放战争时期，历任东北民主联军合江军区司令员，东北野战军骑兵纵队司令员，第七纵队副司令员，第十一纵队司令员，第十五兵团副司令员兼第四十八军军长和江西军区第一副司令员，赣西南军区司令员、区党委书记等职。新中国成立后，任东北军区副司令员兼参谋长，同时兼任防空、卫戍、装甲兵部队司令员和中朝联合铁道运输指挥部司令员。1957年任中国人民解放军装甲兵副司令员，主持了我国第一代主战坦克装甲车辆的研制工作。1955年被授予少将军衔。

吴满有（1893—1959）　陕西省横山县人。农业劳动英雄。1928年因逃荒移居延安柳林乡吴家枣园。1934年土地革命后分得一座荒山，因善于经营、吃苦耐劳而致富。1941年，他收粮34石，就上缴了14石3斗，此外，还向政府交纳公草1000斤，购买公债150元，公盐代金665元。1942年4月30日，《解放日报》头版头条以《模范农村劳动英雄吴满有，连年开荒收粮特多，影响群众积极春耕》为标题，全面报道了吴满有的先进事迹。同时配发《边区农民向吴满有看齐》的社论。《解放日报》号召边区200万农民学习吴满有。此后，《解放日报》先后发表社论、通讯、诗歌、漫画等，大量报道了吴满有的先进事迹。1943年12月、1945年1月，两次被评为陕甘宁边区特等劳动英雄。曾担任边区参议员、延安南枣园乡乡长等职务。1946年1月毛岸英从苏联回到延安后，毛泽东把他送到吴家枣园跟吴满有

吴满有头像

学农业劳动。毛岸英在延安生活了14个月,其中7个月是在吴家枣园度过的。1947年5月,吴满有加入解放军,任西北野战兵团第二纵队民运部副部长。1948年5月8日在西府战役中被国民党军俘获,后被押往南京。1949年4月,南京解放。国民党在撤退之前,释放了吴满有。1950年3月,吴满有被送回延安县柳林乡。不久,延安县委组织部召集柳林乡党员大会,宣布开除吴满有党籍。1959年3月,66岁的吴满有郁郁而终。大儿子吴仲富后来从延安搬回了横山,也把父亲的坟迁回老家。

申长林(1894—1962) 陕西省米脂县人。1929年和家人逃荒到延安县蟠龙区雷鼓川乡马家沟村。1936年加入中国共产党。1939年3月至1945年8月任中共延安蟠龙区五乡(王家坪)支部书记。在大生产运动中,捐输物资,支援抗战,乐于助人,安置移民,从1939年到1943年的5年中,共担负公粮48石3斗,占全村总数的57%。1943年12月、1945年1月,两次被评为陕甘宁边区特等劳动英雄。1945年8月至1946年底任中共延安蟠龙区五乡(崖底)支部书记。1948年延安光复后,为恢复战争创伤和发展生产,在马家沟组织起全区第一个互助组,建立起农业社,创造了"马家沟式变工形式"。新中国成立后,历任中共延安地委委员、延安县下坪公社党委副书记、马家沟生产队党支部书记等职。

申长林头像

马海旺(1880—1944) 陕西省横山县人。种稻英雄。1909年随父母逃荒到保安，定居于永宁山苍沟村。大生产运动中，积极响应"自己动手，丰衣足食"号召，到1943年，累计新开荒地150多亩，生产粮食120多石，交爱国粮1.5万多公斤。1943年12月被评为陕甘宁边区特等劳动英雄。同年被选为志丹县抗日救国联合委员会主任。1944年7月2日不幸病逝。

张清益（1903—1966） 陕西省旬邑县马栏镇雷庄村人。1935年加入中国共产党。义仓英雄。1936年10月起，先后担任雷庄乡党支部书记，长舌头区苏维埃主席，新正县供销社主任等职。在大生产运动中，首创"开义田、建义仓"，动员群众多办义仓。在其倡导下，1943年新正县二、三两区共办义仓49处，开荒地65亩，收义仓粮5 000多斤。同时他还成立了义仓管理委员会，制定了具体管理办法。1943年陕甘宁边区和西北局在全关中分区推广了其开义田、建义仓的创举，《解放日报》《群众日报》多次连续登载了他和雷庄义仓的经验和先进事迹。1943年12月、1945年1月，两次被评为陕甘宁边区特等劳动英雄。1944年7月，在陕甘宁边区合作社联席会议上被评为特等合作英雄。新中国成立后，张清益仍保持了其劳动英雄的本色，在合作化运动中担任支部书记，被陕西省旬邑县树立为"十面红旗"之一。

刘玉厚（1908—1995） 陕西省绥德县张家砭乡郝家桥村人，曾任郝家桥行政村村主任。中共党员。

张清益头像

大生产运动中,他带头生产自救,多交公粮。同时还带领全村人变工互助,年年超交公粮。村里支前做鞋、扫盲识字,各项工作走在全县前头。1943年12月、1945年1月,两次被评为陕甘宁边区特等劳动英雄。解放战争爆发后又带头参军。1951年到1963年,多次出席陕西省农业劳动模范和农业先进生产者代表会议。曾任陕西省政协委员,兴平县政协主席。

张振财(1904—1988) 甘肃省华池县城壕村人。1946年加入中国共产党。1939年,在抗日民主政府的领导下,分得30亩地、两头牲口,家境逐渐好起来。1942年,他10天内开荒25亩,加上历年所开荒地,一共种地98亩。当年收获粮食27石。他还组织村民兴办合作社,农闲时从盐池、定边贩运食盐;在村上组织变工队,带领大家发展生产,共同致富。1943年12月、1945年1月,两次被评为陕甘宁边区特等劳动英雄。解放战争期间,曾担任中共城壕区四乡副支书。1954年到1956年,任城壕村城壕高级农业社社长,1963年任城壕大队支书。"文化大革命"中虽遭批斗,但仍坚持植树造林,成果显著。1977年出席了中国共产党第十一次全国代表大会。

张振财头像

武生华(1919—?) 祖籍陕西佳县,出生于宁夏盐池县惠安堡。1936年参加红军。1942年,武生华所在的八路军第一二九师第三八五旅在甘肃省曲子县开展大生产运动。1943年春天,在全团劳动竞赛中,武生华创造了一天用镢头刨地四亩二分的

武生华头像

纪录，被第三八五旅称为"气死牛"。1943年12月被评为陕甘宁边区特等劳动英雄，1945年1月被评为边区甲等劳动英雄。1947年春，国民党集中兵力重点进攻陕甘宁边区，武生华和家中失去联系。此后，下落不明。

黄立德（1902—1980） 陕西省子长县玉家湾镇王家沟人。1935年加入中国共产党。机关学校种菜英雄。1937年任中共中央党校油印科科长。1939年开展大生产运动后，主动申请到菜园工作。他到菜园后，一心扑在种菜上，日夜操劳，亲自育苗，精心培植，仔细观察记录各种蔬菜的生长规律，总结了20多种菜的种植方法，写出《种菜经验总结》一文，发表在延安《解放日报》上。各单位按照他的方法种菜，蔬菜品种增加，产量显著提高，被誉为"种菜圣人"。由贺敬之作词、张鲁谱曲的《种菜圣人黄立德歌》曾广为传唱。1943年12月被评为陕甘宁边区特等劳动英雄，1945年1月被评为边区甲等劳动英雄。新中国成立后，在陕西省农业综合试验站工作，为著名的园艺专家。1959年3月自带果苗、修剪工具回到家乡务果，之后又自费到河北、北京等地引进明月梨、红元帅、大梅杏、九月仙、白葡萄等50多种果树，营造林果面积348亩。20世纪60年代初，被授予"西北五省区植树造林积极分子"称号。

黄立德头像

赵占魁（1896—1973） 山西定襄人。1916年进

太原铜圆厂当工人。1938年加入中国共产党。陕甘宁边区工业生产运动的一面旗帜。1939年进陕甘宁边区农具厂当看炉工。他大公无私，任劳任怨，在无隔热石棉衣的条件下，坚守在化铁炉旁，一天工作十多个小时，终日汗流浃背，从不叫苦叫累。1942年10月，陕甘宁边区总工会发出《关于开展赵占魁运动的通知》，号召全边区工人向赵占魁同志学习。随之，边区广泛开展了建立新的劳动态度、提高生产效率为内容的"赵占魁运动"，运动普及到各私营炭窑、木工作坊和各敌后抗日根据地，使边区职工劳动态度显著改变，主人翁责任感大大增强。随着"赵占魁运动"的深入开展，赵占魁成为陕甘宁边区家喻户晓的人物。1943年12月、1945年1月，两次被评为陕甘宁边区特等劳动英雄。1944年5月，在边区工厂职工代表大会上被评为甲等劳动英雄。解放战争时期，赵占魁随西北野战军征战。1949年9月，出席了中国人民政治协商会议第一届全体会议。中华人民共和国成立后，历任西北军政委员会劳动部副部长、西北总工会副主席、陕西省总工会副主席等职。1950年9月，被授予"全国劳动模范"称号。

赵占魁头像

仝万明（1908—1985） 河南人。幼年随父母逃荒到陕西富县安家落户。1937年加入中国共产党。模范区长。1940年至1944年，先后任太乐区区长、中共太乐区委书记等职。在此期间，他响应"自己动手，丰衣足食"的号召，开荒种地十余亩，自足有余。

仝万明头像

在他的带领下，仅1942年春，太乐区就新开荒地2 000余亩。他以说实话、干实事得到群众的信任和拥护，成为干部队伍中的先进典型。1943年12月被评为陕甘宁边区甲等劳动英雄，1945年1月被评为边区特等劳动英雄。1944年4月16日，《解放日报》发表长篇通讯《鄜县模范区长仝万明领导下太乐区变工掏井》，并配发社论《学习仝万明同志》。1945年，调任鄜县（今富县）县政府第四科（建设科）科长。1950年，调陕西省公安厅工作。1956年后，任陕西省槐树庄国营农场场长等职。

陈敏（1917—？） 女，河北省深泽县人。1938年参加革命。在大生产运动中，她的丈夫谭文邦在八路军第一二〇师第三五九旅特务团当政委，带领官兵整日在南泥湾开荒、挖窑洞。陈敏带着两个孩子在家纺线，纺出大批头等细纱。她的模范行动鼓舞了许多妇女走上生产战线。1942年3月，组织派她到瓦窑堡鞋厂当指导员。全厂仅有8 000元现款、300斤烂布、200斤烂麻和一点小米的资产，28名工人中除两名技术工外，大都是老弱妇孺。看到这个烂摊子，她没有灰心失望。她指导女工把鞋做得好、快、式样好看、耐穿，自己还亲自参加制作。由于她经营有方，鞋厂做到全部自给，供全团上千双鞋子，到年终还盈利20万元（边币）。1943年，鞋厂搬迁到金盆湾，工人上山参加秋收。她回到团里，买纺车带动、组织妇女纺纱。为了减少公家负担，做到自供自给，她将公家给小孩补助的奶费节余下20万

陈敏头像

元（边币）买了20斤棉花用来纺纱，为国家节约15万元（边币）。积蓄下的34斤棉花，将20斤加入合作社，一年可得利100%；14斤棉纺成13斤，向合作社换回宽布一匹，解决穿衣。全年纺特等纱60斤，除换布13斤外，47斤可得工资折价计9.4万元（边币），还孵一窝小鸡折价0.75万元（边币），总计11.5万元，用于扩大再生产。在1942年中共西北局高干会议上，毛泽东在题词表扬22位劳模的同时，为她亲笔题写了"模范家属"的赞语。1943年12月被评为陕甘宁边区甲等劳动英雄，1945年1月被评为边区特等劳动英雄。1945年1月14日，边区政府授予她"特等模范家属"称号，荣获第三五九旅奖章一枚。陕甘宁边区政府主席林伯渠、副主席李鼎铭亲笔题名，给她颁发了"特等模范家属"的奖状。

郝树才（1903—1986） 原籍陕西省清涧县郝家崖沟村，6岁时随家迁居延长县交口镇谭石原村。1935年参加中国工农红军。1936年加入中国共产党。1941年，任八路军第一二〇师第三五九旅排长。他积极投身大生产运动。在1943年部队开荒竞赛中每日开荒4亩多，总是第一名。甘泉麻子街的马长福不服气，提出用牛与郝树才比赛，二人开赛不到3小时，郝树才就征服了一亩半地，而马长福的牛却卧倒了，吐了一阵白沫死了。毛泽东见到纪实材料后就在上面批写了"气死牛"三个字，此后，人们把郝树才叫"气死牛"。1943年12月、1945年1月，

郝树才头像

两次被评为陕甘宁边区甲等劳动英雄。1955年，自愿复员回到谭石原，担任中共支部书记20多年，始终保持战争年代的热情和拼命精神，多次出席县、地、省、全国先进人物、积极分子代表大会，还经常应邀到省内外的学校、机关、工厂、部队作发扬延安精神的报告。国家民政部、西北军政委员会、兰州军区、陕西省人民政府等单位先后给郝树才颁发"人民功臣""劳动模范"等奖章和纪念章。

樊彦旺（1909—1959） 陕西省安塞县西河口乡人，中共党员。1936年，他发动群众自筹钱物，办起了多种经营农民合作社，带领群众致富。合作社开展木业、铁业、皮革、兽医、磨面、运输等多种业务。1943年12月被评为陕甘宁边区乙等劳动英雄，1945年1月被评为边区甲等劳动英雄，1944年7月，在边区合作社联席会议上被评为特等合作英雄。1947年，胡宗南军队进犯延安时被捕，虽严刑拷打而不屈，保护了农民合作社的财产。

樊彦旺头像

沈鸿（1906—1998） 浙江省海宁县人。1947年加入中国共产党。机械工程专家，模范工程师。1938年2月初，沈鸿带领上海利用五金厂7名工人及车床、钻床等一批重要机器设备来到延安，担任茶坊兵工厂总工程师。他积极负责，埋头苦干，为陕甘宁边区的兵工厂和民用工厂设计和制造了数百台套成套机器设备及大量重要部件，为边区的工作生产做出重大贡献。1944年5月，在陕甘宁边区工厂职工代表大会上被评为特等劳动英雄。1945年1月，

沈鸿头像

被评为边区特等劳动英雄。抗战胜利后，赴晋察冀解放区工作。新中国成立后，历任中央财经委员会计划局重工业处处长，国家计划委员会机械计划局副局长，第三机械工业部部长助理，电机工业部副部长，煤炭工业部副部长，农业机械工业部副部长，第一机械部工业部副部长，国家机械委员会副主任。1980年当选为中国科学院学部委员（院士）。

陈振夏（1904—1981） 上海崇明县港东乡人。1945年加入中国共产党。模范厂长。1937年底从上海奔赴延安后，任延长石油厂厂长。期间，他埋头苦干，以身作则，关心工人生活，注意职工教育，亲身参加生产，虚心向群众学习采石油的技术，恢复旧井，打出新井，大大提高了石油产量。1944年5月在陕甘宁边区工厂职工代表会议上，被评为特等劳动英雄，毛泽东亲笔为他题词："埋头苦干。"1945年1月，被评为边区特等劳动英雄。新中国成立后，先后任河北石家庄农机厂、石家庄动力厂和保定机床厂副厂长、厂长，河北省第四届政协常委，保定市第四届政协副主席等职。

陈振夏头像

安特烈·阿洛夫（1905—？） 苏联外科医生。1942年5月奉命来到延安，在中央医院负责外科工作，兼管中央卫生所，为中共中央领导人治病。他还在医院设立了一个教学基地，专门培养外科大夫搞战地救护，先后培养出八十多名外科大夫。他工作极端负责，几乎每天要工作长达15小时之久，临睡前还必须遍查病房看视病人。远近急症，只要他

安特烈·阿洛夫头像

得到通知,不论风雨昼夜,都立即前去救护。据统计,他每天为救护病人要跑20里以上的山路,他所负责的中央医院外科也成为该院各科学习的榜样。他对外科的每位工作人员的要求是非常严格的,谁在病历上写错了字都要返工,顺序也不许写颠倒。手术室领来的布或被单,他都要一尺尺的量过点清。每人每天的奖惩制度,也都由他按时记录。1944年6月29日,《解放日报》以《国际友人阿洛夫同志》为题,专篇发表通讯对阿洛夫的事迹进行报道和评价。1944年7月,在延安市各界卫生动员大会上被评为特等模范医生,毛泽东亲笔为其题写了"模范医生"的奖旗。1945年1月,被评为边区特等劳动英雄。抗战胜利后,为给延安购置药品返回苏联。1946年1月又回到延安。1947年随中共中央后方委员会渡过黄河到达山西。1949年中华人民共和国成立后回国。

崔岳瑞(1896—1965) 字跃坤,陕西省定边县红柳沟镇卜掌村人。反迷信模范。幼年牧羊,成年后,矢志学医,专攻中医特别是针灸,并处处与阴阳、巫神作对。定边解放后,他的善行受到共产党和人民政府的赞赏和支持。1944年4月2日,延安《解放日报》报道了他破除迷信的先进事迹并配发社论。三边专署授予他"反迷信模范"称号和"三边人瑞"的光荣匾。1944年11月,在陕甘宁边区文教代表大会上被评为特等模范文教英雄。新中国成立后,继续从事医疗卫生工作,曾担任定边县第二届各界代表会议常设委员会副主席，定边县药材公司主任。

陈凌风（1913— ） 广东省南海县人。1946年加入中国共产党。1935年毕业于广东岭南大学畜牧系。1938年到延安，先后任陕甘宁边区农业学校试验场技术主任、光华农场场长。在条件极其困难的情况下，他主持研制出牛瘟甲醛甘油疫苗和抗牛瘟高免血清，为扑灭边区牛瘟做出了贡献。1944年11月，在陕甘宁边区文教大会上被评为特等文教英雄。解放战争时期，曾任佳木斯农事试验场场长，哈尔滨兽医研究所所长。新中国成立后，历任华北农业研究所副所长，农业部畜牧总局副局长，中国畜牧兽医学会第二、三、六届理事长等职。

陈凌风头像

刘保堂（1896—1977） 祖籍陕西省神木县，1928年随兄刘玉堂迁至定边县赵老沟（1942年划归吴旗县）落户。1937年加入中国共产党。边区新教育先驱。1938年10月，县政府决定在赵老沟办学校，群众推荐他当教员。他自己动手将3间破民房修理成能挡风遮雨的教室，自己动手从《解放日报》和区乡文件中选编国语应用文课本，还教学生学数学打算盘，进行体育锻炼。在大生产运动中，他在搞好教学的同时，带领学生挖窑洞，盖房子，自制桌凳；种粮食，种蔬菜，养鸡养猪。到1942年，打出窑洞1孔，盖成房子3间，新增课桌10张，课凳32条，学生的学习条件和生活得到很大改善。1944年11月，在陕甘宁边区文教大会上被评为特等文教英雄。新中国成立后，继续献身贫困山区的教育事业，继续

刘保堂头像

发扬战争年代办学的优良传统,深受老区人民的尊敬与爱戴。1960年在北京出席了全国文教群英会。

贾其昌(1902—1976) 甘肃省镇原县人。1943年开始在镇原县孟坝区四乡西坳初级小学担任教师,提倡学校教育与社会实践相结合。在教学上,他采用口语授课的方法,坚持学以致用的原则。在学校管理上,他严禁打、骂、体罚学生,运用表扬、奖励、批评和自我批评、竞赛等办法来教育、管理学生。在各班各年级中,提倡由学生民主选举班干部。在学校活动上,他带领学生利用课余时间帮助政府算公粮账,给变工队记账、算账,替群众写信,宣传医药卫生、防疫、新法接生等知识。在学校组织学生参加劳动,教育学生农忙放假和放学回家帮家里干零活。1944年11月,在陕甘宁边区文教大会上被评为特等文教英雄。1950年初,他来到条件极其艰苦的宁夏回族自治区同心县的豫旺、何家渠等小学任教。

贾其昌头像

李建堂(1896—1951) 甘肃省宁县和盛村人。1939年加入中国共产党。1941年6月担任曲子县供销联社主任后,为了搞活流通,他和县联社其他人员一道,分赴曲子、八珠等区,走乡串户,动员群众以现钱和实物入股。他用群众入股的羊毛、皮子等从国民党统治区换回大量棉花、纸张等商品,解决了当地群众的生活日常用品的需求。他还组织群众种蓝打靛,改变了边区用草木灰等做染料的落后做法。他在县联社办起染坊店,以土靛给群众染布,颜色鲜艳,价格便宜,深受群众欢迎。1944年春,

李建堂头像

种蓝打靛在边区各县普遍推开后,他分赴环县、曲子、华池等县举办打蓝技术培训班,培训了一大批打靛技术人员。《解放日报》以《李建堂同志的打靛经验》为题,向边区各县介绍了他的打靛经验。1944年7月,在陕甘宁边区合作社联席会议上被评为特等合作英雄。1945年1月,被评为边区特等劳动英雄。1950年7月,被推选为中华全国第一届合作社工作会议代表出席会议。

杨步浩（1905—1977） 陕西省横山县人。1929年逃来延安揽工,后定居在碾庄乡石家畔。1942年打粮13 800公斤,达到"耕三余一",交公粮3 500公斤。1945年1月,被评为陕甘宁边区甲等劳动英雄。当时,中共中央号召全边区干部,每人完成生产400公斤粮食的任务,杨步浩主动提出为毛泽东、朱德代耕,多上缴救国公粮,经常同中央领导同志往来,建立了深厚的情谊。1945年40岁生日,毛泽东和朱德派代表前往祝贺。1946年1月,他率六乡秧歌队为毛主席敬献"人民救星"金字匾。新中国成立后,曾于1952年、1961年、1975年三次进京看望毛泽东、周恩来、朱德、王震等中央领导,两次受到毛泽东的接见。1954年因一只胳膊致残,被安排在延安县种籽公司工作,1971年调往延安革命纪念馆工作。1977年7月6日延河发特大洪水,不幸遇难。

杨步浩与王震（右）合影

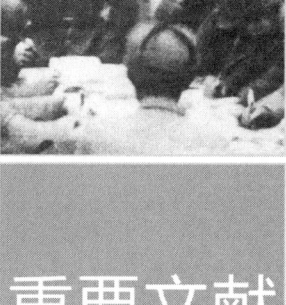

第四部分 重要文献

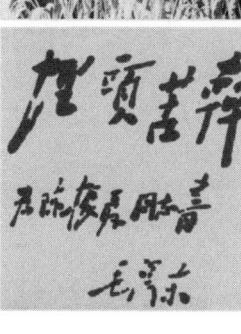

加紧生产，坚持抗战[1]
——二月二日[2]在延安生产动员大会上的报告
李富春

同志们！

　　生产运动我们以前没有大规模做过，今天我们要有计划地大规模地进行起来。这是我们在目前迎接民族抗战新阶段的时候，党给予我们每一个同志新的战斗任务！

　　关于生产运动我们还缺乏很多的经验、成绩来充分地说明和证实我的报告，因此，我只能根据党中央的指示，作一概括的简明的说明与启发，希望同志们以后在生产的实践中，在劳动的过程中，充实我们的经验，发扬我们的成绩。

一、生产运动的意义与目的

　　在今天抗战新阶段的转变中，我们要准备克服一切困难，渡过一切难关，来争取抗战的最后胜利。我们估计到抗战发展的前途与边区的实际状况，将要来到的是财政经济物质上困难的增加，我们目前的工作，应该克服这种困难。

　　克服困难，首先要依靠我们自己的力量，换句话说，就是要我们自力更生，要我们自己参加劳动，用我们自己的劳动力，发展我们边区的农业工业各种生产和商业贸易，保证我们后方和前方在财政经济物质上的供给不受战争破坏的影响而能自给自足。生产运动的发展，使我们的生活条件能够与战争条件相配合、相一致，以求得抗战前途更顺利的发展。

　　还有，我们发展生产运动，不仅能克服困难、渡过难关，而且要更进一步地改善我们的生活。同志们都知道，我们边区是主张彻底的实现三民主义的，

---

[1] 本部分所选报告、公文、文章等均未作改动，在最大程度上呈献历史文献原貌。
[2] 1939年2月2日。

我们主张坚持抗战以求得中华民族的独立、自由、解放，这就是实现三民主义的民族主义；在边区已经建立了民主的政权，最近我们根据国民政府的法令和抗战建国纲领，又开了代表整个边区人民的边区参议会，这就是实现三民主义的民权主义；现在我们又要发展边区的生产运动，进一步改善人民的生活，这就是我们要彻底地实现三民主义的民生主义的具体表现。

那末，我们今天这个生产运动大会，就叫作民生主义大会，也是可以的。在抗战的过程中，如果能够改善人民的生活，我们一定能进行很好的抗战建国的工作，我们一定更能发挥伟大的民族抗战的威力。

发展生产运动，能够解决我们将来财政经济物质上的困难，不仅在我们全国一部分的边区应该这样做，就是从全国来讲，要克服空前未有的困难，争取最后胜利，也是应该这样做的。我们边区的生产运动，在全国应该起推动的与模范的作用，把我们发展生产运动的经验与成绩告诉全国，提供克服困难的方针和办法，使全国各地的生产运动大大地开展起来，使全国人民对抗战必胜、建国必成，都具有坚强的信心。使落后的乡村一定是能够进步的，广大的乡村的进步和发展，一定是能够最后战胜敌人现在所占据的城市的。这种坚强的信心，是我们坚持抗战，坚持持久战，最后战胜敌人具体的必要条件。

简明地说，我们发展生产运动的目的有下面几个：

第一，克服我们边区财政经济物质上的困难，以现有的物质条件做基础，必须做到农工业各种生产的自给自足，更进一步地改善人民生活，更好地实现三民主义的民生主义。

第二，拿我们边区发展生产运动模范的实例去推动全国的生产运动，坚强全国人民抗战必胜的信心。粉碎托派汉奸所说"大城市失掉了，经济困难，抗战必亡"的亡国论。

第三，发展生产运动，我们每一个人都要参加体力劳动，在思想上可以改变过去许多人轻视体力劳动的那种不正确的观点。到生产战线上去！把理论与实际密切地联系起来，在劳动的实践中，我们可以深切地体验出"劳动神圣"

的道理来。

第四，参加生产运动，可以健强我们的身体。伟大的民族抗战，在持久的残酷无情的斗争中，我们不但需要有正确的战略战术去瓦解敌人，消灭敌人，我们还需要具有坚强不拔的体魄，才能够应付来日的大难。在劳动的实践中，把我们的身体锻炼成为钢筋铁骨，当我们上前线去与敌人搏斗的时候，一定能够把凶恶的敌人消灭在我们自己的手里！

同志们！怎样才能够达到我们的目的呢？需要我们大家"自己动手"，才能够完成这一伟大的艰巨的任务！

二、我们在发展生产运动中的困难和怎样克服困难

这样空前的工作——大规模的全部动员的生产运动，我们以前是没有做过的。从边区的实际情况来说，困难是存在着的。我们的困难：

第一，劳动力的不够，劳动力的不平均。我们从工农出身的广大的干部，他们是具有优秀的劳动力的。但我们许多机关中的工作人员与学校的学生，他们从来就没有参加过体力劳动，没有种过菜，没有种过地。因此，各机关部队学校群众团体，有的劳动力强，有的劳动力弱，呈现着劳动力不够或劳动力不平均的现象。这是我们生产运动第一个困难。

第二，耕地的困难。我们边区地广人稀，有广大土地的地方，没有人去耕种；可是有些地方人口又很集中，缺乏土地耕种，比如在延安二十里周围的地方，人口就有三万多，耕地无论如何是不够分配的。这是我们第二个困难。

第三，资本困难。要发展边区的生产运动，首先就要发展农业，再进而谋工商业之发展。可是，因为我们资本不足的关系，使我们在农业生产上感到工具不足、耕牛不足的困难。至于我们边区的工业过去也没有什么基础，商业一向也不怎样发达。资本不足这是我们第三个困难。

第四，专门技术人才的缺乏。在农工商业各方面，我们感到专门技术人才非常缺乏，组织和领导大规模生产运动的人才不够。这是我们第四个困难。

第五，天时地利上的困难。过去我们陕北在农业方面，可以说是"靠天吃饭"的。自从我们八路军来到陕北已经三年多了，在这三年中，因敌人进攻整个中国，陕北成为西北抗战的堡垒。我们动员全边区的人民参加抗战，"国泰民安"当然谈不到，但只就农业生产上说，也可以说得上"风调雨顺"了。不过，我们根据陕北同志所说，陕北的旱灾是有三年一次或五年一次的周期性的。去年雪下得太少，雨水不足，今年有发生旱灾的可能。这是我们第五个困难。

上面这五个困难，我们是否能够克服呢？我们的答复是：我们能够克服困难，我们完全有力量能够克服困难！

第一，怎样克服劳动力不够、不平均的困难。我们可以在使用劳动力的时候，适当地配合起来。劳动力强的人深耕、开荒，劳动力弱的人，施肥、锄草。我们全边区党、政、军机关，部队、学校、群众团体，根据我们本身的劳动条件，与边区广大群众的劳动力配合起来，互相调剂。同时，党、政、军、学校、群众团体各部门各单位自己也应该进行调剂工作，如杂务人员、通讯员、勤务员、伙夫、马夫，我们都可以调剂一下，节省他们的劳动力，用到生产方面去（如抗大准备由学生自己煮饭，把伙夫抽出来种地），杂务人员的工作可以由工作人员或学生来代替。我想，第一种困难是可能克服的。

第二，怎样克服耕地的困难。土地与人口的调剂，要求得到适当的配合，是比较困难的，但这一调剂工作是绝对需要的。我们把大多数的机关、学校、群众团体有组织地有计划地进行必要的分散，部队可以建立耕地，后方用"以人就地"的办法来解决耕地问题。这完全是办得到的。

第三，怎样克服资本不够的困难。资本不够，我们可以进行广泛的节省运动，把节省下来的钱拿来做发展生产的资金，这完全是可能的。中央组织部训练班已经这样做，而且成绩很好。他们的工作人员与学生在极艰苦的环境中，自己上山打柴，下沟担水，省吃省用地节省了两百多块钱做生产资金。如果党、政、军各组织部门大家都这样做——把粮食、灯油、纸张、文具等等都节省一些，一个月两个月经常地有计划地这样做下去，从党政军整个经费中节省几万块钱来发展生产运动,那是不成问题的。同志们,我们要发扬我们艰苦卓绝英勇奋斗的作风!

解决资本困难还有一种辅助的办法,这就是:欢迎全国工商业家到我们边区来投资,开展我们边区的国防经济建设。凡是对抗战有利的生产投资,我们的边区政府都是乐于接受的,保护的,奖励的!

第四,怎样克服技术人才缺乏的困难。指导农业生产的专门技术人才,一方面可以聘请农业专门家作指导,同时,我们还要请教请教那些一字不识的陕北的老百姓,因为他们有实际工作经验,而且熟悉陕北的实际情形。樊迟请学稼,孔子说:"吾不如老农。"陕北"老农"的经验,是值得我们好好地学习与发展的!

第五,怎样克服天时地利上的困难。水旱天灾,虽说是自然的威力,但事在人为,人力也是可以征服自然的。要想减轻或免除旱灾,我们应该注意修水利,植树林,改良生产方法,选择耐旱种子等工作。

三、我们的保证在哪里?

我们不仅能够克服上面所说的那些困难,而且我们在边区发展生产运动,还具备着有利的条件,保证我们伟大的生产任务的完成。我们的保证在哪里?

第一,边区的广大民众,是完成我们生产任务的主力军。边区有二百万人口,这两百万个老百姓,在民主的生活之下解除了苛捐杂税剥削榨取的痛苦,实现了民生主义,大家都万众一心地团结组织在边区政府的周围,他们一定能够响应边区政府的号召,提高他们的劳动热忱,完成他们的任务。

第二,在全边区党、政、军各机关各学校所有脱离生产的部队、机关、学校大概有五万人,把这五万人集体地组织起来,这一个生动的力量是很大的。大家都是自觉地志愿地为革命而奋斗的,在这五万人中每一个成员都理解他自己参加生产运动的必要和重要。我们可以估计到,当这一支五万人的生动的力量,大踏步地走上生产战线发扬他们劳动的火力的时候,他们一定能完成他们的任务。

第三，我们边区的作风是艰苦奋斗的作风。我们是布尔塞维克的作风。吃苦耐劳，是我们的家常便饭。我们遇着任何困难，都要向困难作斗争，誓死也不向困难投降的。这是我们革命的传统。每一个共产党员，在这次生产运动中，都应该发扬我们革命的传统，保证我们的任务的完成。

第四，过去我们虽然没有大规模的开展生产运动，但在个别的地方小规模的生产运动是收到很大成绩的，因此我们对于生产运动是有着相当经验的（如八路军后方留守部队、保安部队、警卫营、各机关、各学校在去年一年中打柴、烧炭、养猪、种菜，等等）把这些经验汇合起来，组织起来，作为我们基本的经验，再把它发展起来，这是我们完成生产任务最可靠的保证。

四、生产运动的具体计划

第一，发展农业是我们生产运动中心的一环。我们的生产运动要发展农工商业，前面我已经说过了，但我们要以发展农业生产为中心的一环。因为边区经济是比较落后的农业区，有广大的土地可以耕种，而且我们可以普遍地动员广大民众以及党、政、军各机关各部队各学校各群众团体参加农业生产，解决我们自己的吃饭问题。其次，我们要发展边区的工业，只因边区工业过去没有基础，所以我们要从手工业、国防工业着手进行。我们要发展边区的商业，只因边区交通不便，出产不丰，所以我们要普遍地发展合作社运动，保障边区内日常用品的供给，并且能够把边区的生产品运输出去。

第二，对于发展农业生产的具体要求。发展农业既然是我们的中心任务，我们要求全边区两百万民众和党、政、军各机关、学校、群众团体、留守兵团、保安部队都参加农业生产，为增加农业生产品而斗争。

第三，怎样具体进行工作。种地种粮，在广大民众中和这次边区参议会已经详细地讨论和具体计划了。在今年春耕运动中，动员全边区两百万民众参加春耕，要做到：

一、计划今年开荒六十万亩；

二、改良种子；

三、改良农业生产工具；

四、改良耕种方法：深耕、施肥、锄草。

从各方面努力进行，可以保证今年粮食生产总额增加百分之二十。这样，一方面可以保证人民生活的改善，同时，因总的生产量的增加，我们的救国公粮也可以增加，保证脱离生产的部队一年的粮食。我们可以看到边区两百万人民，在民主政治的生活下很活跃地参加生产运动，完成他们的战斗任务。怎样动员、组织和领导两百万民众来完成任务，这就要我们边区党委、边区政府和群众团体努力领导了。

第四，关于动员组织和领导群众参加农业生产应注意的要点：

一、要求各级政府进行确实的调查工作。对于人口、耕地、荒地、耕牛、农具等都应有详细的调查。我们必须迅速地完成这一工作，以便将确实数目与实际情况配合起来，予以适当的调剂。这是当地政府、党部与群众团体应该首先做到的。

二、我们的动员工作要用教育的启发的方式，不要用强迫命令的办法。我们要进行详细的解释工作与耐心的说服工作，使每一个边区人民都了解我们要用发展生产运动来改善人民的生活。

三、组织群众的劳动力，除了组织壮丁劳动外，特别要注意组织妇女参加生产。过去边区妇女参加生产的还不多，甚至有的地方以为妇女参加生产是很羞耻的事情。这方面我们要进行很大的教育说服工作，尤其要求我们大部分妇女干部热烈地参加生产运动，起模范作用。我们希望我们陕北的干部向自己的老婆多做一点政治工作，动员他们到生产战线上去，我们的同志应该拿自己的模范行动去影响整个边区的妇女。此外，我们还要把儿童、老年人和抗日军人家属都组织起来，使他们都热烈地积极地参加生产。总而言之，我们要把全边区的人民无论老幼男女，都组织到生产运动中来，这才叫作真正的"有力出力"！

四、各地政府应该注意帮助民众调剂耕地、劳动力、耕牛、农具等工作。我们一方面可以鼓励老百姓自动的解决问题，同时，如果老百姓需要政府帮助的时候，我们应该想出许多办法帮助他们解决问题。

五、进行生产教育工作，教育人民，帮助人民，改良耕种方法，改良播种方法，改良农具。要做到所有原有耕地都要进行深耕，但进行深耕的地方并不放弃开荒的工作。要做到所有新开的荒地都要翻两次土。但开荒的地方，也不停止深耕。不管深耕或开荒，都要多加肥料和除草，这样才能够增加土地的生产力。

六、各地政府机关的工作人员，都要站在老百姓的前面，积极地参加生产，起模范作用，领导老百姓大踏步地前进。千万不要"只要人家干，自己不动手"，给老百姓不好的影响。

七、实行广大的奖励制度，大大地提高劳动者的劳动热忱，在今年一年中，我们要产生出成千成万的劳动英雄来。（过去边区政府已经做过，成绩很好。）

八、厉行工作检查制度。要想完成我们的生产任务，首先要求党、政、军各机关采取一致的步调，一致的领导，与经常不断地督促和检查。今年中我们准备进行生产运动的工作检查，看我们各方面的工作是否能够依照生产计划而逐步实现。

这几点意见，希望今天到会的参议员同志、边区党委、边区政府和群众团体中负责的诸位同志，详细地加以研究，并适当地运用到具体的工作中去。

第五，脱离生产的，也要生产。党、政、军各机关、部队、学校、群众团体，凡是脱离生产的都要参加生产。我在这里，提出下列几个具体任务请党、政、军各组织部门负责同志深切地予以注意，参照执行：

一、党、政、军各组织部门生产任务的分配：

边区政府以下　　　　一万六千五百石

军事机关部队学校　　一万二千五百石

中央机关直属学校　　一千石

二、对边区一级以下的生产任务之说明。在边区政府所属各机关、学校、各分区，各县、区、乡的政府、保安部队及边区党委所属各级党部、学校、群众团体整个地动员起来参加生产，完成今年一年粮食的自给自足。我们计划边区一级以下完成细粮一万六千五百石（合粗粮大约三万石）。这个数目字虽大，但没有问题是可以完成的。当然，这计划的完成，需要我们边区一级的干部和每一个同志尤其是全边区的保安部队以战斗的精神来完成的。这里应该注意到：土地与劳动力的调剂，对某县有多少耕地，多少荒地，及对某县土质的肥沃或贫瘠，都应该有详细的调查和具体的了解。比如三边土地少产粮就少，庆环土地多产粮就多。地理条件对于农业生产是很有关系的，不能把整个边区都平均起来。还要注意到，与广大人民的配合，在工作中取得广大群众的帮助，这是完成生产任务的必要条件。为什么要在脱离生产的边区一级以下的党、政、军、学校、群众团体中完成粮食达到自给自足呢？我们的理由是：（一）边区一级以下的同志们他们对于农业生产最有经验，尤其是全边区保安部队的劳动力最强。（二）边区一级以下的同志们最容易接近群众，他们不但能够帮助群众推动群众的生产，而且还能够取得广大群众的帮助。（三）边区一级以下党、政、军各级组织都分散在全边区各地，他们没有土地不够人力不均的困难。（四）边区一级以下的同志们最大多数都是陕北同志，他们不但人地相宜，而且在过去十年来的革命斗争中，他们是最富于艰苦奋斗的精神的。有了这末四个理由，我想，我们边区一级的同志们不但可以完成任务，甚至可以超过任务。

三、对军事机关学校及八路军留守部队生产任务之说明。我们对于军事方面的要求是完成细粮一万二千五百石（合粗粮二万五千石）。这个数目字并不大，因为军事方面的人数相当多，而且劳动力也相当强。我想，在不妨害学习不妨害工作的基本方针下，发扬抗大的作风——"我们是劳动者的先锋"！他们完成任务也是没有问题的。

四、对中央机关及直属学校生产任务之说明。中央所属各机关及直属各学校，我们要求完成一千石细粮。这数目字虽不大，一则因为人数少，二则因为劳动力小，据我们估计，这一千石细粮任务的完成，还得我们中央一级以下的同志们大大地努力呢。

第六，关于种菜的问题。我们要求党、政、军各组织部门各伙食单位普遍地进行种菜运动（附带种马料）。将来无论哪一部分都要做到菜蔬能够自给自足，而且还要能够多吃菜。我们准备从七月份起普遍地减少菜钱，其减少的标准如下：

一、原七分者减四分，发三分。

二、原五分者减三分，发二分。

三、原四分者减二分，发二分。

四、部队一般的依原数只减一分。

第七，关于农业副业的生产。根据现有力量，各机关各部队各学校要自己喂猪、养羊、养鸡来改善自己的生活。我们把猪喂得那样胖，把羊养得那样肥，大家一个礼拜多吃几顿肉，我想大家都不会不赞成吧。

第八，关于工业生产。因为过去我们边区工业没有基础，目前我们只能从手工业和国防工业着手进行。

一、今后我们的穿衣问题将愈感困难，我们要扩大纺织工厂，发展民众中家庭手工业的纺织，使我们的穿衣问题得到适当的解决。

二、着手建立初步的国防工业，开采煤铁，扩充油厂和造纸厂，增加食盐产量，并开办其他关于日常用品及军用品小规模的制造厂。

三、建立自然科学研究所。

四、奖励私人企业与私人投资，帮助人民发展各项手工业。

第九，关于发展商业问题。普遍地发展合作社运动，为改善人民生活的必要条件，但私人营业也要奖励。

一、今后边区各地合作社应该做到老百姓热烈加入，使这种合作社成为广大民众自己的合作社，成为改善人民生活的一种工具。

二、各组织部门的合作社，应该统一起来，党、政、军各部门的合作社应各有其统一的领导，才能够收如臂使指之效。部队的合作社应统一在留守部队供给处之下；各地民众的合作社应统一在边区政府建设厅领导之下；中央机关及直属学校的合作社应统一在中央财政经济部之下。

三、办合作社应注意之点：（一）收支账目要求清楚。（二）调剂物价，不要"奇货可居"！（三）分发红利时应提出一部分基金作为发展合作社之用。（四）能够供给大众所需要的东西和日常用品，做到改善生活。

四、关于私人营业，为着发展边区商业起见，边区政府应该保护和奖励私人商业。但要防止奸商投机、操纵。

五、生产运动的准备工作

关于准备工作，首先我们要抓住时机。一年之计在于春，春到人间，机不可失！要"不违农时"，在春耕以前我们必须完成一切准备工作。那末，我们要准备一些什么呢？

第一，调查土地。边区政府与边区党委应发通知，限期完成调查工作：在保安吴堡及其他各县限半月调查清楚；延安附近周围二十里限五天以内调查清楚。调查工作完毕以后我们就可以适当地调剂土地与调剂劳动力了。

第二，耕牛、种子、肥料的准备。关于耕牛、种子、肥料的准备，一方面各部门自己设法解决一部分，同时，由财政厅有计划地购买大批耕牛和整批种子分发到各部门，从各方面进行，一定能够迅速地完成我们的准备工作。

第三，农业生产工具的准备。除各机关自己解决一部分外，应有计划分别地区派专人到边区以外各县去购买一大批农具。这样如果还不能解决问题的话，应该马上收集一些废铁，要求总工会动员打铁，制造大批农具。

第四，人才的准备。现在应从各方面物色农业专门人才及有经验的老农，以备进行生产工作时得到很好的指导。

第五，动员工作的完成。在各地乡村的民众中及机关学校部队中要立即召集生产运动动员大会，进行充分的解释动员工作，以新的精神来迎接新的任务。

六、领导生产运动的组织

正确的方针与具体的计划决定以后，组织工作决定一切。怎样保证我们空前的伟大的生产计划的完成呢？这就需要我们有一个强有力的组织领导工作，经常地解决问题，督促和检查工作，才能够保证生产任务之完成。不然的话，所谓"伟大的计划"只不过是一纸空文而已。数十万石粮食，是不会从天上掉下来的。

第一，建立生产运动委员会。大的部门成立总的生产运动委员会（如中共中央机关成立一个总的生产委员会直属于中共中央秘书处）。每个部门及每个伙食单位也成立哪一部门或单位本身的生产委员会，受总生产委员会的领导。各个单位的生产委员会应具体分工，应该有：专门管理组织劳动与分配劳动的干事；专门管理经济和生产工具的干事；专门督促检查工作的干事。党的系统，每个支部设立生产干事，保证生产工作之顺利进行。总的及各部门各单位的生产委员会建立后，应积极地进行工作。

第二，生产委员会的具体工作：

一、开展生产运动的动员工作。

二、开展生产运动的教育工作，使每一个参加生产运动的成员从政治上了解生产运动的重要，从技术上了解怎样进行生产的方法。

三、劳动力的组织与调剂，把劳动力好好地组织起来。在进行生产中，疲劳现象是不能避免的，我们要调剂劳动力不但要经常进行加油打气的工作，而且要使疲劳者得到适当的安息。

四、建立检查工作制度。

五、建立奖励制度，奖励模范的与生产成绩好的同志。

六、研究工作的进行。因为生产运动是空前的，我们的领导机关生产运动委员会应该不断地研究在生产实践中得到的经验教训，作为今后改进工作开展工作的基础。

七、把研究所得的结果,在全边区所有的出版物——报纸、杂志、墙报上发表出来,指导我们的生产运动,交换经验,推动运动的前进,使之飞跃地向前发展。

同志们!我们每一个同志,在党中央的号召下,在毛泽东同志的号召下怎样完成我们的任务呢?

我们要拿布尔塞维克的顽强性和战斗性去克服一切困难,为完成党给我们的艰巨的伟大的任务而斗争!我们相信在今年春耕秋收的总结中,胜利一定是我们的!

(本文选自《解放》周刊,第65期,1939年2月28日)

陕甘宁边区党委、边区政府、边区抗敌会、保安司令部关于发展生产运动的紧急通知[①]

县委、县府、抗敌会、保安队：

（一）中共中央为着在长期抗战中，保证抗战供给，改善人民及工作人员的生活起见，特号召全边区人民及各机关部队工作人员广泛发展生产运动，以达到财政经济上能自足自给。为此全边区要于本年内增开荒地六十万亩，并同时增加施肥、锄草、改良耕种方法、发展水利，以达到本年农产收成能比去年增加百分之二十的收获。

（二）边区以内党、政、军、民、学校各级人员，每人应保证从今年秋收后，粮食菜蔬完全由自己生产以自给，从今年七月份起，边府减发菜钱两分，从秋收起不再发粮食。因此，各级工作人员的任务，便是要在今年春季，立即计划耕种，能从秋收后屯一年的粮食和菜蔬。而且党和政府及抗敌后援会的工作任务是两重的，即一重是要保证每个农民今年生产能增加百分之二十，又一重是保证机关工作人员在秋收后自己有粮食自给。

（三）各县级机关接此通知后，除立即通知各区准备进行外，并由县府、县委、县抗敌会、保安队共同组织一领导全县的生产委员会，以为领导今年全县的生产运动。此委员会的主任，县长或县委书记充当之，并立即进行以下工作：

甲、县一级党、政、军、民、机关工作人员共有多少？每人吃一年的粮食菜蔬应种地多少？此项土地怎样取得？如果县一级所在地没有或少有土地又应当怎样调剂？区乡两级应当怎样解决等，均需讨论出具体实现办法。

乙、具体分配各机关应生产的粮食任务（边区各级党、政、军、民、学机关工作人员约一万一千人，中央分配总共应生产细粮一万六千五百担。即每人

[①] 1932年2月4日公布。

应生产细粮四百五十斤）。如：保安队劳动力更多点，每人应生产多少？妇联劳动力少点，每人应生产多少？同时每伙食单位按其人数多少，应喂猪羊鸡鸭各多少？以便使各工作人员有一定的任务。延安有的提出每人种地两坰，各县亦应斟酌提出种地多少。每个工作人员均要去完成，不劳动的便不得食。

丙、要达到粮食菜蔬自给，关于耕牛、耕具、籽种等问题是要首先解决的。各机关除了有自己的牲口可以利用或与群众可以调剂外，还要边府帮助经费多少，可立即报告前来，以便酌量发给，以便立即买进耕牛、农具等。

丁、各伙食单位（如保安队、县府、县委）应组织一个生产委员会，受县级总生产委员会管理。这些生产委员会的主任，县府的应由二科长充当，县委的应由组织部长或秘书充当，保安队的应由指导员充当，使委员会真正是领导机关，真能指挥全体工作人员生产。

戊、最重要的是抓住时机，古语云"一年之计在于春"，因为过了时便不能耕种，因此，望于接此通知后，立即准备好土地、耕具、籽种、肥料各条件，以便能按时犁地下种，并将准备情形报告边府。

（四）群众中的春耕运动，应立即组织各乡的春耕委员会，乡政府应立即分配农民的任务。要立即宣传今年增开荒地六十万亩，多锄草施肥以达到增加收成百分之二十。要具体分配各区各乡应开多少荒地，或怎样增加肥料，增加锄草等工作，使每个农民均动员起来。

（五）各县接此通知后，不必等待县长或县委书记回县后再讨论，而是立即讨论执行办法，报告边府，以免失掉时机为要。

边　　委　高　岗

边　　府　高自立

边抗敌会　毛齐华

保安司令　王世泰

（本文选自《陕甘宁边区政府文件选编》第一辑，档案出版社1986年版）

陕甘宁边区劳动互助社暂行组织规程[①]

第一章 总则

第一条 本规程为调剂边区劳动力，养成农民群众互助劳动习惯，提高劳动热忱，增加农业生产而制定之。

第二条 劳动互助社，直接受乡政府之领导。

第二章 社员及组织

第三条 凡属边区农民，无论男女老少，只要赞成并能遵守本社一切规定者，均得加入本社为社员。

第四条 本社以乡为组织单位，每村或联合几村组织小组。

第五条 本社全体社员大会推选委员三人，组织执行委员会办理全社事务，执行委员会互推一人为主任负责，每小组设组长一人，主持该组事务。

第六条 本社对于社员中之老年及儿童，得按其工作技能与速度单独编组。

第三章 劳动互助

第七条 本社社员需要其他社员帮助劳动时，须在五天以前报告小组长，按照其需要设计帮助之。

第八条 本社社员，实行劳动互助后，须将其工数报告小组长登记，小组长在每半月应做工资结算一次。

第九条 组与组之间，或村与村之间，实行劳动互助后，由各小组长将该组所做之工数，报告本社执行委员会登记。

---

① 1939年3月公布。

第四章 工 资

第十条 本社决定社员工资时,须根据下列三个原则:

(一)工资数目不得超于一般之工资。

(二)工资多少应随农忙和农闲而不同。

(三)对于不能担任主要劳动的妇女及儿童,其工资可较低,但不得少于男社员或成人社员工资三分之一。

第十一条 牛工可抵人工,每个牛工抵人工多少,应视牛力之大小而定,但最高不得超过三个人工。

第十二条 本社结束工资,每半个月计算一次,每月终必须总结清楚。

第五章 优待抗属

第十三条 本社应尽量吸收抗日军人家属加入本社为社员,并有享受互助之优先权。

第十四条 非抗属社员帮助抗属社员劳动时,工资作八折计算,但抗属社员帮助非抗属社员劳动时,则工资应照一般计算。

第十五条 抗属社员互相帮助劳动时,计算工资和工数与一般相同。

第六章 会 期

第十六条 本社会期分下列四种:

(一)社员大会每三个月开会一次,若无重要问题讨论时可以停开。

(二)执行委员会十五日或二十日开会一次,由执行委员会自行决定。

(三)小组会每月开会一次。

(四)小组长联席会不定期。

执行委员会和小组会遇必要时,均得召集临时会议。

第七章 职员任务

第十七条 执行委员会半年改选一次，小组长三个月改选一次。

第八章 经 费

第十八条 本社社员不缴纳社费，若社内需要笔墨纸张时，由执委会随时募捐之。

第九章 附 则

第十九条 本规程有不适宜处，由边区政府修改之。

第二十条 本规程经由边区政府委员会决定颁布施行。

（本文选自《陕甘宁边区政府文件选编》第一辑，档案出版社1986年版）

陕甘宁边区政府命令[①]
——公布《陕甘宁边区人民生产奖励条例》及《督导民众生产运动奖励条例》

（战字第4号）

（一九三九年四月一日）

兹制定《陕甘宁边区人民生产奖励条例》及《督导民众生产运动奖励条例》公布之。

此令

主　席　林伯渠

副主席　高自立

---

① 1939年4月1日公布。

附一：
陕甘宁边区人民生产奖励条例

第一条　凡属陕甘宁边区人民对于生产运动具有特殊成绩者，均得以本条例呈请奖励之。

第二条　奖励分四种如下：

甲、劳动英雄奖章或奖状。

乙、农具或耕牛。

丙、日常用品。

丁、奖金。

第三条　各农户凡具有以下成绩之一者，即得奖励之：

甲、一年中增加耕地面积十二亩以上者。

乙、发展牛或驴两头以上者。

丙、发展羊十五头以上者。

丁、开辟水田十亩以上者。

戊、在原有耕地上增加收成至百分之二十者。

己、植树六十株以上者。

庚、对其他副业发展有特殊成绩者。

辛、参加合作社股金至二十元以上者。

第四条　得奖多寡，按其成绩大小由边区政府决定之，只要具有第三条各项之一者，即可享应得之奖励。其成绩特优者，由政府特别给奖。

第五条　请奖期间自八月一日起至十一月止。发奖期间十二月一日起发完为止。

第六条　请奖手续，由请奖者报告乡政府，按第三条所列成绩审查确实登记后，由乡政府呈报区政府，区政府呈报县政府，县政府呈报边区政府。按级审查合格后，由边区政府分别等第奖励之。

第七条　本条例自公布之日起施行之。

附二：
陕甘宁边区督导民众生产运动奖励条例

第一条 凡属各级政府、民众团体和其他参加领导民众生产运动之机关及其负责人，对于督导民众生产运动获有特殊成绩者，均得依本条例奖励之。

第二条 奖励分三种如下：

甲、奖状或奖旗。

乙、文化用品。

丙、现金。

第三条 奖励以乡为标准，凡在一乡之内具下列成绩之一者，即得呈请奖励之：

甲、比往年增加耕地面积百亩至三千亩者。

乙、发展水利百亩至五百亩者。

丙、植树六百株至两千株者。

丁、比原有牲畜数目发展五分之一至五分之四者。

戊、在原有耕地上增加收成百分之二十者。

己、建立五人以上之小手工业一处，而生产有成绩者。

庚、发展其他副业有成绩者。

第四条 凡在一区内，有三个乡以上，得到第三条之奖励或三个乡以下其所得成绩足与三个得奖乡之成绩相比者，该区即获得奖励。

第五条 凡在一县内，有三个区以上，得第四条之奖励或在三个区以下其所得成绩足与三个得奖区之成绩相比者，该县即获得奖励。

第六条 凡个人对于推动和领导民众生产运动起模范作用，有特殊成绩者，亦得呈请奖励之。

第七条 得奖多寡按其成绩大小由边区政府决定之。

第八条 审查及奖励得分两期举行，第一期从七月一日起到三十日；第二期从十一月一日起到三十日为请奖期间,以二期检查结果及收获之总和于十二月发奖。

第九条 呈请奖励之手续,由乡政府呈报区政府,区政府呈报县政府,县政府呈报边区政府,按级审核合格后,由边区政府奖励之。

第十条 本条例自公布日起施行。

(本文选自《陕甘宁边区政府文件选编》第一辑,档案出版社 1986 年版)

陕甘宁边区政府令[1]
——公布《机关、部队、学校人员生产运动奖励条例》
（战字第5号）
（一九三九年四月七日）

兹制定《机关、部队、学校人员生产运动奖励条例》公布之。

此令

主　席　林伯渠
副主席　高自立

---

[1] 1939年4月7日公布。

附：
机关、部队、学校人员生产运动奖励条例

第一条 凡参加生产运动之机关、团体、部队、学校之生产单位，具有超过任务百分之五或个人对生产运动具有特殊成绩者，均得依本条例奖励之。

第二条 团体奖励分三种：

（一）奖旗。

（二）公共用具。

（三）奖金。

第三条 个人奖励分三种：

（一）奖章。

（二）日常用品。

（三）衣着。

第四条 团体奖励按该生产单位超过之数量多寡分别奖励之：

（一）超过任务百分之五十一以上者为一等。

（二）超过任务百分之四十一至五十者为二等。

（三）超过任务百分之三十一至四十者为三等。

（四）超过任务百分之二十一至三十者为四等。

（五）超过任务百分之十一至二十者为五等。

（六）超过任务百分之五至十者为六等。

第五条 个人具有下列条件之一者得分别奖励之：

（一）参加劳动日与一般人员相同，而质量多于一般人员者。

（二）参加劳动日多于一般人员，因而劳动质量也多于一般人员者。

（三）使用耕牛得法，因而犁地多于一般人员者。

（四）有经验上的特殊贡献，而又与一般人同样参加生产者。

（五）对于管理耕牛、农具有特殊成绩者。

（六）体力劳动力不如常人，而劳动能赶上常人者。

（七）女同志努力参加劳动有成绩者。

（八）虽不参加耕种，但对其他为生产而作的务有特殊成绩者。

第六条　□□得奖可按第四条超过之百分比分为甲、乙、丙三等奖励之，其所得之奖励亦与所担负生产自给之百分比相同之：

甲等：担负生产自给全数者；

乙等：担负生产自给半数者；

丙等：担负生产自给三分之一者。

第七条　发奖期[时]间于秋收完毕后举行之。

第八条　用于奖励之经费，以该生产单位所超过之生产品五分之二左右。

第九条　呈请给奖时，先由该生产单位呈报超过之数量及个人请奖之姓名于总生产委员会，总生产委员会审核合格后，交由边区政府给奖。

第十条　本条例自公布日起施行。

（本文选自《陕甘宁边区政府文件选编》第一辑，档案出版社 1986 年版）

关于继续发展边区经济改善人民生活的决议[①]

大会认为边区必须根据三年来经济建设的经验与成绩，继续发展边区经济，使边区全体人民足衣足食，使边区能在抗战建国的艰苦过程中奠定克服困难与自给自足的基础。因此，边区在民国二十九年的经济战线上，必须动员全体人力、物力完成下列任务：

一、开荒一百万亩，并帮助农民改良耕种，发展水利，以达到增加细粮十万石的生产。

二、改良畜牧，增加牛、驴、羊四十万头。增加工业原料。

三、以乡为单位造公林，保护森林。

四、扩大政府经营的工厂，帮助人民手工业的发展。

五、注意开展煤矿及发展交通事业。

六、帮助人民切实整理与扩大合作事业。

七、欢迎各地实业家投资边区，并给他们以方便。

根据上列目标，由边区政府制定具体计划，以银行放款、低利借贷、实行奖励、发展商业流通等方法，动员全党保障实现之。

（本文选自《陕甘宁边区的共产党》，解放社1940年版）

[①] 1939年12月陕甘宁边区第二次党代会通过。

中央、军委关于开展生产运动的指示[①]

各级军事、政治首长，各级政治部主任：

关于开展生产运动的指示：

甲、斗争已进入更艰苦阶段，财政经济问题的解决，必须提到政治的高度，望军政首长，各级政治机关努力领导今年部队中的生产运动。开辟财源，克服困难，争取战争的胜利。

乙、军委直属机关及后方留守部队，去年一年的生产成绩平均解决了两个月粮食，一套夏衣，全部冬季鞋袜。给养大大改善，大部能维持菜蔬肉食，商业利润除总合作社外，全部约在十二万元以上。使机关部队学校在物质艰难状况下，解决了可能和必须解决的困难，弥补了公费的短绌。

丙、现当阳春开始，应就这一经验在前线部队中广泛开展起来。依不同环境、不同部门、不同劳动条件，规定生产方向和生产方法，其法点（方法）如下：

（一）在比较巩固地区，一般可按延安的经验，同时进行农业、商业、手工业生产，普遍发展喂猪种菜等事业，达到改善生活、克服困难、节省公费之目的。

（二）在不巩固的地区，可经由地方党政府与当地群众订约，组织军民生产协作，由军队酌量抽派人力牲畜，帮助农民耕作，由农民供给驻军以一定比例的粮食马料。

（三）行止无定的部队，应利用战斗间隙，普遍无代价地在自己地区之内，帮助农民春耕及各种农作劳动，进一步与群众打成一片，以便用另一种方式取得农民对军队自愿与踊跃输助。

（四）但部队经营商业必须取慎重态度，要有统一的组织与管理，规定营

[①] 1940年2月10日公布。根据中央档案原抄件刊印。

业范围，红利支配，严密监督，不可放任，否则可能促成政治上的蜕化，干部的腐化，资本主义影响的生长，危险性很大。

（五）生产运动要有广泛深入的政治动员，与政治任务紧密联结，提高劳动热忱与政治积极性，要有合理的组织工作与实际从事指导的生产委员会，监督管理这一运动的进行。

（六）提出一面战斗（非战斗机关是一面工作）、一面生产、一面学习的口号，三者合一，我们就能战胜一切。

丁、如能依照上述各项坚决努力，我们相信一定会有成绩的。共产党领导的军队不怕任何困难，我们将以自力更生的精神，战胜物质困难，完成党的军事、政治任务。

中央、军委

二月十日

（本文选自《中共中央文件选集》第十二册，中共中央党校出版社 1991 年版）

军委关于陕甘宁边区部队生产工作的指示①

一、在生产工作的政治动员中，必须将自给自足的口号与抗战建国建设新民主主义经济基础的任务连接起来，使生产工作能够遵循着党的财政经济政策来进行，克服违反经济政策的行为与只顾自己不管他人的本位主义，并以此教育各兵团及机关学校连队做到先公后私。

二、提倡现品自给，并立即采取下列方法以增加必需品的产量：

A. 各机关部队均应将日常工作与生产劳动分开实行部分的兵工政策。

B. 各机关部队均需就驻地附近（留守兵团则在直罗镇，三五九旅及直属队则在南泥湾及延安附近）立即加紧夏耕工作，积极经营农业生产，多种秋菜，多饲牲畜，保证全年的全部蔬菜油料及肉食自给。

C. 为了压低草料价格降低运输费用，各机关部队必须立即准备秋初的割草运动，保证马草自给，并进一步地做到有剩余的草料出卖，每人割干草五十斤，惟不可侵犯人民的私草。

D. 为了保证办公纸张的现品供给，各机关部队必须善用一切闲散劳动力，立即从事收割马兰草、芦草、蒲草，和收集废纸破布烂麻绳汇交各造纸厂（直属队则交经济建设部纸厂），并酌给现品或现金为酬，一并责成经济建设部拟定具体办法另行公布。

E. 盐及油墨墨汁概由供给部发现品。施行日期另行公布。

三、加强后勤所属各工厂的生产：

A. 由各部队抽调战士参加后勤供给，兵站各工厂生产运输业，以增加其生产量及运输力。

B. 立即登记各种技术人才，汇报经建部，并不得隐瞒不报。

---

① 1941年5月公布。根据中央档案原抄件刊印。

四、彻底实行贸易政策：

A. 一切公营商店必须一律加入公营商店联合会并接受贸易局的领导。

B. 严厉取缔一切公营商店投机操纵黑市取利的行为。

C. 整理公营商店。

  甲、军事系统所属的公营商店统限于六月底以前重新向建设部登记。

  乙、采取自愿原则的合作联营，减少门市单位。

  丙、商业资本不得〈超过〉百分之三十，超过此限资本必须转到手工业农业方面去。

  丁、如有愿意迁到保安定边沿途开设的公营商店由后勤给以运输上的便利。

五、各机关部队必须随时将执行情形报告本会。

军委：毛、朱、王、叶①

（本文选自《中共中央文件选编》第十三册，中共中央党校出版社 1991 年版）

---

① 姓名全称是：毛泽东、朱德、王稼祥、叶剑英。

中央书记处关于开展春耕运动的指示[①]

春节已到，开展春耕运动，成为各抗日根据地当前最中心最重大最关系全局的任务。各地对于今年春耕谅已有所布置，兹为引起同志们注意起见，特指出如下各项：

（一）根据地经济建设，其基本重心应放在发展农业、私人生产上面，才能解决政府的巨额预算，保证全体军民的充分粮食及各种生活必需品，如衣服、纸张、油等的原料，才能改善群众生活与粉碎敌人对我经济上的封锁破坏，坚持根据地。而今年农业生产能否胜利完成，全看春耕运动是否做得好，全看各地党与政府的工作人员能否在目前抓紧这一中心工作，造成广大群众的生产热情，有计划地、有组织地动员所有的党政军民力量，除作战外都集中去为完成这一任务而斗争。

（二）除麦子外，必须在各地下种以前，就将一切春耕动员的一切准备工作完全做好，包括政治动员及实际帮助群众，解决一切春耕中的具体困难问题（如对种子、肥料、农具、耕牛、粮食缺乏者，必须设法调剂和补充，对抗属缺乏劳动力者，实行代耕或劳动互助）。必须正确解决主佃间、劳资间的争议，使双方都乐于提高生产，必须对兴修水利，消灭熟荒开生荒，预防害虫，奖励生产，植树，改良种子，改良耕种技术，增加产量，发展副业，种植一定数量足供全区军民需要的棉花等，都有具体的计划。必须把妇孺老弱及难民、游民均组织到生产战线上去，必须使广大群众在春耕中的生产积极性提得非常之高，必须于春耕前将各种准备工作做好，才能保证春耕任务之完成。要使这一工作做好，党与政府决不是定出计划发布命令就完事，必须动员所有得力干部，都到下面去切实检查与具体帮助才有保证。

（三）在春耕农忙时期，必须尽量减少群众支差、动员及开会，尽可能发

[①] 根据中央档案原抄件刊印。

动一切人力、物力、畜力到春耕战线上去。

（四）政府今年的建设经费，必须以百分之七十至八十以上用作农贷（包括合作社贷款在内）。只有靠农民生产之扩大，才能改善农民生活，也才能增加政府的财政收入，陕甘宁边区一千万元建设经费中，决心以七百万元投入私人农业，就为这一目的。

（五）各机关各部队在不防[妨]害执行自己的主要任务内，亦须积极参加生产，各单位应订出自己全年生产计划，主要是放在农业及手工业生产上，而不是放在商业上，尽可能做到生产本单位几个月或全年足够的菜蔬、油、肉及部分的粮食（没有耕地者可向人民租种或伙种）。并尽可能动员一部分人力、牲口帮助群众春耕，以增进军民关系。陕甘宁边区目前实行的半统筹统支、半自给自足制度，就是除政府发给粮食、衣服及一部分伙食费、办公费外，各单位须自己解决约一半的伙食费办公费。为此目的，政府须对各单位贷给必要的资本，敌后根据地中，许多地方不可能实行这一制度，但若干地方还是可能的。

（六）号召全体党员在春耕运动中起模范作用，各机关、各部队中的干部和士兵，也应努力在生产中起模范作用，帮助群众耕种，并采用竞赛奖励等方法，造成广大群众在春耕运动〈中〉的〈生产〉热潮，完成今年各根据地扩大农业生产计划。

（七）必须估计到敌人可能来扰乱破坏我们的春耕工作，因此应当根据各地区不同的敌情，有计划地准备武装保卫春耕，并克服敌人所加于我们的各种困难。

中央书记处
二月三日

（本文选自《中共中央文件选集》第十三册，中共中央党校出版社1991年版）